ACCESO GRATIS *a la Lectura en la Nube*

Para visualizar el libro electrónico en la nube de lectura envíe junto a su nombre y apellidos una fotografía del código de barras situado en la contraportada del libro y otra del ticket de compra a la dirección:

ebooktirant@tirant.com

En un máximo de 72 horas laborales le enviaremos el código de acceso con sus instrucciones.

DERECHOS HUMANOS Y CUERPO DE POLICÍA EN COLOMBIA

DERECHOS HUMANOS Y CUERPO DE POLICÍA EN COLOMBIA

MANUEL ARMANDO DÍAZ PALACIOS

tirant lo blanch
Bogotá, 2024

En caso de erratas y actualizaciones, la Editorial Tirant lo Blanch publicará la pertinente corrección en la página web www.tirant.com.

Díaz Palacios, Manuel Armando, autor.

Derechos humanos y cuerpo de policía en Colombia / Manuel Armando Díaz Palacios. -- Primera edición. -- Bogotá: Tirant lo Blanch, 2024.

266 páginas.
Incluye referencias bibliográficas.
ISBN: 978-84-1071-249-2

1. Colombia. Policía Nacional. 2. Derechos humanos. 3. Policía. I. Título.

LC: KHH3228 CDD: 341.48 ed. 23

Catalogación en publicación de la Biblioteca Carlos Gaviria Díaz

© TIRANT LO BLANCH
EDITA: TIRANT LO BLANCH
Calle 11 # 2-16 (Bogotá D.C.)
Tel.: 4660171
Email: tlb@tirant.com
Librería virtual: www.tirant.com/co/
ISBN: 978-84-1071-249-2

Si tiene alguna queja o sugerencia, envíenos un mail a: atencioncliente@tirant.com. En caso de no ser atendida su sugerencia, por favor, lea en www.tirant.net/index.php/empresa/politicas-de-empresa nuestro procedimiento de quejas.

Responsabilidad Social Corporativa: http://www.tirant.net/Docs/RSCTirant.pdf

Índice

Lista de figuras

Lista de tablas

Agradecimientos

En primer lugar, doy gracias a Dios por permitirme una vez más poder escribir algunas líneas producto de mi experiencia docente. A mi madre por brindarme su incondicional apoyo y entusiasmarme a escribir este texto. A mis estudiantes de los diferentes niveles, grados y escuelas de la Dirección de Educación Policial (DIEPO), pues durante las clases me enseñaron y compartieron sus valiosas experiencias conmigo; así mismo a los directivos y demás personal de la Escuela de Posgrados de Policía Miguel Antonio Lleras Pizarro. Un agradecimiento a muchas otras personas que contribuyeron con el resultado de este texto, soy consciente de que hay muchas personas que de diferente forma ayudaron al resultado, ofrezco mis excusas por no poder mencionarlas a todas, pero saben que de corazón las tengo presentes.

EL AUTOR

Introducción

Para abordar el tema titulado *Derechos humanos y cuerpo de Policía en Colombia* se parte de una visión general inicial de aquello que se relaciona con los conceptos que se abordarán en este documento y las relaciones que estos establecen con el tema general del texto.

Inicialmente el documento se divide en cinco partes fundamentales, la primera tiene que ver con aquello que se concibe como derechos humanos y, de esta manera, se hace un acercamiento a aquello que se entiende y la forma de abordarlo, para ello se parte de la visión general de algunos referentes internacionales y nacionales, además de hablar de la forma como están estructuradas algunas organizaciones internacionales y la misionalidad que persiguen en este sentido de la defensa de este tipo de derechos de los seres humanos.

En este mismo capítulo se aborda la relación de los derechos humanos con las disposiciones legales existentes a nivel internacional y nacional y las jurisprudencias que cada uno de los organismos ha elaborado. Al respecto se debe anotar que muchas de las disposiciones de los organismos internacionales reconocidos en este sentido, han generado aceptación en el país y a partir de ello se han establecido disposiciones (leyes, decretos, actas, etc.) para vincularse en este sentido.

El segundo capítulo se va a enfocar en el tratamiento del tema de los cuerpos de Policía y el Estado, la forma en que funcionan, se harán allí igualmente referencia a la historia general de su nacimiento y funcionamiento en otros países, para pasar a ver la organización que se tiene en Colombia, como funcionan y las demás consideraciones que se podrán abordar sobre este organismo estatal, así como los alcances que tienen como fuerza pública y los tipos que se han desarrollado desde su seno para legar a realizar este tipo de controles o que les han permitido mejorar sus alcances.

Para el consenso general de la información se van a tomar algunos referentes históricos, quienes abordan aspectos generales y específicos y sobre los cuales se van a dar una visión mucho más unificada para ver los alcances y logros de la Policía Nacional de Colombia.

El tercer capítulo estará encaminado al tratamiento de los principales instrumentos del derecho internacional para el tema de los derechos humanos, y en este sentido, se hablará entonces de acuerdo, tratados y protocolos relacionados. A lo anterior se agregarán las formas en que se adoptan este tipo de instrumentos y la manera en que desde el Estado debe respetar este tipo de instrumentos y generar las disposiciones que ello se aplique en todo el territorio nacional, además de las alternativas que lleven a generar reparaciones en algunos casos.

El cuarto capítulo de esta investigación se va a relacionar directamente con la forma en que los derechos humanos y las funciones de los cuerpos de policía van a encontrar su fusión y hasta donde debe llegar cada uno en los casos que aplique la ley y los alcances de las disposiciones vigentes en el territorio nacional, además de lo relacionado con las violaciones y como se conciben en Colombia y otros aspectos relacionados en este sentido. Finalmente, el documento relacionará algunas conclusiones y hará algunas recomendaciones sobre el tratamiento desarrollado en el texto y los aportes que la misma ha generado en sus postulados y apreciaciones.

Capítulo 1.

Los derechos humanos y los aspectos legales y jurisprudenciales que los rodean

1.1. QUÉ SON LOS DERECHOS HUMANOS

Al hablar del término derechos, más allá de a quien se le endilguen, se debe considerar que el término en sí hace referencia, de forma escueta a dos opciones particulares por las cuales se debe tomar partido y que Magda Cano referencia de la siguiente manera:

> La palabra proviene del vocablo latino directum, que significa no apartarse del buen camino, seguir el sendero señalado por la ley, lo que se dirige o es bien dirigido. En general se entiendo por Derecho, conjunto de normas jurídicas, creadas por el estado para regular la conducta externa de los hombres y en caso de incumplimiento está prevista de una sanción judicial.
> El Derecho es el conjunto de normas que imponen deberes y normas que confieren facultades, que establecen las bases de convivencia social y cuyo fin es dotar a todos los miembros de la sociedad de los mínimos de seguridad, certeza, igualdad, libertad y justicia[1].

En este sentido, el término aborda una concepción relacionada con lo que debe condicionar una conducta y sobre la cual se establecen unos condicionamientos para poder convivir en socie-

---

1 En este documento se toman dos autores: FLORES GOMES GONZÁLEZ, Fernando y CARVAJAL MORENO, Gustavo, Nociones de Derecho Positivo Mexicano, México: Editorial Porrua, 1986, p. 50; y el segundo autor mencionado: PEREZ NIETO Y CASTRO, Leonel, LEDESMA MONDRAGÓN, Abel. Introducción al estudio de Derecho, segunda edición. editorial Harla, p.9. Estos autores se encuentran citados por la autora CANO MENDOZA, María Rosa. Conceptos jurídicos fundamentales, 2018. Disponible en Internet: <https://www.poderjudicial-gto.gob.mx/pdfs/ifsp_conceptosjuridicosfundamentales-1.pdf>.

dad, el cual va más allá del buen comportamiento. En un sentido más amplio, hablar de derechos es hacer referencia a aquello que protege al ser humano y le determina unos condicionamientos para que no interfieran con lo que el otro merece, porque a su vez le impone unas restricciones para vivir en sociedad y porque, a su vez, está amparado por el Estado a través de la legislación o disposición que se establezca al respecto.

De igual manera, el concepto tiene dos dimensiones, la general, que se relaciona con el concepto internacional y la dimensión local, que hace referencia directa a aquello que se entiende o que adopta en particular un Estado, con el fin de proteger a sus ciudadanos y sus intereses. A continuación, se abordarán estas dos definiciones y en cada caso se darán algunas particularidades de las instituciones que han adoptado el concepto y la manera como lo han concebido.

1.1.1. Concepto internacional

En primer lugar, se debe partir de que los derechos humanos se entienden como los derechos fundamentales que toda persona tiene por el simple hecho de ser humano, sin que para ello importe su raza, sexo, religión, origen étnico, nacionalidad, orientación sexual, entre otros aspectos. Estos derechos son inherentes a la persona y se consideran necesarios para que cada sujeto pueda vivir dignamente y desarrollarse a plenitud. Al respecto se toma el siguiente concepto:

> Los derechos humanos son universales, indivisibles e interdependientes. Engloban derechos y obligaciones inherentes a todos los seres humanos que nadie, ni el más poderoso de los Gobiernos, tiene autoridad para negarnos. No hacen distinción de sexo, nacionalidad, lugar de residencia, origen nacional o étnico, color, religión, lengua, edad, partido político o condición social, cultural o económica[2].

---

2 AMNISTÍA INTERNACIONAL. Los derechos humanos. Disponible en Internet: <https://www.es.amnesty.org/en-que-estamos/temas/derechos-humanos/>.

Para una mayor comprensión del tema se debe partir del hecho que los derechos hacen parte de normas de estricto cumplimiento que buscan salvaguardar la integridad de las personas. Sobre el particular, se hará inicialmente referencia a algunos de los documentos más importantes que hablan de ello a nivel internacional, como la Declaración Universal de los Derechos Humanos, el Pacto Internacional de Derechos Civiles y Políticos y el Pacto Internacional de Derechos Económicos, Sociales y Culturales, donde los dos últimos han sido adoptados por la Asamblea General de las Naciones Unidas en 1966; a lo anterior se suma la Convención sobre los Derechos del Niño, adoptado en 2011.

Ahora, entendiendo los aportes generales de estos documentos, se hará referencia a lo mencionado y expuesto por el Estado colombiano en la Constitución Política, así como algunos documentos relacionados tales como disposiciones, leyes, decretos y regulaciones emanadas sobre el tema. Así las cosas, es dable considerar en primera medida lo relacionado sobre la Declaración Universal de los Derechos Humanos y referenciado por Emilio García, quien afirma:

> La Declaración Universal de los Derechos Humanos (DH), que reconoció por primera vez, a escala internacional, los derechos fundamentales de la persona, ha adquirido en los años transcurridos un progresivo reconocimiento y presencia, en la conciencia de los hombres, en los ordenamientos jurídicos de los Estados, y en las políticas de los gobiernos, pero sigue planteando la gran alternativa para el futuro de la humanidad: garantizar todos los derechos humanos para todos los seres humanos o caer en la barbarie.
>
> Tanto la Declaración de 1948, como los Pactos de 1966 recogieron los derechos procedentes de la tradición liberal –los derechos civiles y políticos–, que se conocen como derechos de la primera generación, o de la libertad; y los derechos procedentes de tradición socialista –los derechos económicos y sociales– calificados como derechos de la segunda generación, o de la igualdad[3].

---

3 GARCÍA GARCÍA, Emilio. Derechos humanos y calidad de vida. Dpto. de Psicología Básica. Procesos cognitivos. Madrid: Universidad Complutense, 1999. Disponible en Internet: <https://core.ac.uk/reader/19711950 o https://docta.ucm.es/entities/publication/893a8650-560d-4294-9782-ba9a2a7f9cdd>.

A la par de este documento, se hace necesario mencionar que históricamente la Declaración Universal de Derechos Humanos fue adoptada por la Asamblea General de las Naciones Unidas en el año de 1948 y hasta la actualidad se considera como uno de los documentos más importantes de la historia de este tipo de derechos. Allí se reconocen y se proclaman los derechos humanos fundamentales e incluso se busca que todas las personas gocen de ellos sin distinción de alguna condición especial o particular. De igual forma, en el documento se establecen los derechos civiles, políticos, económicos, sociales y culturales que deben ser respetados y protegidos por todos los Estados miembros de la ONU. Al respecto, este mismo organismo manifiesta:

> Los derechos humanos son derechos inherentes a todos los seres humanos, sin distinción alguna de raza, sexo, nacionalidad, origen étnico, lengua, religión o cualquier otra condición. Entre los derechos humanos se incluyen el derecho a la vida y a la libertad; a no estar sometido ni a esclavitud ni a torturas; a la libertad de opinión y de expresión; a la educación y al trabajo, entre otros muchos. Estos derechos corresponden a todas las personas, sin discriminación alguna[4].

Lo anterior corrobora la idea central expuesta sobre la cual existe una relación en virtud de la protección a la cual deben aspirar las personas en virtud de su seguridad y que debe ser proporcionada por el Estado a quienes habiten su territorio. Ahora bien, uno de los pilares fundamentales de la Declaración es el respeto a la dignidad humana. Por ello, el artículo 1 establece que: "todos los seres humanos nacen libres e iguales en dignidad y derechos"[5].

---

4 NACIONES UNIDAS (ONU) Derechos humanos. Disponible en Internet: <https://www.un.org/es/global-issues/human-rights#:~:text=Entre%20los%20derechos%20humanos%20se,las%20personas%2C%20sin%20discriminaci%C3%B3n%20alguna>.

5 NACIONES UNIDAS (ONU) Oficina del Alto Comisionado Declaración Universal de Derechos Humanos. Disponible en Internet: <https://www.ohchr.org/sites/default/files/UDHR/Documents/UDHR_Translations/spn.pdf>.

Además, en dicha Declaración se menciona que se debe garantizar el derecho a la vida, a la libertad y a la seguridad de la persona (artículo 3), el derecho a no ser sometido a torturas ni a tratos crueles, inhumanos o de degradantes (artículo 5), el derecho a la igualdad ante la ley y a la protección contra toda forma de discriminación (artículo 7), el derecho a la libertad de pensamiento, de conciencia, de religión y de expresión (artículo 18) y el derecho a la educación (artículo 26), entre otros que serán referenciados más adelante.

Fuera de este documento, se encuentra el Pacto Internacional de Derechos Civiles y Políticos y el Pacto Internacional de Derechos Económicos, Sociales y Culturales, ambos adoptados por la Asamblea General de las Naciones Unidas en 1966. Los dos se encargan de ampliar y detallar los derechos reconocidos en la Declaración Universal. En primera instancia, el Pacto Internacional de Derechos Civiles y Políticos establece los derechos a la vida, a la libertad y la seguridad personal, a la igualdad ante la ley, a la libertad de pensamiento, de conciencia, de expresión, de asociación, de reunión, entre otros.

De otro lado, el Pacto Internacional de Derechos Económicos, Sociales y Culturales busca garantizar derechos como el trabajo, la educación, la vivienda, la salud, la alimentación, entre otros. A lo anterior se agrega otro documento, desarrollado en la Convención de la Naciones Unidas, el cual hace referencia a *la Eliminación de todas las Formas de Discriminación contra la Mujer*, adoptada por la Asamblea General de la ONU en 1979 y que se convierte en un instrumento clave en la lucha por la igualdad de género. En este sentido, se aclara al respecto esta convención reconoce y garantiza los derechos de las mujeres a la igualdad ante la ley, a la no discriminación, a la participación política, a la educación, a la salud, entre otros.

A su vez, se encuentra el Protocolo Facultativo de la Convención sobre los Derechos del Niño, relativo a un procedimiento de comunicaciones y el cual fue adoptado en 2011; en él se establece un mecanismo para que los niños y niñas, o sus representantes legales, puedan presentar denuncias individuales ante el Comité de los Derechos del Niño de las Naciones Unidas en caso de violaciones a sus derechos.

Uno de estos casos particulares a nivel internacional tiene que ver con la Sentencia de la Corte Interamericana de Derechos Humanos (C.I.D.H.) en el caso Fontevecchia y D'Amico vs. Argentina, emitida en 2011 y el cual es un ejemplo de cómo los tribunales internacionales pueden hacer valer y proteger los derechos humanos.

En este caso, la Corte Interamericana estableció que, tomando el caso por el cual se había generado una sanción penal sobre los periodistas acusados de difamación, se debía realizar corregir la aplicación de dicha ley penal, que criminalizaba la difamación y era contraria a la libertad de expresión y violaba los derechos humanos de los periodistas demandantes. Finalmente, como otro de los organismos que se hallan y regulan aspectos de los derechos humanos a nivel mundial, se encuentra Amnistía Internacional, que corresponde a una organización internacional de derechos humanos que trabaja en más de 150 países promoviendo la defensa y promoción de estos.

En su informe anual, destaca en su análisis de Colombia, que existen violaciones a estos derechos humanos en el país y promueve acciones para su erradicación. Entre las principales problemáticas encontradas en el país, este organismo destaca la persistencia de la violencia armada, los asesinatos y desapariciones de defensores de derechos humanos, líderes sociales y periodistas, la violencia de género y la discriminación y exclusión de grupos minoritarios, razón por la cual el Estado debe preocuparse mucho más y en detalle sobre la superación de este tipo de situaciones que afectan notablemente la tranquilidad en el país. Dicha institución aborda el tema de derechos humanos al indicar que:

> Los derechos humanos son derechos y libertades fundamentales que tenemos todas las personas por el mero hecho de existir. Respetarlos permite crear las condiciones indispensables para que los seres humanos vivamos dignamente en un entorno de libertad, justicia y paz. El derecho a la vida, a la libertad de expresión, a la libertad de opinión y de conciencia, a la educación, a la vivienda, a la participación política o de acceso a la información son algunos de ellos.
> ¿Qué son los derechos humanos?
> Los derechos humanos son universales, indivisibles e interdependientes. Engloban derechos y obligaciones inherentes a todos los

> seres humanos que nadie, ni el más poderoso de los Gobiernos, tiene autoridad para negarnos. No hacen distinción de sexo, nacionalidad, lugar de residencia, origen nacional o étnico, color, religión, lengua, edad, partido político o condición social, cultural o económica[6].

Y en relación con el tema, la misma Institución aborda otros conceptos relacionados con el tema de uso de la fuerza y la forma en que se debe efectuar este y bajo qué medidas:

> El Uso de la Fuerza: se refiere a todo medio físico utilizado contra una persona con fines de hacer cumplir la ley, en particular para hacer que se obedezca una orden. El uso de la fuerza va desde tocar a una persona hasta el uso intencionalmente letal de las armas de fuego e incluye la amenaza de hacer uso de la fuerza.
> Para cumplir con los derechos humanos, el Uso de la Fuerza debe ser:
> **Legal:** Es decir, la ley tiene que decir que, cuando y como se puede usar la fuerza para que el policía pueda usarla. El uso de la fuerza debe estar regulado por la ley del país y tener base en el derecho internacional. Ejemplo: Si la ley indica que se puede usar la fuerza para acallar una manifestación, pero el derecho internacional no lo indica así, el uso de la fuerza no sería legal.
> **Necesario:** Esto quiere decir que solo se debe usar la fuerza cuando la autoridad no tiene otra opción para lograr su objetivo de hacer cumplir la ley. Para resolver la misma situación se podrían usar distintos niveles de fuerza, la autoridad debe considerar usar la menor cantidad de fuerza posible en cada situación. Ejemplo: Cuando se aprehende a un ladrón, la policía no tiene la necesidad de golpearlo después de su detención pues el objetivo de la detención ya se ha cumplido.
> **Proporcional:** La fuerza que utiliza una autoridad debe equilibrar entre el daño que trae el uso de la fuerza en términos del cumplimiento de una ley y el daño que le genera a la persona receptora de la acción. Ej. Disparar a una persona que ha robado algo no es proporcional ya que vale más la vida de la persona que un objeto en todos los casos. La autoridad solo puede herir de gravedad o quitar la vida (fuerza letal) a una persona que presenta una

---

6 AMNISTÍA INTERNACIONAL. Los derechos humanos. Disponible en Internet: <https://www.es.amnesty.org/en-que-estamos/temas/derechos-humanos/>.

> amenaza inminente de herir gravemente o matar a alguien más, y solo cuando se hayan agotado todas las alternativas a este tipo de fuerza[7].

Otro de los documentos relacionados en este sentido, es el titulado *Uso de la fuerza. Directrices para la aplicación de los principios básicos sobre el empleo de la fuerza y de las armas de fuego por los funcionarios encargados de hacer cumplir la ley*, en el cual se resumen los aspectos importantes sobre el tema y, como en la cita expuesta, se determinan los alcances que tienen en pro de la defensa de los derechos humanos.

En resumen, este primer apartado busca mostrar que el concepto de derechos humanos no solo es adoptado un organismo como la ONU (Organización de las Naciones Unidas), sino que sus disposiciones han sido tomadas y aplicadas por otros organismos, algunos emanados de esta institución y otros que actúan a nivel internacional en pro de la defensa y amparo de estos derechos, dando a conocer las situaciones de violación o afectación de estos en diferentes partes del mundo. En este sentido, se debe señalar que incluso algunos también han buscado generar políticas que sean adoptadas por los Estados para su protección, tomando la misma vía de desarrollo y asegurando el cumplimiento de los lineamientos generales emanados por estos organismos.

---

7 AMNISTÍA INTERNACIONAL. El uso de la fuerza, sin reglas no hay confianza. Disponible en Internet: <https://cdn5.dcbstatic.com/dcd/scormapi_v60/launcher_full.html?host=academy.amnesty.org&id_user=301837&id_reference=3069&scorm_version=1.2&id_resource=443&id_item=443&idscorm_organization=443&id_package=443&launch_type=fullscreen&id_course=158&player=hydra&autoplay_enabled=1&name=el-uso-de-la-fuerza-sin-reglas-no-hay-confianza&return_url=academy.amnesty.org&as_json=1&auth_code=e72605d81dabedd610f322dc2f825f6ecf2553fd&use_sw=1&context=lms&debug=1&rtl=false>.

1.1.1.1. Instituciones internacionales que resguardan los derechos humanos

Las principales instituciones internacionales encargadas de resguardar los derechos de las personas, aparte de la ONU, son aquellas que forman el Sistema Interamericano de Protección de Derechos Humanos[8]. En este sistema se encuentra la Comisión Interamericana de Derechos Humanos y la Corte Interamericana de Derechos Humanos. A continuación, se hará una breve descripción de cada una de estas instituciones, con el fin de determinar los alcances de cada una y los lineamientos que siguen.

Inicialmente se debe entender que el Sistema Interamericano de Protección de Derechos Humanos tiene su origen en la Organización de los Estados Americanos (OEA), cuyo origen data de 1826, cuando se realizó el primer congreso en Panamá convocado por Simón Bolívar. Sin embargo, fue solo hasta 1889 cuando los Estados Americanos decidieron realizar reuniones periódicas y crear un sistema de normas e instituciones que les permitiera lograr una integración y armonía en sus relaciones[9].

De esta manera y resumiendo los aspectos enunciados por la OEA y tomados por Elizabeth Coral, se encuentra que, a partir de su organización inicial, entre el 2 de octubre de 1889 y el 19 de abril de 1890 y en el marco de la I Conferencia Internacional Americana, se estableció la Unión Internacional Americana, en la cual primaban los temas de comercio y comunicación entre los países miembros. Tiempo después, en la V Conferencia Internacional Americana, celebrada en Santiago de Chile en 1923, se

---

8 La información correspondiente a este apartado en su totalidad fue tomada y adaptada del documento: "Derechos Humanos" Una mirada desde el sistema de protección y reparación a las Víctimas del Conflicto Armado Colombiano. Editora Elizabeth Andrade Coral. Bogotá: Escuela Superior de Guerra "General Rafael Reyes Prieto", 2020.

9 *Ibidem.*

firma el tratado para evitar o prevenir conflictos entre los Estados americanos.

En tercer lugar, la VII Conferencia Internacional Americana, celebrada en 1933 en la ciudad de Montevideo, Uruguay, se aprobó la convención sobre los derechos y deberes de los estados en donde se reafirmó que: "los estados son jurídicamente iguales, disfrutando iguales derechos y tienen igual capacidad para ejercitarlos[10]". Ya en 1945, durante la Conferencia de San Francisco, se habló sobre el mantenimiento de la paz y la seguridad del continente, pero es solo en 1947, en Río de Janeiro cuando se firma el tratado de asistencia recíproca[11].

En 1948 se reúnen en Bogotá en la IX Conferencia Internacional Americana y se adopta la carta de la organización de los Estados americanos fijándoles metas comunes y el respeto por la soberanía de cada uno de los países miembros. En esta misma reunión se fijaron también los principios de lo que serán luego los órganos principales de esta organización a saber: la comisión interamericana de derechos humanos y la corte interamericana de derechos humanos.

Sobre estos organismos se pueden resumir algunos aspectos importantes: la Comisión Interamericana de Derechos Humanos fue creada en 1959, pero entró en vigor en 1960, después de que fueran aprobados sus estatutos y nombrados los miembros que ejecutarían las funciones. Esta comisión fungió un intenso papel como divulgadora de la protección de los derechos humanos, ya sea a través de la formulación de recomendaciones a los Estados o a través de la elaboración de informe y observaciones a los Estados en materia de derechos humanos. Estas funciones y atribuciones quedarían simplemente escritas si no existieran los procedimientos necesarios para el normal funcionamiento de la

---

10 OEA, 2019.

11 *Ibidem.*

comisión[12]. Por su parte la Corte Interamericana de Derechos Humanos (C.I.D.H.) fue creada en 1969, con ocasión del pacto de San José de Costa Rica.

> Este es el órgano jurisdiccional del sistema interamericano de derechos humanos que debe interpretar, ejerciendo su competencia consultiva, la posibilidad de desarrollar un caso que pretenda juzgar a un Estado y condenarlo, si lo encuentra culpable, estableciendo condenas e indemnizaciones a favor de las víctimas o sus familiares por los perjuicios causados, lo que permite garantizar la vigencia de los derechos fundamentales de las personas al interior de los países miembros del Sistema Interamericano de Derechos Humanos y la efectiva aplicación de la Convención Americana sobre Derechos Humanos[13].

1.1.2. Concepto nacional

En Colombia, el respeto y la protección de los derechos humanos se encuentran garantizados por la Constitución Política de 1991. En primera instancia, porque desde el artículo 1 se establece que Colombia es un Estado social de derecho que garantiza la vida, la igualdad, la libertad y la dignidad de todas las personas.

> Artículo 1. Colombia es un Estado social de derecho, organizado en forma de República unitaria, descentralizada, con autonomía de sus entidades territoriales, democrática, participativa y pluralista, fundada en el respeto de la dignidad humana, en el trabajo y la solidaridad de las personas que la integran y en la prevalencia del interés general.[14]

Además, la Constitución menciona que los derechos humanos tienen un carácter universal, indivisible e imprescriptible, lo que debe ser entendido como que deben ser respetados en todas las

---

12 *Ibidem*, p. 25.

13 *Ibidem*, p. 26.

14 COLOMBIA (1991) Constitución política. Bogotá. Disponible en Internet: <https://pdba.georgetown.edu/Constitutions/Colombia/colombia91.pdf>.

circunstancias y no pueden ser limitados o negados por ninguna razón. Incluso se debe observar que el Estado sirve al ciudadano y, a su vez, las autoridades del país se encargan de proteger a sus ciudadanos, tal como se encuentra relacionado en el artículo segundo:

> Artículo 2. Son fines esenciales del Estado: servir a la comunidad, promover la prosperidad general y garantizar la efectividad de los principios, derechos y deberes consagrados en la Constitución; facilitar la participación de todos en las decisiones que los afectan y en la vida económica, política, administrativa y cultural de la Nación; defender la independencia nacional, mantener la integridad territorial y asegurar la convivencia pacífica y la vigencia de un orden justo.
> Las autoridades de la República están instituidas para proteger a todas las personas residentes en Colombia, en su vida, honra, bienes, creencias, y demás derechos y libertades, y para asegurar el cumplimiento de los deberes sociales del Estado y de los particulares.[15]

Aparte de la Constitución de Colombia, el Ministerio del Interior, es el organismo de la rama ejecutiva del poder público, encargado de promover y proteger los derechos humanos en el país. Y a través de la Dirección de Derechos Humanos, se implementan políticas y programas para prevenir y sancionar las violaciones a estos, así como para brindar atención y protección a las víctimas. A ello se agregan las campañas de sensibilización y capacitación para promover una cultura de respeto a los derechos humanos en la sociedad colombiana.

Por su parte, el Ministerio de Relaciones Exteriores de Colombia también tiene un papel importante en la promoción y defensa de los derechos humanos a nivel internacional. A través de la Dirección de Derechos Humanos y el Derecho Internacional Humanitario, el Ministerio participa en espacios y mecanismos internacionales de protección de estos derechos, como las Naciones Unidas y la Organización de los Estados Americanos, con el fin de asegurar la protección y promoción de estos derechos humanos a nivel global.

---

15 *Ibidem.*

De igual manera, la Defensoría del Pueblo de Colombia es una entidad autónoma que, tal como se menciona en su descripción general, es la encargada de velar por la promoción, protección y ejercicio de los derechos humanos en el país. En este sentido, la Defensoría tiene la función de recibir quejas y denuncias de violaciones a estos derechos, para luego investigar los casos, emitir recomendaciones a las autoridades competentes y brindar asesoramiento y apoyo a las víctimas.

También la Defensoría del Pueblo se encarga de realizar actividades de promoción y educación en derechos humanos y trabaja en la construcción de políticas públicas para garantizar la protección de los derechos fundamentales en el país. En este sentido, dicha entidad establece sobre el tema:

> Los DD HH son demandas de libertades, facultades o pretensiones, directamente vinculadas con la dignidad o valor intrínseco de todo ser humano, reconocidas como legítimas por la comunidad internacional –por ser congruentes con los principios ético-jurídicos ampliamente compartidos- y por eso mismo consideradas merecedoras de protección jurídica en la esfera interna y en el plano internacional.[16]

Lo anterior permite observar la mirada de dicha institución sobre el tema y la defensa que ella misma busca sobre el tema. En la actualidad el país enfrenta numerosos desafíos en este ámbito, a pesar de los avances en la protección que se han dado por parte de las instituciones locales. Uno de los principales problemas es la persistencia de la violencia armada, especialmente en las zonas rurales y en los territorios en donde antes existían grupos armados ilegales. Esta violencia afecta inicialmente a las comunidades campesinas, afrodescendientes e indígenas, quienes en muchos casos se ven obligadas a dejar sus tierras y desplazarse a otros lugares, enfrentando amenazas, persecuciones y necesidades diferentes en este proceso.

---

16 Defensoría del Pueblo. Red de promotores de Derechos Humanos ¿Qué son los DD HH? Bogotá, 2008, p. 21.

A lo anterior se vincula otro desafío importante, la violencia de género. Y es que, a pesar de los avances en la legislación y de la implementación de políticas de protección, las mujeres en Colombia siguen siendo víctimas de violencia y discriminación, incluyendo feminicidios, violencia doméstica, acoso sexual y trata de personas. Incluso es dable afirmar que en este momento perduran las dificultades en el acceso a la justicia y a servicios de salud, así como el apoyo para las víctimas de violencia de género.

A lo anterior se suma la discriminación y exclusión de grupos minoritarios, también denominados poblaciones de especial protección constitucional, el cual es otro de los grandes problemas en Colombia. De esta manera las comunidades indígenas, afrodescendientes, LGBTIQ+ y las personas con discapacidad enfrentan barreras en el ejercicio de sus derechos, incluyendo el acceso a la educación, la salud, la vivienda y el empleo. Además, sufren violencia y discriminación por parte de la sociedad y las autoridades.

Cabe anotar también que, más allá de los conceptos relacionados y las entidades que se encuentran en el país y protegen los derechos humanos, la defensa de estos derechos son fundamentales para asegurar la dignidad y el bienestar de todas las personas. En este sentido, los instrumentos internacionales como la Declaración Universal de Derechos Humanos, los pactos internacionales y las convenciones específicas establecen los principios y derechos que deben ser respetados y protegidos por los Estados.

Sin embargo, a pesar de los avances en la materia, aún existen numerosas violaciones a los derechos humanos, como ocurre en muchos países del mundo. Por ello, es necesario continuar trabajando para promover y defenderlos, así como fortalecer los mecanismos de protección y garantizar su respeto en todo el orbe. Los organismos nacionales e internacionales, la sociedad civil y cada individuo tienen un papel importante en esta tarea, ya sea a través del respeto a los derechos en su vida diaria, la denuncia de violaciones y la participación en acciones de defensa y promoción de los derechos humanos. Por esta razón, solo a través del compromiso y la colaboración de todos será posible crear un mundo donde estos derechos sean una realidad para todas las personas.

De ahí que la promoción y protección de los derechos humanos es una responsabilidad compartida entre los Estados y la sociedad, quienes en su conjunto tienen la obligación de respetarlos, protegerlos y garantizarlos, a nivel de todas las personas en su territorio y establecer mecanismos efectivos para prevenir y sancionar las violaciones que se puedan dar a ellos. Además, los Estados deben adoptar medidas positivas para promover la igualdad y la no discriminación, y garantizar el acceso a servicios básicos como la educación, la salud y la vivienda.

De la misma forma, la sociedad civil juega un papel clave en la promoción y defensa de los derechos humanos y, de la misma forma que las organizaciones no gubernamentales, los movimientos sociales y los defensores de estos, todos se relacionan con los documentos ya mencionados y emanados por los organismos internacionales, desempeñando un papel fundamental en la denuncia de violaciones, la visibilización de problemáticas y la incidencia de las políticas públicas para garantizar el respeto y protección de los derechos humanos.

En resumen, los derechos humanos son fundamentales para asegurar la dignidad y el bienestar de todas las personas. Los instrumentos internacionales como la Declaración Universal de Derechos Humanos, los pactos internacionales y las convenciones específicas establecen los principios y derechos que deben ser respetados y protegidos por los Estados.

Las instituciones y organismos nacionales e internacionales, así como la sociedad civil, desempeñan un papel fundamental en la promoción y defensa de los derechos humanos. Sin embargo, a pesar de los avances en la materia, aún existen numerosas violaciones a los derechos humanos en Colombia y en muchos países, motivo por el cual es necesario continuar trabajando para asegurar su respeto y protección a lo largo y ancho del planeta.

1.2. TRATAMIENTO LEGAL

Al hablar del tema de derechos humanos, se refiere al conjunto de normas y principios legales que garantizan y protegen los derechos de todas las personas. Estos derechos están reconocidos y protegidos por tratados internacionales, constituciones y leyes nacionales, y tienen como objetivo fundamental garantizar la dignidad, igualdad y libertad de todos los individuos o ciudadanos de un Estado.

Este tratamiento legal de los derechos humanos implica que todas las personas tienen derecho a ser tratadas de una manera justa y equitativa ante la ley, sin discriminación alguna. Por esta razón, los Estados tienen la obligación de respetar, proteger y garantizar el ejercicio de estos derechos, y deben, a su vez, adoptar las medidas necesarias para prevenir y sancionar cualquier violación de los mismos.

En este sentido, el sistema para realizarlo implica que se deben establecer mecanismos de protección y reparación en caso de violación de derechos. Esto incluye el acceso a la justicia, la posibilidad de presentar denuncias y reclamaciones, y la implementación de medidas de reparación y compensación para las víctimas de este tipo de violaciones.

Por ello es importante destacar que el tratamiento que se establezca implica que los derechos humanos son universalmente aplicables y no pueden ser violados, ni limitados sin una justificación válida y legítima. Asimismo, las leyes y regulaciones que se establezcan deben estar en consonancia con los estándares internacionales de la defensa de este tipo de derechos y deben ser interpretadas y aplicadas de manera amplia y favorable para proteger y garantizar los derechos de todas las personas y no solo los de unas pocas.

En resumen, el tratamiento legal de los derechos humanos implica el respeto, la protección y la garantía de los derechos que hacen parte de todas las personas, promoviendo la igualdad, la dignidad y la libertad. De ahí que los Estados tienen la obligación de cumplir con los tratados y convenios internacionales que sobre el tema se han generado y adoptar leyes y políticas que promuevan y protejan estos derechos. En caso de violación, las personas tienen derecho a acceder a mecanismos de protección y reparación, pese a que el Estado no haya suscrito y ratificado un instrumento internacional de DD. HH.

1.3. CONVENCIONAL

El Tratamiento Convencional es un concepto que se utiliza en el ámbito de los derechos humanos para referirse a la forma en que los Estados deben tratar a las personas que se encuentran bajo su jurisdicción. Este tratamiento debe ser acorde a los estándares internacionales sobre el tema, establecidos en tratados y convenios internacionales como los ya referidos arriba y que son emanados desde la ONU (Organización de las Naciones Unidas), sino desde los organismos subsidiarios de esta y las instituciones que se han desarrollado a nivel regional para la defensa de los mismos, como la Organización de los Estados Americanos (OEA) y sus organismos, la Comisión Interamericana de Derechos Humanos y la Corte Interamericana de Derechos Humanos.

En este sentido, es dable afirmar que los tratados y convenios internacionales de derechos humanos establecen los derechos y las libertades fundamentales que todas las personas tienen, así como las obligaciones que los Estados deben cumplir para garantizar su respeto y protección. Estos tratados y convenios hablan de cómo las personas, en términos específicos, tienen derecho a un trato digno y equitativo, sin discriminación de ningún tipo.

Por ello, los Estados deben tratar a todas las personas de ma nera igualitaria y justa, sin importar su raza, religión, sexo, edad, orientación sexual u cualquier otra condición personal. Además, establece al respecto que los Estados deben asegurar que todas las personas puedan acceder de manera igualitaria, plena y efectiva a sus derechos y libertades, sin ningún tipo de discriminación.

Y en el mismo sentido, se habla específicamente que los Estados deben abstenerse de cualquier acto o práctica que pueda ser considerada como tortura, trato cruel, inhumano o degradante.

De ahí que se debe garantizar que todas las personas sean tratadas con respeto y dignidad, y que no sean sometidas a ningún tipo de violencia física, psicológica o emocional.

Ahora, en caso de que se produzca una violación de los derechos humanos y un trato que no cumpla con los estándares internacionales, las personas afectadas tienen el derecho de recurrir a mecanismos de protección y reparación. Esto incluye la posibilidad de presentar denuncias y demandas ante los tribunales nacionales e internacionales, así como acceder a medidas de reparación y compensación en virtud de la violación a la cual fueron sometidas.

El Tratamiento Convencional entonces, será fundamental para garantizar el respeto de los derechos humanos y la dignidad de todas las personas. Los Estados tendrán la responsabilidad de garantizar que todas las personas sean tratadas de acuerdo con los estándares internacionales y, en el mismo sentido, deberá adoptar las medidas necesarias para prevenir y sancionar cualquier forma de trato inadecuado o violación de derechos. Esto implica la implementación de políticas y programas que promuevan la igualdad, la no discriminación y el respeto de este tipo de derechos en todos los ámbitos de la sociedad.

En resumen, el Tratamiento Convencional en derechos humanos habla de cómo los Estados deben tratar a las personas bajo su jurisdicción, asegurando su igualdad, dignidad y respeto de sus derechos. Y como deben abstenerse de cualquier forma de tortura o trato cruel, inhumano o degradante, así como el mismo sentido de garantizar mecanismos de protección y reparación en caso de violaciones a estos. Así las cosas, la implementación del Tratamiento Convencional implica adoptar políticas y programas que promuevan la igualdad y el respeto de los derechos humanos en todos los ámbitos.

1.4. JURISPRUDENCIAL

Este apartado del tratamiento jurisprudencial de los derechos humanos habla de la forma como los tribunales y otros órganos judiciales interpretan y aplican este tipo de derechos en la resolución de casos concretos. En este sentido, la jurisprudencia se entenderá, de forma escueta, como el conjunto de decisiones y razonamientos jurídicos que los tribunales emiten al resolver casos, y constituye una fuente importante de normas y criterios interpretativos en el ámbito de los derechos humanos y su adecuada protección.

Al respecto se debe mencionar que el tratamiento jurisprudencial aborda la forma como los tribunales deben aplicar los estándares y principios de derechos humanos establecidos en tratados internacionales y otras fuentes del derecho internacional mencionados en este campo. Esto incluye la interpretación amplia y progresista de los derechos, teniendo en cuenta la evolución de la sociedad y las nuevas realidades, es decir las nuevas miradas que sobre el tema se vaya dando o la adecuación y ajuste de las normas en virtud de nuevos tipos de delitos que los violen y difieran de las que se han concebido inicialmente.

Los tribunales tienen entonces la responsabilidad de garantizar la protección y garantía de los derechos humanos en sus decisiones y esto implica que deben investigar y resolver las violaciones que se hayan dado en este sentido, asegurando la rendición de cuentas y la responsabilidad de los responsables. A su vez, las decisiones que tomen se deben adecuar, además de proteger este tipo de derechos y ser consistentes con los principios de igualdad, no discriminación y dignidad humana, predominantes en la Declaración Universal de los Derechos Humanos.

A su vez, la jurisprudencia en esta materia tiene un papel fundamental en el desarrollo y fortalecimiento de los estándares y principios de los derechos humanos. En este sentido, las decisiones judiciales pueden establecer precedentes y sentar bases para la interpretación y aplicación de este tipo de derechos en casos futuros. Además, puede igualmente influir en la creación y modificación de leyes y políticas públicas relacionadas con esta tipología de derechos.

También se debe destacar que el tratamiento jurisprudencial de los derechos humanos puede variar en diferentes jurisdicciones y contextos nacionales. Por este motivo, los tribunales tienen la obligación de garantizar el respeto y protección de estos derechos de acuerdo con los estándares internacionales establecidos en los tratados y convenios de derechos humanos ratificados por el Estado en las convenciones que se realicen de manera regional o mundial, según sea el caso.

Teniendo en cuenta el tema en referencia, se hace imperioso, hacer una relación de las principales disposiciones jurisprudenciales que hallan en este sentido y en los ámbitos nacional e internacional. En primer lugar, a nivel internacional, se relacionan del Sistema Interamericano de Derechos Humanos los principales convenios y pactos que se han celebrado al respecto y que se encuentran vigentes en la actualidad para la región americana. Seguidamente la revisión va a enfocarse en las principales disposiciones emanadas por el Estado colombiano sobre el tema de derechos humanos (leyes, decretos y directivas).

En la tabla 1, como se condensa, aparecen los Convenios y Pactos del Sistema Interamericano de Derechos Humanos, en donde se abarcan diferentes temáticas relacionadas con su tipología y las violaciones que se puedan, a su vez, en la segunda columna, se menciona la respectiva ley aprobatoria del país en el cual fue discutida, en este caso Colombia. Finalmente, la tercera columna se encarga de mostrar las sentencias sobre las cuales se han hecho ajustes y nuevas modificaciones a la disposición inicial y en este sentido se titulan como Sentencia Control de Constitucionalidad.

Tabla 1. Convenios y Pactos del Sistema Interamericano de Derechos Humanos.

Sistema Interamericano de Derechos Humanos		
Convenios y Pactos del Sistema Interamericano de Derechos Humanos		
Nombre del instrumento de protección	**Ley aprobatoria**	**Sentencia Control de Constitucionalidad**
Convención interamericana sobre concesión de los derechos civiles a la mujer.	Ley 8 de 1959	
Convención sobre Asilo Territorial.	Ley 92 de 1962	
Convención Interamericana sobre Derechos Humanos.	Ley 16 de 1972	
Convención Interamericana sobre Conflictos de Leyes en Materia de Adopción de Menores.	Ley 47 de 1987	
Convención Interamericana para Prevenir, Sancionar y Erradicar la Violencia contra la Mujer. Convención de *Belém do Pará*.	Ley 248 de 1995	C-408/96
Convención para prevenir y sancionar los actos de terrorismo configurados en delitos contra las personas y la extorsión conexa cuando estos tengan trascendencia internacional.	Ley 195 de 1995	C-186/96
Protocolo Adicional a la Convención Americana sobre Derechos Humanos en materia de Derechos Económicos, Sociales y Culturales "Protocolo de San Salvador".	Ley 319 de 1996	C-251/97
Convención Interamericana para Prevenir y Sancionar la Tortura.	Ley 409 de 1997	C-351/98
Convención Interamericana de Lucha Contra la Corrupción de la Organización de Estados Americanos –OEA–.	Ley 412 de 1997	C-397/98
Convención Interamericana sobre Obligaciones Alimentarias.	Ley 449 de 1998	C-184 de 1999
Convención interamericana sobre tráfico internacional de menores.	Ley 470 de 1998	C-226/99
Convención Interamericana sobre Desaparición Forzada de Personas.	Ley 707 de 2001	C-580/02

Nombre del instrumento de protección	Ley aprobatoria	Sentencia Control de Constitucionalidad
Convención interamericana para la eliminación de todas formas de discriminación contra las personas con discapacidad.	Ley 762 de 2002	C-401/03
Convención sobre la prohibición del desarrollo, la producción y el almacenamiento de armas bacteriológicas (biológicas) y toxínicas y sobre su destrucción (1972).	Ley 10 de 1980	
Protocolo adicional a los Convenios de Ginebra del 12 de agosto de 1949 relativo a la protección de las víctimas de los conflictos armados sin carácter internacional (Protocolo II).	Ley 171 de 1994	C-225/95
Convención sobre prohibiciones o restricciones del empleo de ciertas armas convencionales que puedan considerarse excesivamente nocivas o de efectos indiscriminados.	Ley 469 de 1998	C-156/99
Convención sobre la prohibición del desarrollo, la producción, el almacenamiento y el empleo de armas químicas y sobre su destrucción (1993).	Ley 525 de 1999	C-328/00
Estatuto de Roma Corte Penal Internacional.	Ley 742 de 2002	C-578/2002
Convención Interamericana sobre Restitución Internacional de Menores.	Ley 880 de 2004	C-912/04
Convención Interamericana contra el Terrorismo.	Ley 1108 de 2006	C-537 de 2008
Protocolo a la Convención Americana sobre Derechos Humanos Relativo a la Abolición de la Pena de Muerte, adoptado en Asunción, Paraguay, el 8 de junio de 1990, en el Vigésimo Período Ordinario de Sesiones de la Asamblea General de la Organización de Estados Americanos, OEA.	Ley 1410 de 2010	C-399/11
Convención Interamericana sobre la Protección de los Derechos Humanos de las Personas Mayores.	Ley 2055 de 2020	C-395/21

Nota: La información relacionada de estas disposiciones se obtuvo de la página: Sistema Único de Información Normativa (12-08-2023) Instrumentos internacionales de derechos humanos. Recuperado de: https://www.suin-juriscol.gov.co/legislacion/universalderechos.html.

A su vez, y en relación con la Corte Interamericana de Derechos Humanos, algunos de los casos más representativos para la historia del país han sido tratados por este organismo de la OEA, con la consecuente sentencia, mediante la cual se determinaron los fallos sobre el país o sus demandantes. La recopilación que se muestra a continuación inicia a mediados de los años 90 y va hasta el año 2022, aunque se desconoce la existencia de otras disposiciones similares en este tema y de años anteriores.

Tabla 2. Corte Interamericana de Derechos Humanos (C.I.D.H.)-casos Colombia

Corte Interamericana de Derechos Humanos-casos Colombia	
Tipo	**Número de Documento**
Corte IDH. Caso Caballero Delgado y Santana Vs. Colombia.	Sentencia de 08 de diciembre de 1995
Corte IDH. Caso Las Palmeras Vs. Colombia.	Sentencia de 6 de diciembre de 2001
Corte IDH. Caso 19 Comerciantes Vs. Colombia.	Sentencia de 5 de julio de 2004
Corte IDH. Caso de la "Masacre de Mapiripán" Vs. Colombia.	Sentencia de 15 de septiembre de 2005
Corte IDH. Caso Gutiérrez Soler Vs. Colombia.	Sentencia de 12 de septiembre de 2005
Corte IDH caso de las masacres de Ituango Vs. Colombia.	Sentencia de 1 de julio de 2006
Corte IDH. Caso de la Masacre de Pueblo Bello Vs. Colombia.	Sentencia de 31 de enero de 2006
Corte IDH. Caso de la Masacre de La Rochela Vs. Colombia	Sentencia de 11 de mayo de 2007
Corte IDH. Caso Escué Zapata Vs. Colombia..	Sentencia de 04 de julio de 2007
Corte IDH. Caso Valle Jaramillo y otros Vs. Colombia.	Sentencia de 27 de noviembre de 2008
Corte IDH. Caso Cepeda Vargas Vs. Colombia.	Sentencia de 26 de mayo de 2010
Corte IDH. Caso Vélez Restrepo y familiares Vs. Colombia.	Sentencia de 3 de septiembre de 2012
Corte IDH. Caso Masacre de Santo Domingo Vs. Colombia.	Sentencia de 30 de noviembre de 2012
Corte IDH. Caso de las Comunidades Afrodescendientes desplazadas de la Cuenca del Río Cacarica (Operación Génesis) Vs. Colombia	Sentencia de 20 de noviembre de 2013
Corte IDH. Caso Rodríguez Vera y otros (Desaparecidos del Palacio de Justicia) Vs. Colombia.	Sentencia de 14 de noviembre de 2014
Corte IDH. Caso Duque Vs. Colombia.	Sentencia de 26 de febrero de 2016
Corte IDH. Caso Yarce y otras Vs. Colombia.	Sentencia de 22 de noviembre de 2016
Corte IDH. Caso Vereda La Esperanza Vs. Colombia.	Sentencia de 31 de agosto de 2017
Corte IDH. Caso Carvajal Carvajal y otros Vs. Colombia.	Sentencia de 13 de marzo de 2018

Tipo	Número de Documento
Corte IDH. Caso Isaza Uribe y otros Vs. Colombia.	Sentencia de 20 de noviembre de 2018
Corte IDH. Caso Villamizar Durán y otros Vs. Colombia.	Sentencia de 20 de noviembre de 2018
Corte IDH. Caso Omeara Carrascal y otros Vs. Colombia.	Sentencia de 21 de noviembre de 2018
Corte IDH. Caso Petro Urrego Vs. Colombia.	Sentencia de 8 de julio de 2020
Corte IDH. Caso Martínez Esquivia Vs. Colombia.	Sentencia de 6 de octubre de 2020
Corte IDH. Caso Bedoya Lima y otra Vs. Colombia.	Sentencia de 26 de agosto de 2021
Corte IDH. Caso Movilla Galarcio y otros Vs. Colombia.	Sentencia de 22 de junio de 2022
Corte IDH. Caso integrantes y militantes de la Unión Patriótica vs. Colombia.	Sentencia de 27 de julio de 2022

Nota: La información relacionada de estas disposiciones se obtuvo de la página: Sistema Único de Información Normativa (12-08-2023) Instrumentos internacionales de derechos humanos. Recuperado de: https://www.suin-juriscol.gov.co/legislacion/universalderechos.html

Ahora, de acuerdo con los Instrumentos Internacionales de Derechos Humanos, se pueden considerar una serie de disposiciones que se vinculan al tema como tratados y que en la actualidad se encuentran vigentes. Estos se pueden condensar de la siguiente manera:

Hay diez principales tratados internacionales sobre derechos humanos. Cada uno de estos tratados han establecido un comité de expertos encargados de supervisar la aplicación del tratado por los Estados parte. Algunos de los tratados se complementan con protocolos facultativos que abordan cuestiones específicas, mientras que el Protocolo Facultativo de la Convención contra la Tortura establece un comité de expertos[17].

---

[17] El documento consultado al respecto es: ORGANIZACIÓN DE LAS NACIONES UNIDAS (ONU) Los principales Instrumentos internaciones de derechos humanos y sus órganos de control. Disponible en Internet: <https://www.ohchr.org/es/core-international-human-rights-instruments-and-their-monitoring-bodies>.

Tabla 3. Instrumentos internaciones de derechos humanos y sus órganos de control

Sigla en Inglés	**Órgano de supervisión**	**Fecha**	**Organo de control**
ICERD	Convención Internacional sobre la Eliminación de todas las Formas de Discriminación Racial.	21-dic-65	CERD
ICCPR	Pacto Internacional de Derechos Civiles y Políticos.	16-dic-66	CCPR
ICESCR	Comité de Derechos Humanos.	16-dic-66	CESCR
CEDAW	Convención sobre la eliminación de todas las formas de discriminación contra la mujer.	18-dic-79	CEDAW
CAT	Convención contra la Tortura y Otros Tratos o Penas Crueles, Inhumanos o Degradantes.	10-dic-84	CAT
CRC	Convención sobre los Derechos del Niño.	20-nov-89	CRC
ICMW	Convención internacional sobre la protección de los derechos de todos los trabajadores migratorios y de sus familiares.	18-dic-90	CMW
PCED	Convención Internacional para la protección de todas las personas contra las desapariciones forzadas.	20-dic-06	CED
CRPD	Convención sobre los derechos de las personas con discapacidad.	13-dic-06	CRPD
ICESCR–OP	Protocolo Facultativo del Pacto Internacional de Derechos Económicos, Sociales y Culturales.	10-dic-08	CESCR
ICCPR-OP1	Protocolo Facultativo del Pacto Internacional de Derechos Civiles y Políticos.	16-dic-66	CCPR

Sigla en Inglés	Órgano de supervisión	Fecha	Organo de control
ICCPR-OP2	Segundo Protocolo Facultativo del Pacto Internacional de Derechos Civiles y Políticos, destinado a abolir la pena de muerte..	15-dic-89	CCPR
OP-CEDAW	Protocolo Facultativo de la Convención sobre la eliminación de todas las formas de discriminación contra la mujer	10-dic-99	CEDAW
OP-CRC-AC	Protocolo facultativo de la Convención sobre los Derechos del Niño relativo a la participación de niños en los conflictos armados.	25-may-00	CRC
OP-CRC-SC	Protocolo facultativo de la Convención sobre los Derechos del Niño relativo a la venta de niños, la prostitución infantil y la utilización de niños en la pornografía.	25-may-00	CRC
OP-CRC-IC	Protocolo Facultativo de la Convención sobre los Derechos del Niño relativo a un procedimiento de comunicación.	19-dic-11	CRC
OP-CAT	Protocolo facultativo de la Convención contra la Tortura y Otros Tratos o Penas Crueles, Inhumanos o Degradantes.	18-dic-02	SPT
OP-CRPD	Protocolo facultativo de la Convención sobre los derechos de las personas con discapacidad.	12-dic-06	CRPD

Nota: La información relacionada de estas disposiciones se obtuvo de la página: Organización de las Naciones Unidas (ONU) Los principales Instrumentos internaciones de derechos humanos y sus órganos de control (s.f.) Recuperado de: https://www.ohchr.org/es/core-international-human-rights-instruments-and-their-monitoring-bodies.

De acuerdo con la tabla anterior, se relacionan los documentos que han tenido incidencia e Colombia y que han dado como resultado un documento en particular, bajo una ley y una sentencia que en algunos casos ha tenido que ajustar los términos de la ley inicial. En la tabla 4 se encuentran las principales disposiciones desarrolladas en Colombia y cuya relación tiene como punto de partida los Instrumentos Internacionales de Derechos Humanos de la OEA. Las principales disposiciones en este sentido son:

Tabla 4. Instrumentos Internacionales de Derechos Humanos

Sistema Universal de Protección de Derechos Humanos		
Instrumentos Internacionales de Derechos Humanos		
Nombre del instrumento de protección	**Ley aprobatoria**	**Sentencia Control de Constitucionalidad**
Convención para la Prevención y la Sanción del Delito de Genocidio	Ley 28 de 1959	
El Pacto Internacional de Derechos Económicos, Sociales y Culturales, / PIDESC	Ley 74 de 1968	
Protocolo facultativo del Pacto Internacional de Derechos Civiles y Políticos/ PIDCP	Ley 74 de 1968	
Convención Internacional sobre la Eliminación de todas las Formas de Discriminación Racial / CEDR	Ley 22 de 1981	
Convención sobre la eliminación de todas las formas de discriminación contra la mujer / CEDAW	Ley 51 de 1981	
Convención contra la Tortura y Otros Tratos o Penas Crueles, Inhumanos o Degradantes / CCT o CAT	Ley 70 de 1986	
Convención sobre los Derechos del Niño / CDN	Ley 12 de 1991	
Convención internacional sobre la protección de los derechos de todos los trabajadores migratorios y de sus familiares / CTM o MWC p	Ley 146 de 1994	C-106/95
Convenio relativo a la protección del niño y a la cooperación en materia de adopción internacional, suscrito en La Haya, el 29 de mayo de 1993.	Ley 265 de 1996	C-383/96
Segundo Protocolo Facultativo del Pacto Internacional de Derechos Civiles y Políticos destinado a abolir la Pena de Muerte, adoptado por la asamblea General de las Naciones Unidas el 15 de diciembre de 1989	Ley 297 de 1996	C-144/97

Nombre del instrumento de protección	Ley aprobatoria	Sentencia Control de Constitucionalidad
Protocolo Facultativo de la Convención sobre los Derechos del Niño relativo a la venta de niños, la prostitución infantil y la utilización de los niños en la pornografía"	Ley 765 de 2002	C-318/03
Protocolo para prevenir, reprimir y sancionar la trata de personas, especialmente mujeres y niños, que complementa la Convención de las naciones unidas contra la delincuencia organizada transnacional	Ley 800 de 2003	C-962/03
Protocolo facultativo de la convención de las naciones unidas para la eliminación de todas las formas de discriminación contra la mujer.	Ley 984 de 2005	C-322/06
Convención internacional para la protección de todas las personas contra las desapariciones forzadas	Ley 1418 de 2010	C-620/11
Convención sobre los derechos de las personas con discapacidad	Ley 1346 de 2009	C-293/10

Nota: La información relacionada de estas disposiciones se obtuvo de la página: Sistema Único de Información Normativa (12-08-2023) Instrumentos internacionales de derechos humanos. Recuperado de: https://www.suin-juriscol.gov.co/legislacion/universalderechos.html.

En relación con los tratados de derecho internacional humanitario, se tiene que la incidencia de las disposiciones ha generado una serie de disposiciones en el país, las cuales se pueden resumir de la siguiente manera en la tabla 5 de la siguiente manera:

Tabla 5. Tratados de Derecho Internacional Humanitario

Tratados de Derecho Internacional Humanitario		
Nombre del instrumento de protección	**Ley aprobatoria**	**Sentencia Control de Constitucionalidad**
Convenio de Ginebra del 12 de agosto de 1949 para aliviar la suerte que corren los heridos y los enfermos de las fuerzas armadas en campaña.	Ley 5 de 1960	
Convenio de Ginebra del 12 de agosto de 1949 para aliviar la suerte que corren los heridos, los enfermos y los náufragos de las fuerzas armadas en el mar (Convenio II).	Ley 5 de 1960	
Convenio de Ginebra del 12 de agosto de 1949 relativo al trato debido a los prisioneros de guerra (Convenio III).	Ley 5 de 1960	
Convenio de Ginebra del 12 de agosto de 1949 relativo a la protección debida a las personas civiles en tiempo de guerra (Convenio IV).	Ley 5 de 1960	
Protocolo relativo a la prohibición del empleo en la guerra de gases asfixiantes, tóxicos o similares, y de medios bacteriológicos, firmado en Ginebra el 17 de junio de 1925, y se autoriza al Gobierno de Colombia para adherir a dicho Protocolo; y la Convención sobre la prohibición del desarrollo, la producción y el almacenamiento de armas bacteriológicas (Biológicas), y toxínicas y sobre su distribución.	Ley 10 de 1980	C-664/13
Protocolo Adicional a los Convenios de Ginebra del 12 de agosto de 1949, relativo a la protección de las víctimas de los conflictos armados sin carácter internacional (Protocolo II).	"Ley 171 de 1994 Promulgado por Decreto 082 de 1996"	C-225/95
Protocolo adicional a los convenios de Ginebra del 12 de agosto de 1949, relativo a la protección de las víctimas de los conflictos armados sin carácter internacional (Protocolo II), hecho en Ginebra el 8 de Junio de 1977.	Decreto 509 de 1996	C-574/92

Nombre del instrumento de protección	Ley aprobatoria	Sentencia Control de Constitucionalidad
Convención de La Haya de 1954 para la protección de los bienes culturales en caso de conflicto armado.	Ley 340 de 1996	C-467/97
Convención sobre prohibiciones o restricciones del empleo de ciertas armas convencionales que puedan considerarse excesivamente nocivas o de efectos indiscriminados", hecha en Ginebra, el diez (10) de octubre de mil novecientos ochenta (1980), y sus cuatro (4) protocolos: "Protocolo I. Sobre fragmentos no localizables", adoptado el 10 de octubre de 1980 con la convención. "Protocolo II. Sobre prohibiciones o restricciones del empleo de minas, armas trampa y otros artefactos", enmendado el 3 de mayo de 1996 en Ginebra. "Protocolo III. Sobre prohibiciones o restricciones del empleo de armas incendiarias" adoptado el 10 de octubre con la convención. "Protocolo Adicional, considerado como IV, sobre armas láser cegadoras".	Ley 469 de 1998	C-156/99
Convención sobre la prohibición del desarrollo, la producción, el almacenamiento y el empleo de armas químicas y sobre su destrucción.	Ley 525 de 1999	C-328/00
Convención sobre la prohibición del empleo, almacenamiento, producción y transferencia de minas antipersonal y sobre su destrucción (1997).	Ley 554 de 2000	C-991/00
Protocolo facultativo de la convención sobre los derechos del niño relativo a la participación de niños en los conflictos armados.	Ley 833 de 2003	C-172/04
Segundo Protocolo de la Convención de La Haya de 1954 para la Protección de los Bienes Culturales en caso de Conflicto Armado.	Ley 1130 de 2007	C-812/07

Nota: La información relacionada de estas disposiciones se obtuvo de la página: Sistema Único de Información Normativa (12-08-2023) Instrumentos internacionales de derechos humanos. Recuperado de: https://www.suin-juriscol.gov.co/legislacion/universalderechos.html

De acuerdo con el tema del trabajo, la relación de las jurisprudencias relacionadas se puede encontrar directamente en la página oficial de la Organización Internacional del Trabajo, en donde se mencionan todas estas regulaciones y algunas de estas tiene o han tenido incidencia en el país y por ello se relacionan las más importantes, que han sido discutidas en el país. La siguiente tabla 6 resume las principales disposiciones establecidas por el Estado colombiano al respecto, algunas de las cuales se refuerzan con una sentencia de Control Constitucional:

Tabla 6. Convenios Fundamentales de la OIT

Convenios fundamentales OIT		
Nombre del instrumento de protección	**Ley aprobatoria**	**Sentencia Control de Constitucionalidad**
Convenio número 100: sobre igualdad de remuneración, 1951 (núm. 100).	Ley 54 de 1962	
Convenio número 105: relativo a la abolición de trabajo forzoso.	Ley 54 de 1962	
Convenio número 29: Relativo al trabajo Forzoso y obligatorio.	Ley 23 de 1967	
Convenio número 87: relativo a la Libertad Sindical y a la Protección del Derecho de Sindicación.	Ley 26 de 1976	
Convenio número 111: relativo a la discriminación en materia de empleo y ocupación.	Ley 22 de 1967	
Convenio número 169: sobre pueblos indígenas y tribales en países independientes.	Ley 21 de 1991	
Convenio número 138 sobre la Edad Mínima de Admisión de Empleo.	Ley 515 de 1999	C-325/00
Convenio número 182: sobre la prohibición de las peores formas de trabajo infantil y la acción inmediata para su eliminación.	Ley 704 de 2001	C-535/02

Nota: La información relacionada de estas disposiciones se obtuvo de la página: Sistema Único de Información Normativa (12-08-2023) Instrumentos internacionales de derechos humanos. Recuperado de: https://www.suin-juriscol.gov.co/legislacion/universalderechos.html.

Las disposiciones que se recopilan a continuación hacen parte de las encontradas en el país sobre las principales temáticas que abordan los derechos humanos y que han tenido incidencia en el país. En primer lugar, se encuentra, de forma general, lo que tiene que ver con los derechos fundamentales y los cuales se resumen en la constitución política de Colombia de la siguiente manera:

Tabla 7. Derechos fundamentales en la Constitución Política de Colombia

Derechos humanos expresamente reconocidos por la Constitución Política de Colombia	
Constitución Política de Colombia.	Preámbulo, Título I, De los principios fundamentales. Título II, De los derechos, las garantías y los deberes.

Nota: La información relacionada de estas disposiciones se obtuvo de la página: Sistema Único de Información Normativa (12-08-2023) Instrumentos internacionales de derechos humanos. Recuperado de: https://www.suin-juriscol.gov.co/legislacion/universalderechos.html

De acuerdo con las Comisiones Intersectoriales, se debe apreciar que estas son instancias de coordinación y seguimiento entre los diferentes sectores, los cuales responsables de la aplicación directa de las normas que se han generado a nivel internacional y en pro del desarrollo de los derechos humanos. Dichas comisiones se enfocan en el control y vigilancia de los diferentes planes que establece el Estado. En este sentido, se tienen las siguientes disposiciones nacionales, que a la par hablan de las comisiones relacionadas al respecto y del convenio sobre el cual hace referencia.

Tabla 8. Disposiciones de Comisiones Intersectoriales

Comisiones Intersectoriales	
Norma	**Asunto**
Decreto 1310 de 1990	Por el cual se crea el Comité Interinstitucional para la Defensa, Protección y Promoción de los Derechos Humanos de la Niñez y la Juventud.
Decreto 715 de 1992	Por el cual se crea el Comité Nacional de Derechos Indígenas.
Decreto 1332 de 1992	Por el cual se crea la Comisión Especial para las Comunidades Negras, de que trata el artículo transitorio número 55 de la Constitución Política, sobre el reconocimiento de los derechos territoriales y culturales; económicos, políticos y sociales del pueblo negro de Colombia; y se establecen las funciones y atribuciones de la misma.
Decreto 1396 de 1996	Por medio del cual se crea la Comisión de Derechos Humanos de los Pueblos Indígenas y se crea el programa especial de atención a los Pueblos Indígenas.
Decreto 1974 de 1996 (octubre 31)	Por el cual se crea el Comité Interinstitucional para la lucha contra el tráfico de mujeres.
Decreto 1413 de 1997	Por el cual se crea la Comisión Interinstitucional para la Promoción y Protección de los Derechos Humanos de los Trabajadores.
Decreto 1454 de 1997	Por el cual se crea el Comité Nacional para la Defensa de los Derechos Humanos y la aplicación del Derecho Internacional Humanitario en el Sector Rural Colombiano.
Decreto 1828 de 1998	Por el cual se otorga el carácter de permanente a la Comisión Interinstitucional para la Promoción y Protección de los Derechos Humanos de los Trabajadores.
Decreto 2391 de 1998	Por el cual se crea la Comisión Interinstitucional de Seguimiento a las investigaciones que se adelantan por violación a los derechos humanos.
Decreto 2429 de 1998	Por medio del cual se crea el Comité Especial de Impulso a las investigaciones de violación de derechos humanos.

Norma	Asunto
Decreto 262 de 2000	(febrero 22) por el cual se modifican la estructura y la organización de la Procuraduría General de la Nación y del Instituto de Estudios del Ministerio Público; el régimen de competencias interno de la Procuraduría General; se dictan normas para su funcionamiento; se modifica el régimen de carrera de la Procuraduría General de la Nación, el de inhabilidades e incompatibilidades de sus servidores, y se regulan las diversas situaciones administrativas a las que se encuentren sujetos.
Decreto 321 de 2000	Por el cual se crea la Comité Intersectorial Permanente para la Coordinación y Seguimiento de la Política Nacional en Materia de Derechos Humanos y Derecho Internacional Humanitario.
Decreto 2811 de 2000	Por el cual se crea la Comisión Intersectorial de Seguimiento a las Investigaciones que se adelantan por violación de los Derechos Humanos en el Departamento de Arauca.
Decreto 833 de 2001	Por el cual se modifica el Decreto 2131 del 19 de octubre de 2000. Comisión Intersectorial de Seguimiento a las Investigaciones que se adelantan por violación de los Derechos Humanos en el Macizo colombiano.
Decreto 1427 de 2000	Por el cual se crea la Comisión Intersectorial de Seguimiento a las Investigaciones que se adelantan por violación de los Derechos Humanos en el departamento de Arauca.
Decreto 1592 de 2000	Por el cual se reglamenta el artículo 6° de la Ley 199 de 1995.
Decreto 1722 de 2002	Por el cual se crea la "Comisión Intersectorial para la promoción, respeto y garantía de los Derechos Humanos y del Derecho Internacional Humanitario en el departamento de Arauca" y se dictan otras disposiciones tendientes a combatir la impunidad.
Decreto 1747 de 2002	Por el cual se crea la "Comisión Intersectorial por la Defensa de la Vida en Barrancabermeja, Ciudad-Región de Paz" y se dictan otras disposiciones para la promoción y respeto de los derechos humanos y del Derecho. Internacional Humanitario en dicha ciudad.
Ley 759 de 2002	Por medio del cual se dictan normas para dar cumplimiento a la Convención sobre la Prohibición del Empleo, Almacenamiento, Producción y Transferencia de minas antipersonal y sobre su destrucción y se fijan disposiciones con el fin de erradicar en Colombia el uso de las minas antipersonal.

Norma	Asunto
Decreto 2788 de 2003	Por el cual se unifica y reglamenta el Comité de Reglamentación y Evaluación de Riesgos de los Programas de Protección de la Dirección de Derechos Humanos del Ministerio del Interior y de Justicia.
Resolución 465 de 2003	Por medio de la cual se organizan las Unidades Zonales de Derechos Humanos, como grupos de trabajo adscritos a la Procuraduría Preventiva para Derechos Humanos y Asuntos Étnicos, se define su planta de personal y sus funciones.
Decreto 4690 de 2007	Por el cual se crea la Comisión Intersectorial para la prevención del reclutamiento y utilización de niños, niñas, adolescentes y jóvenes por grupos organizados al margen de la ley.
Decreto 4100 de 2011	Por el cual se crea y organiza el Sistema Nacional de Derechos Humanos y Derecho Internacional Humanitario, se modifica la Comisión Intersectorial de Derechos Humanos y Derecho Internacional Humanitario y se dictan otras disposiciones".
Decreto 0552 de 2012	Por el cual se modifica el Decreto 4690 de 2007 "por el cual se crea la Comisión Intersectorial para la prevención del reclutamiento y utilización de niños, niñas, adolescentes y jóvenes por grupos organizados al margen de la ley.
Decreto 2096 de 2012	Por el cual se unifica el Programa Especial de Protección Integral para dirigentes, miembros y sobrevivientes de la Unión Patriótica y el Partido Comunista Colombiano y se dictan otras disposiciones.
Decreto 1081 de 2015	Por medio del cual se expide el Decreto Reglamentario Único del Sector Presidencia de la República.
Decreto 1216 de 2016	Por medio del cual se modifica el Decreto 1081 de 2015–Decreto Reglamentario Único del Sector de la Presidencia de la República, en lo que hace referencia al Sistema Nacional de Derechos Humanos y Derecho Internacional Humanitario y la Comisión Intersectorial de Derechos Humanos y Derecho Internacional Humanitario.

Norma	Asunto
Decreto 1833 de 2017	Por el cual se modifica el Decreto 4690 de 2007, modificado por los Decretos 0552 de 2012 y 1569 de 2016 "por el cual se crea la Comisión Intersectorial para la prevención del reclutamiento, la utilización y la violencia sexual contra niños, niñas, adolescentes por grupos armados al margen de la ley y por grupos delictivos organizados".
Decreto 1784 de 2019	Por el cual se modifica la estructura del Departamento Administrativo de la Presidencia de la República.
Decreto 2081 de 2019	Por medio del cual se modifica el Decreto 4690 de 2007, modificado por los decretos 0552 de 2012, 1569 de 2016 y 1833 de 2017 por el cual se crea la Comisión Intersectorial para la prevención del reclutamiento, la utilización y la violencia sexual contra niños, niñas y adolescentes por grupos armados al margen de la ley y por grupos delictivos organizados.
Decreto 2082 de 2019	Por medio del cual se modifica el Decreto 1081 de 201 Decreto Reglamentario Único del Sector de la Presidencia de la República, en lo que hace referencia a la Comisión Intersectorial de Derechos Humanos y Derecho Internacional Humanitario.
Decreto 2647 de 2022	Por el cual se modifica la estructura del Departamento Administrativo de la Presidencia de la República.
Decreto 0157 de 2023	Por el cual se modifica el Decreto 1081 de 2015 en lo que hace referencia a la composición de la Comisión Intersectorial de Derechos Humanos y Derecho Internacional Humanitario.

Nota: La información relacionada de estas disposiciones se obtuvo de la página: Sistema Único de Información Normativa (12-08-2023) Instrumentos internacionales de derechos humanos. Recuperado de: https://www.suin-juriscol.gov.co/legislacion/universalderechos.html

En esta tabla 9, se encuentran las disposiciones sobre Defensores de los Derechos Humanos y la forma en que el Estado ha cambiado algunas de las regulaciones o ha establecido los lineamientos jurisprudenciales correspondientes para su adecuado funcionamiento. Además, estas disposiciones abordan la defensa y protección de los derechos humanos en el país y como deben actuar al respecto.

Tabla 9. Defensores de Derechos Humanos

Defensores de Derechos Humanos	
Norma	**Asunto**
Decreto 2591 de 1991	Este decreto regula el procedimiento de tutela en Colombia. Establece los pasos a seguir para solicitar la protección de los derechos fundamentales a través de la acción de tutela.
Ley 24 de 1992 (diciembre 15)	Por la cual se establece la organización y el funcionamiento de la Defensoría del Pueblo y se dictan otras disposiciones en el desarrollo del artículo 28 de la Constitución Política de Colombia.
Decreto 2313 de 1994 (octubre 13)	Por el cual se adiciona la estructura interna del Ministerio de Gobierno con la Dirección de Asuntos para las Comunidades Negras y se le asignan funciones.
Decreto 1745 de 1995 (octubre 12)	Por el cual se reglamenta el Capítulo III de la Ley 70 de 1993, se adopta el procedimiento para el reconocimiento del derecho a la propiedad colectiva de las Tierras de las Comunidades Negras, y se dictan otras disposiciones.
Ley 358 de 1997	Esta ley establece medidas para la protección, promoción y defensa de los derechos humanos en Colombia.
Ley 434 de 1998 (febrero 3)	Por la cual se crea el Consejo Nacional de Paz, se otorgan funciones y se dictan otras disposiciones.
Decreto 352 de 1998 (febrero 19)	Por el cual se reglamenta la Ley 434 de 1998.
Decreto 1818 de 1998 (septiembre 7)	Por medio del cual se expide el estatuto de los mecanismos alternativos de solución de conflictos.
Decreto 2248 de 1995 (diciembre 22)	Por el cual se subroga el Decreto 1371 de 1994, se establecen los parámetros para el registro de organizaciones de base de las comunidades negras y se dictan otras disposiciones.
Decreto 2249 de 1995 (diciembre 22)	Por el cual se conforma la Comisión Pedagógica de Comunidades Negras de que trata el artículo 42 de la Ley 70 de 1993.

Norma	Asunto
Decreto 1627 de 1996 (septiembre 10)	Por el cual se reglamenta el artículo 40 de la Ley 70 de 1993.
Ley 497 de 1999 (febrero 10)	Por la cual se crean los jueces de paz y se reglamenta su organización y funcionamiento.
Directiva Presidencial 07 de 1999	Respaldo, interlocución y colaboración del Estado con las organizaciones de derechos humanos.
Ley 640 de 2001 (enero 5)	Por la cual se modifican normas relativas a la conciliación y se dictan otras disposiciones.
Decreto 127 de 2001 (enero 19)	Por el cual se crean las consejerías y programas presidenciales en el Departamento Administrativo de la Presidencia de la República.
Decreto 2440 de 2001 (noviembre 19)	Por el cual se suprime una consejería y se crea la Alta Consejería Presidencial en el Departamento Administrativo de la Presidencia de la República y se asignan sus funciones.
Decreto 2562 de 2001 (noviembre 27)	Por el cual se reglamenta la Ley 387 del 18 de julio de 1997, en cuanto a la prestación del servicio público educativo a la población desplazada por la violencia y se dictan otras disposiciones.
Decreto 2771 de 2001 (diciembre 2001)	Por el cual se reglamenta el artículo 42 de la Ley 640 de 2001.
Directiva 09 de 2003	Políticas del Ministerio de Defensa nacional en materia de protección de los derechos humanos de sindicalistas y defensores de derechos humanos.
Circular externa del Ministerio del Interior y de Justicia CIR09-259-2009	Garantías para la labor que desempeñan en el país defensores y defensoras de derechos humanos, líderes sociales y comunales.
Decreto 4800 de 2011	Este decreto establece medidas para prevenir la desaparición forzada en Colombia. Contiene disposiciones para la búsqueda, identificación y protección de las personas desaparecidas.
Ley 1709 de 2014	Esta ley tiene como objetivo prevenir y sancionar el feminicidio en Colombia. Establece medidas de protección y atención a las víctimas de violencia de género.
Ley 1712 de 2014	Es conocida como la Ley de Transparencia y Acceso a la Información Pública. Esta ley garantiza el derecho de acceso a la información pública y promueve la transparencia en la gestión pública.

Norma	Asunto
Decreto 1596 de 2015	Este decreto regula el trámite de asilo y refugio en Colombia. Establece los procedimientos para solicitar y otorgar protección a las personas que buscan refugio debido a persecución o violación de derechos humanos en su país de origen.
Ley 1751 de 2015	Esta ley establece el Sistema Nacional de Salud Mental en Colombia. Busca garantizar el acceso a servicios de salud mental de calidad y promover la protección de los derechos de las personas con problemas de salud mental.
Ley 1761 de 2015	Esta ley establece medidas para prevenir y sancionar el acoso laboral en Colombia. Busca proteger los derechos de los trabajadores y promover un ambiente laboral sano.
Decreto 1066 de 2015	Por medio del cual se expide el Decreto Único Reglamentario del Sector Administrativo del Interior".
Decreto 1314 de 2016	Por el cual se crea la Comisión Intersectorial de Garantías para las Mujeres Lideresas y Defensoras de los Derechos Humanos.
Decreto 154 de 2017	Por el cual se crea la Comisión Nacional de Garantías de Seguridad en el marco del Acuerdo Final, suscrito entre el Gobierno Nacional y las FARC-EP el 24 de noviembre de 2016.
Decreto 895 de 2017	Por el cual se crea el Sistema Integral de Seguridad para el Ejercicio de la Política.
Decreto 1581 de 2017	Por el cual se adiciona el Título 3 a la Parte 4, del Libro 2 del Decreto 1066 de 2015, Decreto Único Reglamentario del Sector Administrativo del Interior, para adoptar la política pública de prevención de violaciones a los derechos a la vida, integridad, libertad y seguridad de personas, grupos y comunidades, y se dictan otras disposiciones.
Decreto 2124 de 2017	Por el cual se reglamenta el sistema de prevención y alerta para la reacción rápida a la presencia, acciones y/o actividades de las organizaciones, hechos y conductas criminales que pongan en riesgo los derechos de la población y la implementación del Acuerdo Final para la Terminación del Conflicto y la Construcción de una Paz Estable y Duradera.

Norma	Asunto
Decreto 2252 de 2017	Por el cual se adiciona el Capítulo 6, del Título 1, de la Parte 4, del Libro 2 del Decreto 1066 de 2015, Decreto Único Reglamentario del Sector Administrativo del Interior, sobre la labor de gobernadores y alcaldes como agentes del Presidente de la República en relación con la protección individual y colectiva de líderes y lideresas de organizaciones y movimientos sociales y comunales, y defensores y defensoras de derechos humanos que se encuentren en situación de riesgo.
Directiva 0002 de 2017	Por medio de la cual se establecen lineamientos generales sobre la investigación de delitos cometidos en contra de defensores de derechos humanos en Colombia.
Directiva 002 de 2017	Lineamientos para la protección efectiva de los derechos de los defensores y defensoras de derechos humanos y sus organizaciones, integrantes de los movimientos sociales, movimientos políticos, y lideresas y líderes políticos y sociales, y sus organizaciones, y a los que en esta condición participen activamente en la implementación del Acuerdo Final para la Terminación del Conflicto y la Construcción de una Paz estable y Duradera.
Decreto 660 de 2018	Por el cual se adiciona el Capítulo 7, del Título 1, de la Parte 4, del Libro 2 del Decreto 1066 de 2015, Único Reglamentario del Sector Administrativo del Interior, para crear y reglamentar el Programa Integral de Seguridad y Protección para Comunidades y Organizaciones en los Territorios; y se dictan otras disposiciones.
Decreto 2137 de 2018	Por el cual se crea la Comisión Intersectorial para el desarrollo del Plan de Acción Oportuna (PAO) de Prevención y Protección individual y colectiva de los derechos a la vida, la libertad, la integridad y la seguridad de defensores de derechos humanos, líderes sociales, comunales, y periodistas–"Comisión del Plan de Acción Oportuna (PAO) para defensores de derechos humanos, líderes sociales, comunales, y periodistas".
Resolución 0845 de 2018	Por la cual se adopta el Programa Integral de Garantías para las Mujeres Líderesas y Defensoras de Derechos Humanos.
Anexo – Resolución 0845 de 2018	Anexo–Programa Integral de Garantías para Mujeres Lideresas y Defensoras de Derechos Humanos.
Decreto 1290 de 2020	Este decreto establece el régimen sancionatorio para proteger a las personas que denuncien actos de corrupción o violaciones a los derechos humanos en Colombia. Busca garantizar la no represalia y promover una cultura de denuncia.

Norma	Asunto
Decreto 1138 de 2021	Por medio del cual se modifica y adiciona el Decreto 2137 de 2018 -Por el cual se crea la Comisión Intersectorial para el desarrollo del Plan de Acción Oportuna (PAO) de Prevención y Protección individual y colectiva de los derechos a la vida, la libertad, la integridad y la seguridad de defensores de derechos humanos, líderes sociales, comunales y periodistas–"Comisión del Plan de Acción Oportuna (PAO) para defensores de derechos humanos, líderes sociales, comunales y periodistas"-.
Decreto 1139 de 2021	Por el cual se modifica algunos artículos del Libro 2, Parte 4, Titulo 1, Capítulos 2, 3, 4, y 5 y un artículo del título 3, Capítulo 7 del Decreto 1066 de 2015, Único Reglamentario del Sector Administrativo del Interior, en lo que hace referencia a los Programas de Prevención y Protección de los derechos a la vida, la libertad, la integridad y la seguridad de personas, grupos y comunidades.

Nota: La información relacionada de estas disposiciones se obtuvo de la página: Sistema Único de Información Normativa (12-08-2023) Instrumentos internacionales de derechos humanos. Recuperado de: https://www.suin-juriscol.gov.co/legislacion/universalderechos.html[18].

Sobre este tema, Colombia ha emitido una serie de disposiciones, las cuales se relacionan directamente en la siguiente tabla, a través de las cuales se pueden relacionar los principales aspectos preocupantes y que tienen que ver con este tema de los derechos humanos y sus violaciones a lo establecido por todos los organismos internacionales ya referenciados como la ONU, la OEA, la CIDH, entre otros.

---

18 La tabla se complementó con el siguiente documento: VALENCIA VILLA, Alejandro (Compilador) Compilación de normas nacionales de derechos humanos. Oficina en Colombia del Alto Comisionado de las Naciones Unidas para los Derechos Humanos, 2003. Disponible en Internet: <https://biblioteca.cejamericas.org/bitstream/handle/2015/456/Compilacion_de_normas_nacionales_de_derechos_humans_Colombia.pdf?sequence=1&isAllowed=y>.

Tabla 10. Disposiciones sobre genocidio, desaparición forzada, desplazamiento forzado, tortura, tratos crueles e inhumanos y pena de muerte

Genocidio, desaparición forzada, desplazamiento forzado, tortura, tratos crueles e inhumanos, pena de muerte	
Norma	**Asunto**
Ley 22 de 1981	Por medio de la cual se aprueba "La Convención Internacional sobre la Eliminación de todas las formas de Discriminación Racial", adoptado por la Asamblea General de las Naciones Unidas en Resolución 2106 (XX) del 21 de diciembre de 1965, y abierta a la firma el 7 de marzo de 1966.
Ley 51 de 1981	Por medio de la cual se aprueba la "Convención sobre la eliminación de todas las formas de discriminación contra la mujer", adoptada por la Asamblea General de las Naciones Unidas el 18 de diciembre de 1979 y firmada en Copenhague el 17 de julio de 1980.
Ley 70 de 1986	Por medio de la cual se aprueba la "Convención contra la tortura y otros tratos o penas crueles, inhumanos o degradantes", adoptada en Naciones Unidas el 10 de diciembre de 1984.
Ley 26 de 1987	Por medio de la cual se aprueba la "Convención Internacional para la Represión y el Castigo del Crimen de Apartheid", suscrita en New York el 30 de noviembre de 1973.
Ley 248 de 1995	Por medio de la cual se aprueba la Convención Internacional para prevenir, sancionar y erradicar la violencia contra la mujer, suscrita en la ciudad de Belem Do Para, Brasil, el 9 de junio de 1994.
Ley 297 de 1996	Por medio de la cual se aprueba el "Segundo Protocolo Facultativo del Pacto Internacional de Derechos Civiles y Políticos destinado a abolir la Pena de Muerte", adoptado por la Asamblea General de las Naciones Unidas el 15 de diciembre de 1989.
Ley 387 de 1997	Por la cual se adoptan medidas para la prevención del desplazamiento forzado; la atención protección, consolidación y estabilización socioeconómica de los desplazados internos por la violencia.
Ley 405 de 1997	Por medio de la cual se aprueba "la enmienda al párrafo 7 del artículo 17 y al párrafo 5 del artículo 18 de la Convención contra la tortura y otros tratos o penas crueles, inhumanos o degradantes", adoptada en Nueva York, el 8 de septiembre de 1992.

Norma	Asunto
Ley 409 de 1997	Por medio de la cual se aprueba la "Convención Interamericana para Prevenir y Sancionar la Tortura", suscrita en Cartagena de Indias el 9 de diciembre de 1985.
Decreto 1276 de 1997	Por el cual se promulga la "Convención Interamericana para prevenir, sancionar y erradicar la violencia contra la mujer -Convención de Belém do Pará", adoptada en Belém do Pará el 9 de junio de 1994.
Ley 467 de 1998	Por la cual se aprueba la "enmienda del artículo 8 de la Convención Internacional de 1966 sobre la eliminación de todas las formas de discriminación racial", adoptada en Nueva York el 15 de enero de 1992.
Ley 589 de 2000	Por medio de la cual se tipifica el genocidio, la desaparición forzada, el desplazamiento forzado y la tortura, y se dictan otras disposiciones.
Decreto 2569 de 2000	Por el cual se reglamenta parcialmente la Ley 387 de 1997 y se dictan otras disposiciones.
Ley 707 de 2001	Por medio de la cual se aprueba la "Convención Interamericana sobre Desaparición Forzada de Personas" hecha en Belém do Pará, el nueve (9) de junio de mil novecientos noventa y cuatro (1994).
Decreto 951 de 2001	Por el cual se reglamentan parcialmente las Leyes 3ª de 1991 y 387 de 1997, en lo relacionado con la vivienda y el subsidio de vivienda para la población desplazada.
Decreto 2007 de 2001	Por el cual se reglamenta parcialmente los artículos 7°, 17 y 19 de la Ley 387 de 1997, en lo relativo a la oportuna atención a la población rural desplazada por la violencia, en el marco del retorno voluntario a su lugar de origen o de su reasentamiento en otro lugar y se adoptan medidas tendientes a prevenir esta situación.

Nota: La información relacionada de estas disposiciones se obtuvo de la página: Sistema Único de Información Normativa (12-08-2023) Instrumentos internacionales de derechos humanos. Recuperado de: https://www.suin-juriscol.gov.co/legislacion/universalderechos.html.

En relación con la protección de los derechos económicos, sociales y culturales que deben predominar en las personas y grupos sociales, el país ha emitido las siguiente disposiciones y regulaciones, de acuerdo con la tabla 11.

Tabla 11. Derechos económicos, sociales y culturales

Derechos económicos, sociales y culturales	
Norma	**Asunto**
Ley 74 de 1968	Por medio del cual se aprueba el Pacto Internacional sobre Derechos Civiles y Políticos.
Ley 319 de 1996	Por medio de la cual se aprueba el Protocolo Adicional a la Convención Americana sobre Derechos Humanos en materia de Derechos Económicos, Sociales y Culturales "Protocolo de San Salvador" aprueba la Convención Internacional para prevenir, sancionar y erradicar la violencia contra la mujer, suscrita en la ciudad de Belem Do Para, Brasil, el 9 de junio de 1994.
Decreto 429 de 2001	Por medio del cual se promulga el Protocolo Adicional a la Convención Americana sobre Derechos Humanos en Materia de Derechos Económicos, Sociales y Culturales "Protocolo de San Salvador", suscrito en San Salvador el 17 de noviembre de 1988.

Nota: La información relacionada de estas disposiciones se obtuvo de la página: Sistema Único de Información Normativa (12-08-2023) Instrumentos internacionales de derechos humanos. Recuperado de: https://www.suin-juriscol.gov.co/legislacion/universalderechos.html.

Según el tema del Derecho Internacional Humanitario, las principales disposiciones que producido el país para proteger los derechos humanos aparecen en la tabla 12, resumidas de la siguiente manera:

Tabla 12. Disposiciones sobre Derecho Internacional Humanitario

Derecho Internacional Humanitario	
Norma	**Asunto**
Ley 11 de 1992	Por medio de la cual se aprueba el Protocolo Adicional a los Convenios de Ginebra del 12 de agosto de 1949 relativo a la protección de las víctimas de los conflictos armados internacionales (Protocolo I), adoptado en Ginebra, el 8 de junio de 1977.
Ley 171 de 1994	Por medio de la cual se aprueba el "Protocolo Adicional a los Convenios de Ginebra del 12 de agosto de 1949, relativo a la protección de las víctimas de los conflictos armados sin carácter internacional (Protocolo II)", hecho en Ginebra el 8 de junio de 1977.
Decreto 82 de 1996	Por medio de cual se promulga el "Protocolo Adicional a convenios de Ginebra del 12 de Agosto de 1949 relativo a la protección de las víctimas de los conflictos armados internacionales (Protocolo I)". adoptado en Ginebra el 8 de junio de 1977.
Decreto 509 de 1996	Por el cual se promulga el "Protocolo adicional a los convenios de Ginebra del 12 de agosto de 1949, relativo a la protección de las víctimas de los conflictos armados sin carácter internacional (Protocolo II)", hecho en Ginebra el 8 de Junio de 1977.
Ley 469 de 1998	Por medio de la cual se aprueba la "Convención sobre prohibiciones o restricciones del empleo de ciertas armas convencionales que puedan considerarse excesivamente nocivas o de efectos indiscriminados", hecha en Ginebra, el diez (10) de octubre de mil novecientos ochenta (1980), y sus cuatro (4) protocolos.
Decreto 860 de 1998 (mayo 8)	Por el cual se reglamenta lo relativo a la protección y el uso que darse[sic] al nombre y el emblema de la Cruz Roja, se protegen sus actividades y se facilita la prestación de los servicios humanitarios en Colombia.
Ley 554 de 2000	Por medio de la cual se aprueba la "Convención sobre la prohibición del empleo, Almacenamiento, producción y transferencia de minas antipersonal y sobre su destrucción", hecha en Oslo el dieciocho (18) de septiembre de mil novecientos noventa y siete (1997).

Norma	Asunto
Decreto 105 de 2001	Por el cual se promulga la Convención sobre la Prohibición del Empleo, Almacenamiento, Producción y Transferencia de Minas Antipersonal y sobre su Destrucción.
Decreto 2113 de 2001	Por el cual se crea la Comisión Intersectorial Nacional para la Acción contra las Minas Antipersonal.
Ley 759 de 2002	Por medio de la cual se dictan normas para dar cumplimiento a la Convención sobre la Prohibición del Empleo, Almacenamiento, Producción y Transferencia de minas antipersonal y sobre su destrucción y se fijan disposiciones con el fin de erradicar en Colombia el uso de las minas antipersonal.
Ley 833 de 2003	Por medio de la cual se aprueba el "Protocolo facultativo de la Convención sobre los Derechos del Niño relativo a la participación de niños en los conflictos armados", adoptado en Nueva York, el veinticinco (25) de mayo de dos mil (2000).
Ley 975 de 2005	Ley de Justicia y Paz: Esta ley establece los mecanismos para la desmovilización y reincorporación a la vida civil de los miembros de los grupos armados ilegales, así como la investigación, persecución y sanción de los delitos cometidos en el marco del conflicto armado.
Decreto 138 de 2005	Por el cual se reglamentan los artículos 5º, 6º, 14 y 18 de la Ley 875 de 2004 y se dictan otras disposiciones.
Ley 1448 de 2011	Ley de Víctimas y Restitución de Tierras. Esta ley tiene como objetivo reparar a las víctimas del conflicto armado en Colombia y restituir las tierras que les fueron despojadas. Además, establece los mecanismos de atención y reparación integral a las víctimas.
Ley Estatutaria 1618 de 2013	Esta ley busca fortalecer el marco normativo de protección de los derechos humanos en Colombia, estableciendo los mecanismos y procedimientos para garantizar su cumplimiento y prevención de violaciones.

Norma	Asunto
Directiva 0003 de 2015	Por medio de la cual se establecen las pautas para la persecución penal de los crímenes de guerra en el territorio nacional.
Ley 1820 de 2016	Decreto de Investigación y Sanción de los Crímenes de Lesa Humanidad (2016): Este decreto regula el tratamiento de los crímenes de lesa humanidad en Colombia, estableciendo las bases para la investigación, persecución y sanción de estos delitos.
Ley 589 de 2017	Ley de Desaparición Forzada: Esta ley tipifica el delito de desaparición forzada y establece los mecanismos de búsqueda, localización, identificación y atención integral a las víctimas de desaparición forzada.
Decreto Ley 277 de 2017	Decreto Ley de Amnistía e Indulto: Este decreto establece las condiciones y procedimientos para la aplicación de la amnistía e indulto a los miembros de los grupos armados ilegales que se desmovilicen y abandonen la lucha armada.

Nota: La información relacionada de estas disposiciones se obtuvo de la página: Sistema Único de Información Normativa (12-08-2023) Instrumentos internacionales de derechos humanos. Recuperado de: https://www.suin-juriscol.gov.co/legislacion/universalderechos.html.

De otro lado, algunas de las principales disposiciones más importantes y emanadas de parte del gobierno colombiano, que se encuentran en el área de fuerzas militares, son las siguientes:

Tabla 13. Disposiciones sobre fuerzas militares

Fuerzas Militares	
Norma	**Asunto**
Ley 578 de 2000	Por medio de la cual se reviste al Presidente de la República de facultades extraordinarias para expedir normas relacionadas con las fuerzas militares y de policía nacional.
Directiva Presidencial 01 de 2000	Respeto a los derechos humanos con motivo a la entrada en vigor del Código Penal Militar.
Directiva 09 de 2003	Fortalecer la política de promoción y protección de los derechos humanos de los trabajadores, sindicalistas y Defensores de Derechos Humanos.
Directiva Permanente 015 de 2016	Expedir los lineamientos del Ministerio de Defensa nacional para caracterizar y enfrentar a los grupos Armados Organizados (GDO).

Nota: La información relacionada de estas disposiciones se obtuvo de la página: Sistema Único de Información Normativa (12-08-2023) Instrumentos internacionales de derechos humanos. Recuperado de: https://www.suin-juriscol.gov.co/legislacion/universalderechos.html.

Las principales disposiciones que ha producido el Estado colombiano en materia de los derechos del niño y la juventud, colindantes con los preceptos de la ONU, se resumen en la siguiente tabla:

Tabla 14. Derechos de los niños y la juventud

Derechos de los niños y la juventud	
Norma	**Asunto**
Decreto 1310 de 1990	Por el cual se crea el Comité Interinstitucional para la Defensa, Protección y Promoción de los Derechos Humanos de la Niñez y la Juventud.
Ley 12 de 1991	Por medio de la cual se aprueba la Convención sobre los Derechos del Niño adoptada por la Asamblea General de las Naciones Unidas el 20 de noviembre de 1989.
Decreto 0094 de 1992	Por el cual se promulgan la Convención sobre los Derechos del Niño y la Reserva formulada por Colombia respecto de su artículo 38, numerales, 2° y 3°.
Ley 173 de 1994	Por medio de la cual se aprueba el Convenio sobre Aspectos Civiles del Secuestro Internacional de Niños, suscrito en La Haya el 25 de Octubre de 1980.
Ley 375 de 1997	Por la cual se crea la ley de la juventud y se dictan otras disposiciones.
Ley 449 de 1998	Por medio de la cual se aprueba la "Convención Interamericana sobre Obligaciones Alimentarías", hecha en Montevideo, el quince (15) de julio de mil novecientos ochenta y nueve (1989).
Ley 470 de 1998	Por medio de la cual se aprueba la "Convención Interamericana sobre Tráfico Internacional de Menores", hecha en México, D. F., México, el dieciocho (18) de marzo de mil novecientos noventa y cuatro (1994).
Ley 670 de 2001	Por medio de la cual se desarrolla parcialmente el artículo 44 de la Constitución Política para garantizar la vida, la integridad física y la recreación del niño expuesto al riesgo por el manejo de artículos pirotécnicos o explosivos.
Ley 765 de 2002	Por medio de la cual se aprueba el "Protocolo Facultativo de la Convención sobre los Derechos del Niño relativo a la venta de niños, la prostitución infantil y la utilización de los niños en la pornografía", adoptado en Nueva York, el veinticinco (25) de mayo de dos mil (2000).
Ley 833 de 2003	Por medio de la cual se aprueba el "Protocolo facultativo de la Convención sobre los Derechos del Niño relativo a la participación de niños en los conflictos armados", adoptado en Nueva York, el veinticinco (25) de mayo de dos mil (2000).

Nota: La información relacionada de estas disposiciones se obtuvo de la página: Sistema Único de Información Normativa (12-08-2023) Instrumentos internacionales de derechos humanos. Recuperado de: https://www.suin-juriscol.gov.co/legislacion/universalderechos.html.

Sobre el tema de participación, al cual tiene derecho el ciudadano colombiano, el Estado se ha encargado de discutir y producir las siguientes disposiciones que se resumen en la siguiente tabla:

Tabla 15. Disposiciones sobre participación

Participación	
Norma	**Asunto**
Ley 134 de 1994	Por la cual se dictan normas sobre mecanismos de participación ciudadana.
Ley 131 de 1994	Por la cual se reglamenta el voto programático y se dictan otras disposiciones.
Decreto 895 de 2000	Por el cual se reglamenta la parte operativa de la Ley 134 de 1994.
Ley 581 de 2000	Por la cual se reglamenta la adecuada y efectiva participación de la mujer en los niveles decisorios de las diferentes ramas y órganos del poder público, de conformidad con los artículos 13, 40 y 43 de la Constitución Nacional y se dictan otras disposiciones. (Ver Sentencia C-371 de 2000, por medio de la cual se estudia la constitucionalidad del proyecto de ley estatutaria.

Nota: La información relacionada de estas disposiciones se obtuvo de la página: Sistema Único de Información Normativa (12-08-2023) Instrumentos internacionales de derechos humanos. Recuperado de: https://www.suin-juriscol.gov.co/legislacion/universalderechos.html.

Las disposiciones más representativas, emanadas por el gobierno colombiano y que abordan el tema de la resolución de conflictos a través de diferentes herramientas como el diálogo y la reconciliación, son las siguientes:

Tabla 16. Disposiciones sobre resolución de conflictos

Resolución de conflictos	
Norma	**Asunto**
Decreto 1818 de 1998	Por medio del cual se expide el Estatuto de los mecanismos alternativos de solución de conflictos.
Ley 497 de 1999	Por la cual se crean los jueces de paz y se reglamenta su organización y funcionamiento.
Ley 640 de 2001	Por la cual se modifican normas relativas a la conciliación y se dictan otras disposiciones.

Nota: La información relacionada de estas disposiciones se obtuvo de la página: Sistema Único de Información Normativa (12-08-2023) Instrumentos internacionales de derechos humanos. Recuperado de: https://www.suin-juriscol.gov.co/legislacion/universalderechos.html.

En esta tabla se menciona la principal disposición, emanada de parte del gobierno colombiano y que hace referencia al tema de los estados de excepción en el país y la forma en que se puede ejecutar cuando ocurre una situación particular en el país:

Tabla 17. Sobre estados de excepción

Estados de Excepción	
Ley 137 de 1994	Por la cual se regulan los Estados de Excepción en Colombia.

Nota: La información relacionada de estas disposiciones se obtuvo de la página: Sistema Único de Información Normativa (12-08-2023) Instrumentos internacionales de derechos humanos. Recuperado de: https://www.suin-juriscol.gov.co/legislacion/universalderechos.html.

La siguiente tabla realiza una compilación de las disposiciones que ha discutido y producido el gobierno colombiano acerca del tema de la implementación de recomendaciones internacionales en materia de derechos humanos y sus violaciones. Cabe anotar que esta disposición se relaciona directamente con las normas resumidas en otras tablas ya referidas sobre temas similares como el genocidio y la desaparición forzada:

Tabla 18. Acerca de la implementación de recomendaciones internacionales

Implementación de recomendaciones internacionales	
Ley 288 de 1996	Por medio de la cual se establecen instrumentos para la indemnización de perjuicio a las víctimas de violaciones de derechos humanos en virtud de lo dispuesto por determinados órganos internacionales de Derechos Humanos.

Nota: La información relacionada de estas disposiciones se obtuvo de la página: Sistema Único de Información Normativa (12-08-2023) Instrumentos internacionales de derechos humanos. Recuperado de: https://www.suin-juriscol.gov.co/legislacion/universalderechos.html.

Las principales reglamentaciones producidas por el Estado colombiano en el tema de los pueblos indígenas y la protección y regulación de sus derechos son las siguientes:

Tabla 19. Disposiciones sobre pueblos indígenas

Pueblos indígenas	
Norma	**Asunto**
Decreto 1088 de 1993 (junio 10)	Por el cual se regula la creación de las asociaciones de cabildos y autoridades tradicionales indígenas.
Decreto 1386 de 1994 (junio 30)	Por el cual se reglamentan los artículos 25 de la Ley 60 de 1993 y 2o del Decreto 1809 de 1993.
Decreto 804 de 1995 (mayo 18)	Por medio del cual se reglamenta la atención educativa para grupos étnicos.
Decreto 2164 de 1995 (diciembre 7)	Por el cual se reglamenta parcialmente el Capítulo XIV de la Ley 160 de 1994 en lo relacionado con la dotación y titulación de tierras a las comunidades indígenas para la constitución, reestructuración, ampliación y saneamiento de los resguardos indígenas en el territorio nacional.
Decreto 1396 de 1996 (agosto 8)	Por medio del cual se crea la Comisión de Derechos Humanos de los Pueblos Indígenas y se crea el programa especial de atención a los pueblos indígenas.
Decreto 1397 de 1996 (agosto 8)	Por el cual se crea la Comisión Nacional de Territorios Indígenas y la mesa permanente de concertación con los pueblos y organizaciones indígenas, y se dictan otras disposiciones.
Decreto 1320 de 1998 (julio 13)	Por el cual se reglamenta la consulta previa con las comunidades indígenas y negras para la explotación de los recursos naturales dentro de su territorio.

Nota: La información relacionada de estas disposiciones se obtuvo de la página: Sistema Único de Información Normativa (12-08-2023) Instrumentos internacionales de derechos humanos. Recuperado de: https://www.suin-juriscol.gov.co/legislacion/universalderechos.html.

Entre las principales disposiciones producidas por el Estado colombiano sobre el tema de los pueblos africanos y el amparo que tiene que ver con sus derechos y deberes se encuentran las siguientes:

Tabla 20. Disposiciones sobre pueblos afrocolombianos

Pueblos afrocolombianos	
Norma	**Asunto**
Decreto 1332 de 1992	Por el cual se crea la Comisión Especial para las Comunidades Negras, de que trata el artículo transitorio número 55 de la Constitución Política, sobre el reconocimiento de los derechos territoriales y culturales; económicos, políticos y sociales del pueblo negro de Colombia; y se establecen las funciones y atribuciones de la misma.
Ley 70 de 1986	Por medio de la cual se aprueba la "Convención contra la tortura y otros tratos o penas crueles, inhumanos o degradantes", adoptada en Naciones Unidas el 10 de diciembre de 1984.
Decreto 1371 de 1994 (junio 30)	Por el cual se conforma la Comisión Consultiva de alto nivel de qué trata el artículo 45 de la Ley 70 de 1993.
Decreto 2313 de 1994 (octubre 13)	Por el cual se adiciona la estructura interna del Ministerio de Gobierno con la Dirección de Asuntos para las Comunidades Negras y se le asignan funciones.
Decreto 1745 de 1995 (octubre 12)	Por el cual se reglamenta el Capítulo III de la Ley 70 de 1993, se adopta el procedimiento para el reconocimiento del derecho a la propiedad colectiva de las Tierras de las Comunidades Negras, y se dictan otras disposiciones.
Decreto 2248 de 1995 (diciembre 22)	Por el cual se subroga el Decreto 1371 de 1994, se establecen los parámetros para el registro de organizaciones de base de las comunidades negras y se dictan otras disposiciones.
Decreto 2249 de 1995 (diciembre 22)	Por el cual se conforma la Comisión Pedagógica de Comunidades Negras de que trata el artículo 42 de la Ley 70 de 1993.
Decreto 1627 de 1996 (septiembre 10)	Por el cual se reglamenta el artículo 40 de la Ley 70 de 1993.

Nota: La información relacionada de estas disposiciones se obtuvo de la página: Sistema Único de Información Normativa (12-08-2023) Instrumentos internacionales de derechos humanos. Recuperado de: https://www.suin-juriscol.gov.co/legislacion/universalderechos.html.

Tal como se ha mencionado, las anteriores tablas resumen, de forma general, las principales disposiciones emanadas por el gobierno colombiano en los diferentes temas que han abordado el tema de derechos humanos y su salvaguarda por parte de las instituciones del país. A su vez, en estas tablas se encuentran las relaciones que, en muchos casos, se convertirán luego en los códigos de procedimiento o los alimentarán a partir de las especificaciones que ayudarán a clarificar las penas sobre las violaciones de los diferentes actos y establecer los límites que se deben tener en cuenta en todos los sentidos posibles.

A manera de conclusión, se puede establecer que el tratamiento jurisprudencial de los derechos humanos implica la interpretación y aplicación de dichos derechos por parte de los tribunales y otros órganos judiciales creados por el Estado para garantizar su cumplimiento.

Esto implica aplicar los estándares y principios de estos derechos en la resolución de casos, de conflictos, garantizar su protección, así como investigar y resolver las violaciones que se den en este ámbito y establecer precedentes y sentar bases para la interpretación y aplicación de los derechos humanos en casos futuros. De igual forma, se agrega que en apartados posteriores se harán relaciones más detalladas del material que en este momento se encuentra y las diferentes temáticas que se abordan sobre el tema de los derechos humanos y los alcances que las mismas tienen en el país, en el ámbito policial y en el acercamiento a la población civil y la defensa de sus derechos fundamentales.

Capítulo 2.

Los cuerpos de Policía en Colombia y sus características particulares

2.1. CONCEPTO GENERAL SOBRE LA POLICÍA

Inicialmente se debe hacer claridad sobre lo que el término policía relaciona o significa en general y la forma en que se concibe, para de allí ver otros aspectos relacionados con la historia, características generales y tipos de esta, así como su funcionamiento y organización. Todo ello con relación a comprender lo relacionado con la entidad, sus principios y funcionamiento en el país.

El primer concepto que se puede tomar es el generado por la Oficina de las Naciones Unidas contra la Droga y el Delito (UNODOC) y que en su documento *Policía. Seguridad pública y prestación de servicios policiales. Manual de Instrucciones para la evaluación de la justicia penal*:

> La policía es el componente más obvio y visible del sistema de justicia penal y un servicio policial respetado es condición indispensable para la percepción positiva de la justicia.
> La forma en que se prestan los servicios policiales depende de toda una serie de variables que incluyen las doctrinas políticas y culturales prevalecientes, así como la infraestructura social y las tradiciones locales. Los enfoques de la policía varían desde los basados en un alto nivel de control, caracterizados a veces por el enfrentamiento, hasta los que insisten en las ventajas de una policía "por consentimiento". El primer tipo suele ser muy centralizado, preferentemente reactivo y de tipo militarista. El segundo puede ser también centralizado pero interpreta la actividad policial más bien como una respuesta a las comunidades locales para la detección y resolución de los problemas que requieren intervención policial.
> En muchos países, los órganos policiales dependen de un ministerio del gobierno y, como resultado, es posible que los más altos

> funcionarios y administradores hayan sido designados por razones políticas o tengan categoría ministerial, o ambas cosas. También es muy posible que no tengan ninguna experiencia policial. (pág. 1)[1]

De esta manera, este primer concepto relaciona el mencionado concepto con la relación al sistema penal, dada la garantía que esta debe prestar a sus ciudadanos y la justicia que debe emanar de su parte para que se observe la justicia como clara y correcta. Para Bobbio N, *et al,* en su obra *Diccionario de Política,* el concepto de policía se relaciona históricamente y de forma general con lo siguiente:

> En 1800 el termino policía como sector subsidiario de la actividad del Estado, en orden sobre todo a la prevención y al castigo de la ilicitud mediante el empleo de un aparato rígido y autoritario de investigación e intervención.[2]
> Más adelante menciona el autor:
> [Inicio de cita]En el Ducado de Borgoña, que el concepto de policía adquirió una importancia operativa inmediata, de instrumento preciso en las manos del príncipe para perseguir los fines políticos (o cumplir con los deberes del Estado, que es lo mismo)[3].

De acuerdo con este autor, se debe recordar también que: "En Francia los temas de la policía se reducían a la seguridad y a la tranquilidad de los súbditos y del príncipe"[4] Y para el caso de Alemania "(...) el príncipe territorial para imponer su presencia y su autoridad frente a las fuerzas tradicionales de la sociedad imperial: el emperador por encima de él, y las clases territoriales por debajo de él".

---

1 Oficina de las Naciones Unidas contra la Droga y el Delito (UNODOC) Policía. Seguridad pública y prestación de servicios policiales. Manual de Instrucciones para la evaluación de la justicia penal. Naciones Unidas, 2010. Disponible en Internet: <https://www.unodc.org/documents/justice-and-prison-reform/crimeprevention/Public_Safety_and_Police_Service_Delivery_Spanish.pdf>.

2 BOBBIO, Norberto; MATEUCCI, Nicola y PASQUINO, Gianfranco. Diccionario de política. México: Siglo veintiuno editores, 1981. Disponible en Internet: <https://www.terras.edu.ar/biblioteca/10/10ECP_Bobbio_Unidad_1.pdf>.

3 *Ibidem,* p. 615.

4 *Ibidem.* p. 616.

De lo anterior se puede comprender la relación directa del policía con el concepto de control social y del concepto de autoridad, el cual emana su presencia como institución estatal. Por su parte y de acuerdo con el Ministerio de Justicia de Colombia, el concepto se relaciona directamente con lo siguiente:

> El concepto de Policía hace referencia, en general, a las funciones del Estado relacionadas con la convivencia y la preservación del orden público. Estas incluyen actividades tan diversas como la expedición de normas, la imposición de comparendos, la resolución de conflictos y las labores de vigilancia de la Policía Nacional. Cuando se habla de policía, tradicionalmente se entiende que se hace referencia a las labores de la Policía Nacional, como cuerpo encargado de velar por el orden público y la convivencia ciudadana[5].

El folleto encontrado y que resumen de manera general el concepto, permite ver la dimensión de dicho órgano y que se relaciona con la preservación del orden público y en este sentido se ampara en el sentido del bienestar de la población y la seguridad que debe emanar desde su accionar.

De otro lado, si es dable complementar esta información con lo planteado por Lucas Pedro Criafulli[6], quien en su obra menciona que la policía tiene una serie de dimensiones de trabajo, las cuales no se pueden sintetizar en una simple definición como la referida en este sentido.

Para el autor, el tema de la policía tiene varias perspectivas que se resumen inicialmente en las siguientes: etimología, enfoque y estruc-

---

5 MINISTERIO DE JUSTICIA DE COLOMBIA. Policía. Poder, función y actividad. Bogotá. Disponible en Internet: <https://www.minjusticia.gov.co/programas-co/conexion-justicia/Documents/Infografias/InfografiaInspectores/Policia%20poder,%20funcio%CC%81n%20y%20actividad.pdf>.

6 CRISAFULLI, Lucas Pedro. ¿De qué hablamos cuando hablamos de policía? XXVII Congreso de la Asociación Latinoamericana de Sociología. VIII Jornadas de Sociología de la Universidad de Buenos Aires. Asociación Latinoamericana de Sociología, Buenos Aires, 2009. Disponible en Internet: <https://cdsa.aacademica.org/000-062/278.pdf>.

tura funcional, enfoque diádico (policía versus delincuencia), según el aparato, según su enfoque disciplinario y de acuerdo con su enfoque complejo. De esta manera, desde lo etimológico, el concepto menciona que: La palabra "policía" deriva del idioma francés, su uso data del siglo XVIII. De una manera indirecta deriva del latín "POLITEIA", que significa "ciencia de los fines y deberes del estado"[7].

Al respecto, la Politeia se entendía, según el autor en referencia, como el total de instituciones que hacían parte de la ciudad y, de la misma forma se la vincula al griego polis, "ciudad", que habla de ciudad o ciudad-estado y de la manera de llevar la vida en este tipo de espacios. Donde no solo se relaciona al ámbito de la vida, sino a la estructura de la ciudad y a la regulación de la vida social de los integrantes de este espacio y su ordenamiento jurídico.

Lo cierto es que además de esta etimología, son diferentes y variadas las conceptualizaciones que se han dado en este sentido, algunas de ellas están marcadas por la época y las necesidades a las cuales debe atender este órgano, como incluso se podrá referenciar en la historia de la entidad, que será abordada más adelante.

De acuerdo con el enfoque y estructura funcional se tiene que el primero se relaciona con las funciones que cumple al interior de la sociedad, como entre regulador de los problemas sociales. Ahora, de acuerdo con la estructura, el autor hace referencia particular al hecho de que en esta parte:

> (…) enfatiza las funciones de los sistemas y los subsistemas sociales, tiene la principal ventaja de complejizar el análisis de la policía, ya que no solo va a mirar a la policía como institución que cumple una función, sino también en su interrelación con los demás subsistemas que conforman el sistema penal[8].

---

7 DURAND, Julio César. Sobre los conceptos de "policía", "poder de policía" y "actividad de policía" (PDF). Comentario al dictamen de la Procuración del Tesoro de la Nación del 13 de julio de 2004. En: Revista de Derecho Administrativo (REDA), no. 51. Disponible en Internet: <https://docplayer.es/19390114-Sobre-los-conceptos-de-policia-poder-de-policia-y-actividad-de-policia-1.html>.

8 CRISAFULLI, p. 4.

En relación con el concepto diádico, es dable hacer referencia a la mirada objetiva en donde se hace referencia a que la policía combate la delincuencia (bien vs. mal) y a partir de allí la objetividad que cumple con su fin último. En relación con el aparato, la concepción de la policía se relaciona como lo siguiente:

> El concepto de aparato policial es ante todo un concepto ontológico, imbuido de realidad social, política, cultural y económica. No existe un concepto metafísico de policía que permita definir a la misma para un Estado Absoluto o para un Estado de Derecho[9].

Lo anterior habla de complejidad, que para Crisafulli no solo va en una dirección sino en amplios sentidos, repartidos en las visiones que cada relación permite determinar. Por otro lado, la relación con el enfoque disciplinario habla de que la policía

> Una breve reflexión al respecto: repensar el rol de la policía en el contexto marginal latinoamericano por un lado, y por el otro, si tal como lo plantea Deleuze (2005), nos encontramos ya no en la sociedad disciplinaria que Foucault situaba en el siglo XIX, sino más bien en la sociedad de control, cabe repensar la subsistencia de la policía como institución pese a haberse modificado los parámetros que le dieron su origen. La policía sigue existiendo, y conserva una importante cuota de poder[10].

Según el autor mencionado, con la relación de entenderla con un cambio en la modernidad y de acuerdo con su enfoque complejo, esta sigue siendo una institución que se mantiene y se ajusta según las miradas que se observen en el tiempo y de acuerdo con las necesidades que se tienen en la sociedad al respecto. Finalmente, en cuanto es un referente complejo, se entiende la policía como:

> (...) un enfoque complejo a la policía como aparato, como sistema, como institución y como agencia del sistema penal que se interrelaciona con las demás, a veces de manera cooperativa, a veces de manera conflictiva, con sus lógicas propias, su cultura insti-

---

9 CRISAFULLI, p. 5.

10 CRISAFULLI, p. 5-6.

> tucional que la hace distinta del resto de las agencias; como brazo armado del Estado que en muchos supuestos opera a su merced, en otros con resistencias; como aparato ideológico de Estado, en tanto no sólo usa la violencia física legítima, sino también la amenaza del uso de ella, por lo que actúa de manera real y simbólica; con funciones propias de la policía de seguridad, o con funciones de policía judicial, o ambas a la vez; que actúa dentro del sistema penal, y a veces en su cornisa; que mantiene un orden político, y a veces en actúa en sus rebarbas. En definitiva, la policía como un complejo entramado de interrelaciones e interacciones heterogéneas que se funde en los social para disciplinarlo y controlarlo.[11]

Finalmente, se debe recordar que, a nivel jurisprudencial en Colombia, el concepto que se relaciona es el siguiente:

> Con la Constitución Política de 1991 se consagra la naturaleza y finalidad de la Policía Nacional. La institución referida en el artículo 218 corresponde a una de las cuatro significaciones constitucionales del concepto de policía, precisa la Corte Constitucional. Esta corporación ha explicado de manera reiterada que:

Así las cosas:

> El concepto de Policía tiene al menos cuatro significaciones en el régimen constitucional colombiano. Así, denota modalidades de la actividad del Estado ligadas con la preservación y el establecimiento del orden público, es decir el poder, la función y la actividad de la policía administrativa. También se refiere a las autoridades encargadas de desarrollar tales formas de actividad: son las autoridades administrativas de policía. De otra parte, la policía es también un cuerpo civil de funcionarios armados: la Policía Nacional (Sentencia c-404/2003).[12]

De esta manera es posible determinar que el artículo 218 de la Constitución Política de Colombia menciona que la policía es un

---

11 CRISAFULLI, p. 10-11.

12 VÁSQUEZ HINCAPIE, Daniel José y GIL GARCÍA, Luz Marina. Modelo constitucional de la fuerza pública en Colombia. En: Revista Prolegómenos – Derechos y Valores. 2017, pp. 139-162.

cuerpo armado de naturaleza civil, instituido para prestar un servicio público de carácter permanente a cargo de la nación. Con ello se establece el carácter misional de la policía y su naturaleza, que en este caso es esencialmente preventiva dado que, de acuerdo con la Corte Constitucional, la Policía tiene por lo menos las siguientes implicaciones:

> a) La misión de la policía es eminentemente preventiva y consiste en evitar que el orden público sea alterado.
> b) El policía es el funcionario civil, que escoge voluntariamente su profesión.
> c) Los miembros del cuerpo de policía están sometidos al poder disciplinario y la instrucción que legalmente le corresponde al funcionario civil ubicado como superior jerárquico (sentencia C-453 /1994)[13].

En este sentido, este concepto como se verán los aspectos particulares de la policía, le da sentido a la visión sobre la cual se quiere trabajar, que son los aspectos relacionados con su sentido de servicio público y como ente encargado por el Estado de la protección de los derechos humanos en Colombia.

2.2. LOS CUERPOS DE POLICÍA Y EL ESTADO

Al abordar el tema de la manera como se relacionan los cuerpos de Policía y el Estado, se hace necesario comprender que el tema se corresponde directamente con la manera como los primeros se relacionan con su funcionamiento y utilidad para el mantenimiento del orden y la seguridad de la sociedad. A su vez, el Estado direcciona a los cuerpos de policía, como se ha dicho, en que esta es la encargada de aplicar la ley y asegurar el cumplimiento de las normas en una determinada jurisdicción. De lo anterior se

---

13 *Ibidem*, p. 146.

desprende la pregunta ¿Cuál es el fin de la policía? Podría decirse, en palabras de Andrés Pérez Coronado[14] que:

> El fin de la policía es la convivencia, la cual posee cuatro categorías: seguridad, tranquilidad, moralidad y ecología. De la misma manera, la convivencia tiene diversas aproximaciones teóricas como la convivencia en el sentido clásico, convivencia ciudadana o convivencia pacífica, pero para fines de PDH, como parte del Ente Policía, la convivencia debe contribuir al desarrollo humano, entendido como la satisfacción de las necesidades humanas básicas o fundamentales, por medio de las cuales una persona logra sostenimiento vital material y realiza sus aspiraciones de crecimiento espiritual, individual, social, educacional, económico, cultural entre otros aspectos.

Según esta cita, es dable entender que el control bajo el cual se direccionan las acciones de la sociedad y su propio desarrollo se regula mediante el Estado, que es quien le asigna a la entidad el control de la ciudadanía, pues la violación de los criterios básicos de subsistencia y mantenimiento de la armonía social deben realizarlos las autoridades, en este caso el órgano policial, quienes son los únicos encargados de regular y mantener una la convivencia de la población en general.

Tal como sucede en Colombia, el aparato policial hace parte del Estado colombiano y recibe órdenes directas de este para su adecuado funcionamiento, sin importar si estas son de los mandos altos o de las autoridades regionales o locales, según la estructura administrativa del país.

Para su funcionamiento particular y atención de sus principios, los cuerpos policiales reciben formación y están sujetos a regulaciones específicas, todo ello amparado en su misión de salvaguar-

---

[14] PÉREZ CORONADO, Andrés. Policía para el desarrollo humano -PDH-: convivencia, seguridad ciudadana y tipologías en América Latina y el Caribe. Epistemología y estrategia y estrategia de desarrollo humano en la policía a través de la seguridad ciudadana. Bogotá, grupo editorial Ibáñez, 2017, pp. 48-49.

dar la seguridad pública, prevenir y reprimir delitos, y proteger a los ciudadanos.

Para lograr estos fines, el Estado tiene la responsabilidad de proporcionar los recursos necesarios para que los cuerpos de policía puedan cumplir sus funciones de manera eficiente y efectiva. En este sentido se habla de la asignación adecuada de presupuesto para sueldos, equipamiento, infraestructura y capacitación.

También tiene responsabilidad el Estado de establecer políticas y directrices para asegurar que los cuerpos de policía actúen de manera imparcial y respetuosa de los derechos humanos, y para garantizar una supervisión adecuada de sus actividades. De ahí que las directivas deben ser claras y estar sujetas al derecho, porque es bajo este que la institución se enfoca y bajo el cual trabaja, fijando su meta en el cumplimiento de los derechos de los ciudadanos y amparando su seguridad y convivencia. En este sentido último:

> La convivencia ciudadana debe ser entendida como una forma tangible en la que se manifiesta la seguridad pública, porque determina el grado básico de organización social (obediencia de normas) y de confianza en las instituciones o en quienes administran los sistemas de justicia, reconocida su legitimidad[15].

Para que esta se aplique correctamente la "ciencia de la policía" se basa en siete principios básicos y articulados con todos los niveles policiales: Transdisciplinariedad (diferentes disciplinas que se conjugan para hallar una solución a un problema determinado), pluralismo metodológico (articulación de los métodos más adecuados de disciplina), pertinencia (la prioridad es la toma de decisiones adecuadas y coherentes), oportunidad (las soluciones deben brindarse en el momento que se requieran), precautelación (aquí concurren todos los aspectos y medios necesarios para evitar que las situaciones indeseadas ocurran), anticipación (se aborda el tema de prevención para que los eventos no desea-

15 *Ibidem*, p. 49.

dos lleguen a ocurrir y por ello se toman decisiones anticipadas y de control) y contextualización (habla del pensamiento global que debe predominar y en donde las soluciones deben estar sujetas al escenario en donde se presenten [político, social, cultural, tecnológico o ambiental]).

Para que se pueda cumplir con este de relación con la convivencia ciudadana, se debe entender que también existe la necesidad de establecer un equilibrio entre el poder y la autonomía de los cuerpos de policía, y el control y la supervisión por parte del Estado. Para que ello se logre se debe entonces, primero, como aspecto fundamental, lograr la independencia y profesionalismo de los cuerpos de policía, para que puedan llevar a cabo su labor de manera imparcial y eficiente.

Y, en segundo lugar, se relaciona con el desarrollo que debe ter en Estado en materia de supervisión y control a los cuerpos de policía, para evitar abusos de poder y asegurar que se respeten los derechos humanos.

Lo anterior, con fin de regular la relación entre los cuerpos de policía y el Estado, que a veces puede no ser adecuada, por las diferentes problemáticas que pueden afectar los cuerpos policiales como la corrupción, el abuso de poder, o la aplicación sesgada de la ley. Por lo anterior se torna en responsabilidad del Estado tomar medidas que permitan investigar y sancionar a los culpables, además de poder implementar reformas que garanticen un mejor control y supervisión de los cuerpos de policía.

En resumen, la relación entre los cuerpos de Policía y el Estado es fundamental, como manifiestan los diferentes autores consultados, como Andrés Coronado o Lucas Pedro Crisafulli, quienes además mencionan que para que prime una adecuada relación se debe garantizar la existencia de los recursos necesarios, además de establecer políticas y directrices para que los cuerpos de policía cumplan su función de manera eficiente y respetuosa de los derechos humanos.

Finalmente, debe primar en este sentido un equilibrio entre el poder y la autonomía de los cuerpos de policía, es decir que debe mediar el control y la supervisión por parte del Estado, para evitar abusos y garantizar la justicia, en pro de la defensa y custodia de los derechos humanos.

2.3. HISTORIA DEL CUERPO DE POLICÍA DE COLOMBIA16

De acuerdo con el tema de la historia de la institución, es posible hacer un barrido inicial por algunas de las fuentes más importantes y relacionadas con el tema. En este proceso se debe anotar que fue posible encontrar una correlación con diferentes eventos, por lo cual se podría hablar de diferentes etapas de la formación inicial de la Institución policial y de diferentes eventos que apoyaron su construcción y su conformación actual. Sin embargo, para que ello se pudiera establecer, hubo algunos antecedentes de organismos y organización policial que, desde la colonia, fomentaron el control social y la regulación de las actividades ilícitas en la sociedad.

2.3.1. Antecedentes

Al respecto y retomando las palabras de Dayana Becerra, quien afirma que la historia de la policía de Colombia se remonta a los tiempos coloniales, es posible distinguir que cuando el país estaba bajo el dominio español, hay algunos organismos encargados de vigilar y hacer control de las actividades de la sociedad, además de la seguridad y el mantenimiento del orden público, por esta razón la autora comenta:

---

[16] Para una mayor comprensión de este apartado se hace claridad en que, de las fuentes utilizadas, se opta por la unificación de los criterios de organización de la información de: Cuaderno Histórico. 4ª. Edición. Órgano de la Academia de Historia de la Policía Nacional. Teniente Coronel Hugo Alfonso Cepeda, por considerar en este sentido una forma puntual de ver los avances y logros de la Institución Policial.

> La Policía como organización profesional y especializada que hoy se conoce, tardó en configurarse como tal, por lo cual inicialmente se estudiarán las primeras manifestaciones que se presentaron en el territorio colombiano y que influyeron en la consolidación de dicha institución. No obstante, dichos antecedentes se caracterizaron por abarcar funciones que modernamente no se encuentran asignadas a la Policía, fusionando competencias meramente administrativas, políticas, económicas y judiciales contrarias a la función de policía especializada que en la actualidad se le asigna el mantenimiento del orden y la seguridad a través del ejercicio legítimo de la fuerza[17].

Y en este sentido: "(...) una de las primeras manifestaciones de la función policial en la época colonial, se dio con la institución de los cabildos[18], los cuales desempeñaron funciones civiles, criminales y policiales"[19]. Un segundo antecedente ocurre a finales del siglo XVI y Becerra menciona en este sentido como:

> Posteriormente en 1580 se presentó la figura de los alguaciles20, primitiva organización de policía en la que puede observarse un perjudicial aglutinamiento de actividades administrativas y poli-

---

17 BECERRA, Dayana. Historia de la policía y del ejercicio del control social en Colombia. Prolegómenos. Derechos y Valores, 2010. Vol. XIII, no. 26, pp. 143-162. Disponible en Internet: <https://www.redalyc.org/pdf/876/87617274009.pdf>.

18 La nota relacionada con el documento habla del concepto de cabildo que dice: "Los cabildos se conformaban por doce regidores y dos alcaldes que y las funciones civiles, criminales y policiales aglutinaban el mantenimiento del aseo público, la mejora de las poblaciones, la vigilancia de la salubridad pública, el amojonamiento de caminos, la conservación de bosques, el suministro de agua a la población, la expedición de aranceles para el ejercicio de las artes u oficios y la administración de las marcas para el ganado". Información tomada de: HENAO, Jesús, *et al.* Historia de Colombia, 1967, p. 169.

19 *Ibidem*, p. 144.

20 En la nota aclaratoria de la autora se encuentra sobre los alguaciles lo siguiente: Los alguaciles se encontraban facultados para aprehender y encarcelar a los malhechores sorprendidos en la ejecución de delitos y conducirlos para su juzgamiento ante el Tribunal de la Real Audiencia. También debían vigilar el porte de armas de fuego, la fabricación y comercialización de pólvora. AFANADOR RUIZ, Rafael. Acciones de Policía en Cundina-

> ciales, pero en la que sin embargo, es de desatacar la subordinación de los alguaciles al Gobernador, lo que sin duda, constituyó un importante hito en la organización policial, pues, el ejercicio de dicha función debía encontrarse comandada por una autoridad diferente a la que directamente ejecuta las tareas asignadas[21].

Luego, a finales del siglo XVIII el Virrey Ezpeleta se encargó de establecer una orden conocida como los Serenos, la cual tenía demasiadas funciones administrativas y, aunque tenía características similares a la del organismo conocido en España, no tuvo las mismas implicaciones, además de carecer de uniformes y una organización fuerte en este sentido. En términos generales:

> La historia de la función policial en la época colonial se caracteriza por abarcar todo tipo de funciones; no obstante, debe decirse que dicha maximización de la policía no es un invento de los Virreinatos de la Nueva Granada, ya que en Europa para esta época "todo es reglamentado policialmente: desde la forma de los sombreros al nivel de combustible de los faroles nocturnos pasando por la cochura del pan y la importación de libros, la Policía, ya que no es omnipotente, es al menos omnipresente"[22].

Este criterio aplicado con similitud no generó gran provecho, debido a que las falencias administrativas no pudieron ser suplidas con una escasa e inexperta Policía, a la cual le asignaron por la vía legal variadas y amplias funciones, que en la práctica no se ejecutaban.

Aunque se debe mencionar, en este sentido, que a comienzos de este siglo XIX la organización policial se establecía como mera forma administrativa, es decir, que sus funciones estaban relacionadas de la siguiente manera: "en las primeras manifestaciones policiales estas se aunaban con el deber de prestar servicios de alumbrado público,

---

marca. Tesis (Doctor en derecho). Universidad Externado de Colombia. Facultad de Derecho y Ciencias Sociales y Políticas, 1943, p. 4-5.

21 *Ibidem*, p 144.

22 El documento citado en esta referencia por la autora es: NIETO, Alejandro. "Algunas precisiones sobre el concepto de Policía". En: Revista de la Administración Pública. 1976, no. 81, p. 45.

aseo, embellecer espacios públicos e inclusive de velar por el cumplimiento de las buenas costumbres"[23]. De esta manera, la organización real de dicha institución solo se iniciaría en el siglo XIX, particularmente a finales del siglo, en donde se darán algunos cambios significativos al respecto, como se verá en el siguiente apartado.

A la vez se debe mencionar que el logro final de este proceso surtió varias etapas, en las cuales la organización o los intentos de lograr este proceso tuvieron que seguir de diferentes manera, como, por ejemplo, las discusiones que dentro de la naciente república o en las organizaciones legislativas se dieron y donde algunas veces se establecieron organismos del orden departamental, mientras en otros casos se formaron otros a nivel municipal, sin que se diera realmente una formalización real o se organizara en un solo cuerpo.

Durante las primeras décadas del siglo se establecieron algunas disposiciones, en donde se buscaba regular algunos aspectos relacionados con la mendicidad y el mantenimiento de las buenas costumbres. Algunas de estas disposiciones fueron, por ejemplo, la Ley 11 de 1825 en donde se prohibía y perseguía los fenómenos sociales de delincuencia y mendicidad, que no eran aceptados ya en la época.

Por su parte, la Ley 60 de 1826, se dirigió a disminuir los constantes ataques contra la propiedad personal y condenó a los vagos, los cuales debían ser corregidos de manera severa. También se estableció la Ley 6 de 1836 que se enfocó no solo en los vagos, sino en los mendigos y fomentó el control social que debían tener los órganos policiales en este sentido. A estas disposiciones se suman otras en las cuales se buscaba garantizar no solo el orden social, sino garantizar la seguridad de las poblaciones y regular las problemáticas sociales que se asomaban en el siglo por las diferentes problemáticas de organización y situaciones sociales que dejaron los conflictos internos y a nivel del proceso de organización social y del logro de empleos adecuados.

---

[23] *Ibidem*, p. 146.

2.3.2. Inicios de la fuerza policial 1880-1890

En este segundo periodo, es posible dar un primer atisbo de organización policial y para ello se encuentran dos aspectos importantes que llevaron a ello: el primer lugar, se estableció el cuerpo de Gendarmería del país, creado mediante la Ley 90 del 7 de noviembre de 1888 y sancionada por Carlos Holguín, aun cuando aún existían servicios policiales a nivel departamental y municipal. En segundo lugar, y a raíz de la creación del del cuerpo de Gendarmes, se sanciona la Ley 23 de 1890, mediante la cual se contrató en el extranjero (Francia) los servicios del comisario Juan María Marcelino Gilibert[24].

Sin embargo, fue solo en el siglo XIX, con la independencia de Colombia de España en 1810, que se estableció oficialmente una institución policial en el país. En ese momento, se crearon las primeras

24 En este sentido, en el Cuaderno Histórico. 4ª. Edición. Órgano de la Academia de Historia de la Policía Nacional. Fundado en 1993. Referencia en este sentido el autor del artículo, Teniente Coronel Hugo Alfonso Cepeda, lo siguiente:
Con fundamento en la autorización contenida en la ley 23 de 1890, el gobierno contrató en Francia los servicios del señor Gilibert, nacido en Fustignac, municipio del departamento francés Haute Garonne, el 24 de febrero de 1839. A la edad de 22 años ingresó al servicio militar, en el cual logró el grado de sargento mayor de primera clase. En consideración a sus méritos alcanzó la máxima jerarquía policial como Comisario y recibió varias condecoraciones. Los antecedentes que rodearon su venida a Colombia se encuentran en las notas cruzadas entre el Ministro de Gobierno de Colombia, doctor Antonio Roldán y el doctor Gonzalo Mallarino, por ese entonces Encargado de Negocios en París.
Dedicó toda su actividad, con una consagración y eficiencia, a organizar a nuestra Policía que más tarde le tenía como un compatriota más y no un técnico extranjero. Imprimió a la recién nacida institución policial las normas de honorabilidad, pulcritud y disciplina. Después de 19 años de una tarea brillante y desde todo punto de vista meritoria, con la salud quebrantada, se retiró a la tranquilidad de su hogar en 1910. Por actos de heroísmo al servicio de su patria había recibido también la Medalla Militar en la guerra franco-prusiana en las campañas de África, y por último se le había condecorado con la Cruz de la Legión de Honor, p. 22.

fuerzas de policía que tenían la responsabilidad de garantizar la seguridad y el orden público en las ciudades y pueblos de Colombia.

Una de las primeras instituciones policiales creadas en Colombia fue la Guardia Nacional, que fue establecida en 1820 durante la Gran Colombia, la cual era una nación que incluía los territorios de la actual Colombia, Ecuador, Venezuela y Panamá. La Guardia Nacional tenía la responsabilidad de mantener la seguridad y el orden en todo el territorio de la Gran Colombia.

Tras la disolución de la Gran Colombia en 1831, cada uno de los nuevos países que se formaron, incluyendo Colombia, estableció sus propias fuerzas de policía. En el caso específico de Colombia, la institución policial se llamó Policía Nacional de Colombia y fue creada en 1891, durante la presidencia de Miguel Antonio Caro.

La Policía Nacional de Colombia tuvo desde sus inicios la responsabilidad de garantizar la seguridad y el orden público en todo el territorio del país. Sus funciones incluían el combate al crimen, la prevención de delitos, la protección de la vida y la propiedad, y la asistencia a la población en situaciones de emergencia.

2.3.3. Centralización y ordenamiento de la Policía 1890-1948

Luego del ingreso del señor Gilibert y la organización general del organismo policial, a través del decreto ya referido y que eliminaba los organismos departamental y municipal, además de otros organismos con funciones similares y de otros órdenes. De esta manera, y durante el gobierno de Rafael Reyes se crea una Comisaría de Policía Judicial como dependencia directa de la Dirección General de la Policía Nacional, la cual se encargaba directamente de la investigación de los delitos señalados en dicha norma y vinculado a los hurtos y el establecimiento del orden general de la población.

Cabe anotar en este sentido que el señor Gilibert, dentro de su trabajo en el país, redactó el primer reglamento de la Policía Nacional el 12 de diciembre de 1891, en este se leía:

> La Policía tiene por misión especial conservar la tranquilidad pública y en consecuencia le corresponde proteger a las personas y a las propiedades; hacer efectivos los derechos y garantías que la Constitución y las leyes reconocen; velar por el cumplimiento de las leyes del país y las órdenes y disposiciones de las autoridades constituidas y prevenir y aprehender a los delincuentes y contraventores. La Policía no reconoce privilegios ni distinciones y obliga, por tanto, a nacionales y extranjeros, salvo las inmunidades reconocidas por la Constitución y las leyes por los tratados públicos y por el Derecho internacional[25].

Bajo este se dieron las pautas generales de trabajo de la Policía Nacional y de las principales funciones de la institución. Además, en el Decreto 230 del 8 de mayo de 1899 estableció: "los siguientes servicios: espectáculos, oficinas, comisiones, vigilancia, investigación y descubrimiento de los delitos, persecución y captura de los delincuentes"[26]. Claro que uno de los importantes hechos de la época se relaciona con la publicación que hizo:

> Colombia Cristiana, el cual había publicado el artículo titulado "La mendicidad", en el que se denigraba la profesión de artesano y se les endilgaba los problemas económicos de la Nación. El mal manejo de esta protesta conllevó a un levantamiento popular en toda la ciudad, incluyendo saqueos al comercio, comisarías de policía, juzgados, instalaciones gubernamentales, y fugas de prisioneros[27].

Según este hecho y la inexperiencia de la policía, el hecho terminó por agravarse y ante los eventos sucesivos, el gobierno declaró el Estado de Sitio en el decreto del 16 de enero de 1893, para luego solicitar el aumento del pie de fuerza, pero esto no se logró debido al aumento del presupuesto que ello implicaba.

---

25 *Ibidem*, p. 23.

26 *Ibidem*, p. 23.

27 Esta cita referida por BECERRA, Dayana, es tomada de VILLANUEVA MARTÍNEZ, Orlando, *et al.* Biófilo Panclasta el eterno prisionero: Aventuras y desventuras de un anarquista colombiano. Proyecto Cultural Alas de Xué. Bogotá. 1992, p. 2.

Para 1895 se desarrolló una nueva serie de revueltas organizadas por los integrantes del partido liberal por la:

> La imposibilidad del cuerpo de policía para contrarrestar plenamente los mencionados desordenes políticos, se debe en primer lugar a la magnitud de las revueltas, en segundo lugar a que el corto pero ajetreado desarrollo que la organización tuvo en la capital, no se dio en todo el territorio Nacional, y en tercer lugar a que la reestructuración de la institución fue desarrollada bajo el gobierno conservador de Rafael Reyes, lo cual fue considerado por los opositores liberales como un instrumento de lucha partidista, opresor de los ciudadanos, perseguidor de mendigos, con poca aceptación popular, por lo que podía ser blanco de protesta, objeto de desmantelación y lucha[28].

Fue luego, para comienzos del siglo XX, en el mes de septiembre de 1902, que:

> (...) se organizó un Cuerpo de Policía denominado "Guardia Civil de Bogotá", cuya misión era vigilar la ciudad y servir de Guardia de Honor del Palacio Presidencial. Más tarde y bajo la dirección de Pedro Sicard se dispuso que la Policía quedará dividida en dos grandes cuerpos[29].

Durante la guerra civil de los mil días, la policía se enfrentó a un nuevo reto, y según el presidente del momento, esta se unificó con el Ministerio de Guerra, perdiendo así su carácter civil. A este hecho se agrega el gran desastre que los liberales y conservadores generaron y el enfrentamiento más grande del siglo XX, donde murieron casi 6000 personas que se enfrentaron al gobierno y

---

28 BECERRA, Dayana. Historia de la policía y del ejercicio del control social en Colombia. En: Prolegómenos. Derechos y Valores. 2010, vol. XIII, no. 26, pp. 143-162. Disponible en Internet: <https://www.redalyc.org/pdf/876/87617274009.pdf>.

29 Cuaderno Histórico. 4ª. Edición. Órgano de la Academia de Historia de la Policía Nacional. Fundado en 1993. Teniente Coronel Hugo Alfonso Cepeda. Disponible en Internet: <https://www.policia.gov.co/sites/default/files/publicaciones-institucionales/cuaderno-historico-edicion-4.pdf>.

conocido como la Batalla de Palonegro. En este sentido se menciona que:

> La policía posteriormente a la Guerra de los Mil Días es objeto de disposiciones legales que modifican varios aspectos de su composición, forjando contradicciones al otorgarle una subordinación militar, unas competencias netamente administrativas y otras excesivamente represivas: en primer lugar su adscripción pasa nuevamente a ser del Ministerio de Guerra y con ello se le otorga un notable carácter militar, en segundo lugar se le otorgan funciones administrativas como la de encargarse de la ejecución de obras públicas con los dineros recaudados por concepto de multas y como si lo anterior fuera poco, en tercer lugar se le asigna el deber de velar por el cumplimiento del restrictivo decreto de "Alta Policía" con el cual se pretende prevenir la turbación del orden público, castigando con arresto a los ciudadanos que anunciaran la proximidad de la guerra y acusaran al gobierno que con la cooperación de sus agentes se proponían entregar al país a la dominación del partido liberal[30].

Lo anterior, cambia algunas de las funciones administrativas y genera, como menciona la autora, algunas contradicciones en su rol principal, dado que dependían del Ministerio de Guerra y no se diferenciaban algunas de sus funciones de las desempeñadas por la fuerza pública o ejército.

En los años siguientes a este tipo de conflictos, la Policía Nacional deviene en una serie de reformas y ajustes internos que pretende formalizar una modernización como por ejemplo en relación con la Oficina de Instrucción Criminal, en donde se realizaban las investigaciones preliminares a nivel penal.

> En el mismo sentido la institución busca avanzar, capacitando a sus agentes, para lo cual se instituye la Escuela de preparación y selección de personal, mediante el Decreto 32 del 4 de marzo de 1912, expedido por la Dirección General de la Policía Nacional[31].

---

30 *Ibidem*, p. 156.

31 *Ibidem*, p. 157.

Con este tipo de hechos se buscó no solo la profesionalización de los integrantes de la institución, sino la especialización de estos en diferentes áreas, como, por ejemplo, con el establecimiento de la policía marítima, con miras a tener una visión más amplia de los crímenes que se cometían en el país y para garantizar la seguridad de los ciudadanos y de los visitantes que regularmente frecuentaban el país.

A lo anterior se agrega la organización en 1914 de un cuerpo especial de ambulancia, encargado del traslado de enfermos con un costo y luego, en 1932, se realiza la apertura de los servicios adicionales entre los cuales se puede encontrar el carro patrulla, el carro prisión y la ambulancia.

2.3.4. Primera misión española (1916)

Esta primera misión fue contratada con el fin de establecer un servicio similar al de la Policía y la Guardia Civil de España, lo cual llevó a establecer en el país legados importantes como, por ejemplo, los métodos de investigación criminal para la formación de detectives.

Este proceso se dio el 3 de julio de 1916, durante el gobierno de José Vicente Concha y para ello fueron contratados algunos instructores pertenecientes a la Guardia Civil de ese país. Lo anterior estableció la creación de dos puestos de oficiales instructores para la institución (Policía Nacional), quienes deberían ser de España. En este sentido:

> El Ministro de Colombia en España, doctor Guillermo Camacho Carrizosa, firmó en Madrid el 7 de julio de 1916 el contrato respectivo con el comandante José Agudo Pintado y el Capitán Osuna y Pineda, ambos pertenecientes a la "Guardia Civil Española". El contrato era por tres años y los instructores tenían como misión introducir en Colombia los reglamentos y prácticas de la Policía española[32].

---

32 *Ibidem*, p. 24.

Así las cosas, bajo esta misión se establecen en otros: el sistema de identificación dactiloscópica mono dactilar, creación del doctor Federico Oloris; se organizan las secciones de Policía de los departamentos de Boyacá, Cundinamarca y Tolima, de acuerdo con las modalidades vigentes en la Guardia Civil Española. Y a ello se suma el curso de identificación que se dictó y para el año 1917 se publicó un libro titulado *El Policía y su Técnica*. Gracias a estos avances el contrato original fue prolongado y por ello el Capitán Osuna permaneció en el país hasta mediados de 1930, de lo cual se hace una reflexión muy loable por los avaneces y logros alcanzados en este sentido.

> En este proceso de mejoramiento institucional, el director de la institución logró unificar el uso de las prendas del uniforme y para ello impartió al respecto una serie de instrucciones muy detalladas:
> "Con el objeto de conseguir que los funcionarios uniformados del Cuerpo salgan en todo caso de sus cuarteles con la más absoluta uniformidad, se fijan a continuación las prendas que constituyen cada uniforme, así como los días y actos en que éstos han de usarse".
> **Uniforme de gala**: Lo constituyen la levita y el pantalón negro, el casco, los guantes blancos, el cinturón de charol negro y la espada.
> **Uniforme de diario**: Está constituido por la guerrera y el pantalón azul, la gorra de plato y el bolillo. Los Agentes de primera clase llevarán, en vez de bolillo, el cinturón negro y la espada. Durante la noche podrán usar los Agentes, para el servicio, el capote o la capa reglamentarios[33].

Superados estos primeros pasos, se puede afirmar que con estos avances se generan algunas necesidades, las cuales serán mencionadas en relación con las nuevas misiones que llegarán al país y que van a encausar diferentes procesos y aportarán experiencias particulares, como se verá a continuación.

---

33 *Ibidem*, pp. 24-25.

2.3.5. Segunda misión francesa

Teniendo en cuenta que ya se han dado dos misiones anteriores para integrar aspectos de la organización y avances de la policía de ese país, se tiene que en cumplimiento de la Ley 74 de 1919, se firmó en la ciudad de París, el 30 de julio de 1920, un nuevo contrato en el cual se integraban como instructores los señores Albert Bringe y George Drout, quienes arribaron a Bogotá el 23 de noviembre de 1920. En dicho contrato se especificaron algunos objetivos que debían cumplirse al pie de la letra:

> Implantación de los métodos disciplinarios, de vigilancia y de servicio de la Policía francesa; enseñanza técnica y práctica de la antropometría y de los medios de investigación criminal, colección de las piezas antropométricas y a los aspectos que indicase el Director de la Policía[34].

Para que este proceso fuera favorable y tuviera el adecuado cumplimiento de los objetivos planteados, los señores en mención al llegar al país se dedicaron al análisis y comprensión a cabalidad de la legislación colombiana, verificaron la organización de la Policía Nacional y su personal, manifestando una muy loable impresión al respecto. Luego, los señores Bringe y Drout:

> emprendieron la elaboración de varios proyectos de ley para reorganizar científicamente la Policía y otras materias conexas, según el plan que desean se implante en Colombia; estos proyectos son: 1°. Sobre organización completa de la Policía por la ley; 2°. Creación del Distrito Central de Policía, que controla todos los servicios de Policía en la capital de la república; 3°. Organización de un sistema único de antropometría en la república; y 4°. Admisión y residencia de extranjeros en el territorio de la república y Protección al trabajo nacional[35].

Con el logro de estos objetivos se dio por finalizada esta misión, no sin antes haber reconocer el buen logro de este tipo de

---

[34] *Ibidem*, p. 25.

[35] *Ibidem*, p. 25.

avances y la proyección que alcanzaba en ese momento la Institución de la Policía Nacional.

2.3.6. Misión argentina

Esta misión tiene un periodo histórico que abarca la década de los años 20 en Colombia e involucra al señor Enrique Medina Artola, quien se había desempeñado en la Policía Federal Argentina con importantes cargos, lo cual llevó al gobierno nacional a realizar su contratación a mediados de 1928, en el mes de junio.

El señor Medina Artola emprendió una ardua labor, muy importante para el desarrollo de la Policía Nacional, la cual estuvo vinculada inicialmente con el sistema dactiloscópico; ya ideado y compartido por el profesor argentino Juan Vucetich y que vino a reemplazar uno de los aportes franceses del país, la identificación antropométrica.

Sin embargo, para tener una idea más clara de quién es Enrique Medina Artola, se debe realizar una sinopsis de sus principales aportes a la institución de su país, lo cual llevó a la selección y contratación en Colombia:

> Sus antecedentes profesionales son los que a continuación se mencionan: ingresó a la División de Investigaciones de la capital federal de la república de Argentina el 2 de enero de 1913; prestó servicios durante siete años en la sección de identificaciones a cargo del Comisario César E. Etcheverry donde efectuó sus estudios sobre dactiloscopia e identificación científica, bajo la dirección del nombrado y de los Comisarios Miguel A. Viancarlos y Juan A. Tunici. Recibió su título de Técnico en la materia a fines de 1917, después de cuatro años de estudios, en un trabajo simultáneo en práctica y teoría.
>
> A fines de 1920, con el objeto de perfeccionarse en materias policiales, pasó a la Oficina de defraudaciones y estafas, a cargo del Comisario Enrique Larrosa. En esta sección hizo se sumariamente, y después de dos años fue nombrado Jefe del Servicio Nocturno de la misma dependencia.
>
> En 1923 se le nombró Profesor de práctica policial y asesor de la cátedra de identificación científica, dictada por el Director de la Escuela de aspirantes para agentes de investigaciones, Comisario

> Miguel A. Viancarlos. Tres años estuvo al frente de las referidas cátedras. En octubre de 1926 lo designó el gobernador de la Provincia de la Rioja, señor Alfonso Lanús, jefe de investigaciones de aquella provincia, en la cual, y en carácter interno, desempeñó en diversas ocasiones los cargos de Comisario de órdenes y secretario nacional de la Policía.
> En dicha provincia estableció el sistema de identificación dactiloscópica de Juan Vucetich. Desempeñó variadas comisiones en el interior y exterior de su república. Dictó conferencias sobre identificación y policía científica en Montevideo, Corrientes, Concordia, Cajamarca y Córdoba. En 1928, el encargado de negocios de Colombia en la República Oriental de Uruguay solicitó del Jefe de la Sección de Seguridad personal de la capital federal de la Argentina, Comisario Alfredo Calandra, un técnico en materias policiales, y fue designado el Doctor Medina Artola, quien renunció al cargo de jefe de investigaciones de la Rioja para trasladarse a Bogotá como Policía científico y asesor de la Policía Nacional colombiana, en virtud del contrato celebrado con el mencionado diplomático de Colombia en el Uruguay, el 5 de mayo de 1928.
> El doctor Medina llegó en el mes de junio y se hizo cargo de la cátedra de Policía científica y asesoría policial; en todo ello demostró su singular competencia y su facilidad de adaptación social al medio colombiano. La obra del doctor Medina está consignada en la implantación del sistema dactiloscópico ideado por el profesor argentino, Juan Vucetich que reemplazó el sistema antropométrico. Dictó además un curso intensivo sobre la materia y después de u año de permanencia en Colombia, regresó a su patria[36].

Adicional a los aportes de Medina Artola, se debe indicar que durante el periodo señalado también se realizaron otros aspectos como, por ejemplo, la importación, desde Chile, de un lote de ganado caballar, el cual debía adiestrarse y servir al personal de caballería de la Policía; dicha misión fue encomendada al entonces capitán del Ejército Gustavo Matamoros y tendría como misión particular reemplazar las guardias departamentales. Esta unidad, si se quiere utilizar el término, se dio al servicio en una sección de "Vigilancia del tráfico urbano" bajo el mando del entonces comandante Carlos Páramo. Finalmente, se agrega que en este

---

36 *Ibidem*, pp. 25-26.

periodo se dio también la creación de la Escuela de Investigación Criminal (1924) en la cual se capacitó al personal conocimientos en esta rama del conocimiento policial.

2.3.7. Segunda misión española

Para la siguiente década, es decir en los años 30, a mediados, el Gobierno Nacional contrató al doctor Manuel Vela Arambari, quien fuera técnico español en Policía científica[37]. Dentro de su contrato se especificaron como funciones principales, dada su amplia trayectoria policial, el mejoramiento e introducción de modificaciones en el sistema de identificación dactiloscópica; además de la organización del gabinete central de identificación, con la consabida instrucción y aleccionamiento de un selecto grupo de funcionarios de identificación científica y técnica policial.

Por sus aportes y avances logrados en este campo de la identificación, el Gobierno Nacional, en cabeza de la Policía Nacional, contrató de nuevo y de España, los servicios de un experto en identificación científica con el fin de poder actualizar este servicio para dicha Institución. Sin embargo, se anota que para la época había dos corrientes que estaban presentes en el sistema identificativo de la Policía: el implantado por el Capitán Osuna (traído por la primera misión española), basado en el método del profesor español Federico Oloris y el que trajo luego el argentino Enrique Medina Artola, ideado por el señor Juan Vucetich.

---

37 Se resalta de nuevo que la información que le antecede y le precede a este apartado es ajustada y tomada de la fuente principal: Cuaderno Histórico. 4ª. Edición. Órgano de la Academia de Historia de la Policía Nacional. Fundado en 1993. Teniente Coronel Hugo Alfonso Cepeda. Disponible en Internet: <https://www.policia.gov.co/sites/default/files/publicaciones-institucionales/cuaderno-historico-edicion-4.pdf>. Aunque la misma información y detalles se encuentra en otros documentos como por ejemplo: Momentos de Historia de la Policía Nacional de Colombia, en la página web: https://historiapolicianacionaldecolombia.blogspot.com/2023/.

Teniendo lo anterior como antecedente, se encuentra que luego de llegar al país el señor Manuel Vela Arambari (o Arambarri), de la Policía científica de España, este se dedicó a orientar sus actividades para acoplar los dos sistemas, el sistema de Vucetich y el de Oloris Aguilera.

Adicional a ello, Manuel Vela organizó un excelente Gabinete central de identificación, el cual hallaría su final posteriormente, en los lamentables sucesos del 9 de abril de 1948. Sobre el tema de organización, el jefe de este gabinete, en julio de 1936, don Cipriano Gómez Osorio, relata lo siguiente:

> [Inicio de cita]Escogida España como el país de donde debía venir el técnico, el representante de Colombia en Madrid adelantó las correspondientes gestiones ante el Ministerio de la Gobernación, el cual comisionó al Gabinete central de identificación del servicio de seguridad para dar el candidato, mediante concurso entre los más antiguos y mejor preparados.
> Una vez llenados esos requisitos, el Gobierno colombiano formalizó el respectivo contrato con D. Manuel Vela Arambarri, quien en la forma indicada había ganado el derecho de venir en misión a este país. A mediados de 1934 llegó el nuevo técnico a Bogotá y durante el resto del año se ocupó en preparar varios proyectos sobre la creación de la escuela colombiana de Policía técnica, que el Gobierno no pudo o no quiso llevar a la práctica[38].

A lo anterior se agrega que de acuerdo con la Ley 31 de 1929 se implementó la impresión dactiloscópica en el documento de identificación, con fin de relacionar los aportes de las misiones española y francesa, al procedimiento de identificación de las personas. Pero, en este periodo y dados los avances de Manuel Vela, el gobierno no había podido generar los recursos humanos necesarios para aprovechar al máximo dichos aportes y fracaso inicialmente la creación de la Escuela de Detectives.

Fue solo ante la insistencia de director general de la Policía Andrés Rocha que se dictaron dos conferencias sobre el tema de

---

[38] *Ibidem*, p. 28.

identificación, las cuales dieron como resultado que Manuel Vela asumiera el cargo en el país como director general técnico del departamento nacional de identificación

Así fue como dicho Departamento Nacional de Identificación, bajo la dirección del referido profesor Vela, se transformó para convertirse muy rápidamente en un centro que permitía la individualización científica de las personas, casi desconocida hasta entonces en Colombia, y que llevaba a interesar a los altos funcionarios del Estado quienes, en relación con la cédula de ciudadanía, tuvieron que hacerse cargo del mencionado organismo. Pero ante el anuncio de un posible golpe, la estabilidad de ese departamento de Policía se puso en riesgo y el señor Vela sale del país, dejando su obra inconclusa y en manos de los nuevos técnicos preparados en su cátedra.

2.3.8. Primera misión chilena

La mencionada misión arribó al país el 21 de marzo de 1936 y estaba compuesta por los oficiales: coronel Armando Romo Boza, Capitán Belarmino Torres Guevara y Teniente Emilio Oelkers Hollstein, quienes hacían parte del cuerpo de carabineros de Chile. Esta misión buscó el desarrollo de los siguientes objetivos:

Primero, llevar a cabo cursos de "perfeccionamiento, preparación e información para todos los jefes, oficial y suboficiales de la institución mediante la implantación de nuevos sistemas en la instrucción policial de nuestra institución"[39].

Aquí se anota que quien dejó los mejores resultados de su ejercicio fue el Teniente Emilio Oelkers Hollstein, debido a su dinamismo y abnegación y por ello su contrato se le prorrogó por dos años más, luego de los cuales el gobierno le otorgó la "Cruz de

[39] *Ibidem*, p. 29.

Boyacá" para exaltar sus valiosos servicios. Y segundo, la misión se encargó además de:

> prestar servicios al gobierno de Colombia como asesor técnico de la Dirección de la Policía Nacional, sujeto en todo a las órdenes y disposiciones del Director General de dicha Institución, dictar conferencias en la Policía Nacional y dar instrucción técnica a los oficiales de la misma, contribuir a la formación del plan general sobre servicios de Policía en el territorio de la República, redactar reglamentos de Policía especialmente en lo que se refiere al ramo de organización de Policía Rural montada, asesorar los comando de división de policía montada, resolver todas las consultas que le formule el Gobierno nacional por conducto del Director de la Policía, dedicar todo su tiempo y atención a las obligaciones que contrae el presente contrato. La duración del contrato era por un año, prorrogado por otro más[40].

A lo anterior se agrega el hecho que durante esta década se dieron otros adelantos como, por ejemplo:

- La creación de la Escuela de Cadetes de Policía General Santander (7 de julio de 1937) y que inicia labores en 1940.
- En 1939 se contratan los servicios de la primera misión norteamericana de policía, presidida por Edgar K Thompson, funcionario del FBI y que será analizada a continuación.
- Para febrero 14 de 1950 se crea la Escuela Gonzalo Jiménez de Quesada, a través de la cual se busca la formación de mandos medios.

2.3.9. Primera misión norteamericana[41]

Esta misión ocurrió a mediados de julio de 1939 y se caracterizó por la llegada de Edgar K. Thompson, miembro del F.B.I., procedente de Río de Janeiro y se enfocó solamente en dar ins-

---

40 *Ibidem*, p. 29.

41 *Ibidem*, p. 30.

trucción directa al personal de detectives, así como a realizar algunas recomendaciones sobre reformas que se debían dar en la organización del departamento nacional de seguridad.

Sin embargo, este señor pereció en un accidente de aviación en la ciudad de Honda (Tolima) durante la ejecución de sus labores. Él era abogado, con una especialización en investigación de delitos contra la propiedad y conocedor del ambiente de los países suramericanos por haber permanecido en varios de ellos (Puerto Rico, Jamaica, Trinidad, Panamá y Haití) durante más de tres años.

De otro lado, durante este mismo año y teniendo presente el decreto fundador de la Escuela General Santander, se debe anotar que en el mismo se incluyó un artículo que hacía referencia al envío de una comisión de oficiales de la Policía al exterior, previa autorización del Ejecutivo, para que fuera actualizada con conocimientos en este campo del servicio público. De esta forma, en el mes de agosto de 1939 se envió una comisión de estudios a Chile; en este proceso de preparación se destacó el mayor Eduardo Cuevas García, quien se dedicó al conocimiento de la organización del cuerpo de Carabineros de este país y también adelantó estudios sobre el servicio de Policía montada.

2.3.10. Misión inglesa[42]

Durante el periodo del Bogotazo (9 de abril de 1948) y que se generó a raíz de la muerte de Jorge Eliécer Gaitán, la institución de la Policía Nacional fue liquidada porque con la revuelta que se generó en Bogotá y en las demás poblaciones, la Policía Nacional se sublevó y se unió a la fracasada revuelta. Además, las responsabilidades de esta fueron asumidas por aquellos servicios departamentales y municipales, y por las Fuerzas Militares.

---

42 *Ibidem*, pp. 30-31.

Fue así como, ante la persecución del Ejército (de tendencia conservadora) contra los policías, quienes distribuyeron armas entre la población, algunos expolicías se desplazaron hacia Tolima y otros hacia los Llanos Orientales, para luego organizar diferentes grupos de guerrilla con ideales liberales contra el Gobierno Conservador.

En el transcurso de dichos acontecimientos y a mediados de 1948, llegaron a Bogotá 14 técnicos ingleses, quienes bajo la dirección del señor Coronel Douglas Gordon, jefe de policía muy reconocido por importantes aportes hechos a la institución de su país, además de ayudar en la organización de la Policía de la India.

La mención se dedicó al estudio de la restauración de la Policía, así como a difundir los fundamentos y normas procedimentales de los servicios policiales y a trabajar en el diseño de sistemas y métodos de vigilancia.

Se anota al respecto que la ejecución de todo el proceso fue positiva y llevó al establecimiento del estatuto orgánico que, a través del Decreto 2136 de 1949, se dictó en el país. Ello porque con la disolución de la institución fue necesario pensar en su restablecimiento, para mantener el orden dentro de la sociedad. Y ello fue entendido por el gobierno del momento quien determinó a través de esta misión que se procediera a ello. Así el grupo inglés, además del señor Gordon, lo integraban trece técnicos más, entre ellos el coronel Eric M. Roger, teniente coronel Bertrand W.H. Dyer y los mayores Frederick H. Abbott y William Parham. El resultado de esta comisión mixta fue el Decreto Ley No. 2136 del 18 de julio de 1949, que sería considerado el Estatuto orgánico de la Policía por varios años.

A lo anterior se agrega que, con la recuperación de la Policía Nacional, dicha institución tuvo que lidiar con la violencia política y los disturbios sociales que se dieron a lo largo del país y que generaron la violencia bipartidista entre 1948 y 1958. Al respecto se encuentran algunos de los hechos más sobresalientes que rodearon este proceso y fueron:

- Agosto de 1952, seis policías murieron en un ataque de las guerrillas liberales en Antioquia.

- El 2 de septiembre, en una emboscada organizada por este tipo de grupos guerrilleros liberales, mueren cinco agentes de la Policía en el Tolima, lo que suscitó la indignación de los conservadores. Luego de este hecho los agentes muertos fueron declarados héroes y fueron enterrados en el Cementerio Central de Bogotá el 6 de septiembre. Finalizado el acto, cientos de personas asaltaron los edificios de los diarios liberales El Tiempo y El Espectador y las casas de varios líderes liberales y los incendiaron.
- El 13 de junio de 1953 asume el poder el general Gustavo Rojas Pinilla, quien incorporó la Policía al Ministerio de Guerra, considerándola Cuarto Componente del Comando General de las Fuerzas Militares.
- Este proceso también se realizó con las diferentes policías municipales y departamentales a la Policía Nacional, para tener así una sola institución Policial uniformada a nivel nacional. Dicho proceso se completó cuando la Junta Militar de 1957 inició la transición de nuevo hacia la democracia.

2.3.11. Segunda misión chilena[43]

Dicha misión llega al país el 10 de julio de 1958, como parte del convenio suscrito entre los gobiernos de Colombia y Chile (junio de 1958) y dentro de sus objetivos se encontraban hacer asesoría al comando de las fuerzas de Policía y directores de institutos de formación profesional para mejorar el servicio de Policía. Quienes arribaron al país fueron el mayor Jorge Aranda Parra (jefe de la misión) y los capitanes: Braulio Saavedra Morales y Eduardo Gordon Cañas. El mayor Aranda permaneció en el país cuatro años, mientras sus oficiales regresaron a Chile en el mes de agosto de 1961. Dentro de sus aportes se destaca lo relacionado

---

43 *Ibidem*, p. 31.

con la preparación y formación profesional de oficiales, suboficiales y agentes y la organización y el mejoramiento de los diferentes servicios. Históricamente, durante el desarrollo de esta misión y en los años posteriores se dieron algunos ajustes en la institución:

1. En 1960, durante el primer gobierno del Frente Nacional, la Policía fue nacionalizada y separada de las Fuerzas Militares, quedando subordinada al Ministerio de Guerra, con el cual ganó mayor autonomía.
2. Esta fue definida luego como: "Institución de carácter civil, con régimen y disciplina especiales". Dicho lema, hasta la fecha, le ha permitido a la Policía Nacional estar bajo la mirada del Ministro de Defensa Nacional, con un aparato burocrático paralelo al de dicho ministerio, lo que le permite un nivel de independencia más amplia frente a la gran influencia militar del Ministerio.
3. Para 1966 la Policía comenzó su actividad investigativa con la Policía Judicial.

2.3.12. Segunda misión norteamericana[44]

Esta misión tuvo como objetivo el asesoramiento del desarrollo técnico de la institución, en particular en lo teniente con la policía judicial y criminalística. Se llevó a cabo en 1963 y estaba integrada por David Laughlin, jefe de la misión, John H. Doney, Salvador Romero, Dale Callier y el señor Redlin, experto en comunicaciones.

---

44 *Ibidem*, p. 32.

2.3.13. Segunda misión inglesa[45]

Como parte de la ayuda que se brindaba al país en el tema de la lucha contra el narcotráfico, el gobierno de Gran Bretaña envió en octubre de 1989 una delegación. La Policía Nacional destaca como objetivos fundamentales de esta misión los siguientes:

- Preparación de grupos para la búsqueda y toma de laboratorios en selva, teniendo como duración, cada curso, seis meses que se dividen en tres fases de búsqueda y reconocimiento, de tácticas, para comandantes y la final de operaciones, para lo cual se realizaron el curso de JUNGLA un total de 31 oficiales, 40 suboficiales y 197 agentes de la Policía Nacional.
- Cursos sobre operaciones fluviales, realizado por 6 oficiales, 19 suboficiales, y 36 agentes y dictado por instructores del Ejército inglés con el fin de adiestrar al personal teniendo en cuenta el aspecto hidrográfico del territorio colombiano.
- Cursos de Comunicaciones: En 1992 se dictó un curso sobre equipos de comunicaciones y radiogoniometría en los municipios de San José del Guaviare, Nápoles y el Departamento de Policía Urabá.
- Además, se capacitó a un grupo de 4 oficiales; 16 suboficiales y 20 agentes como instructores de JUNGLA, para que sirvieran como multiplicadores de las técnicas recibidas del Ejército británico[46].

2.3.14. Tercera misión norteamericana

En este proceso de ayuda extranjera y durante los últimos años del siglo XX y XXI, se ha recibido un gran apoyo del gobierno de

---

45 *Ibidem*, pp. 32-33.

46 *Ibidem*, p. 32.

los Estados Unidos con especial relevancia de entrenamiento de miembros de la Institución en este país y también han ingresado al país grupos de instructores para preparar personal de la Institución en los siguientes aspectos:

Instruir a los comandantes de las unidades en el conocimiento, preparación, planeación y ejecución de sus recursos, tanto humanos como materiales para hacer frente a inminentes ataques de la insurgencia teniendo como bases las asignaturas de:–Planificación de operaciones;

- Incursiones;
- Comunicaciones;
- Operaciones helicoportadas;
- Navegación.

Estos cursos, denominados comandos de pequeñas unidades, se han venido dictando periódicamente cada año; con la cual se han obtenido resultados altamente positivos, especialmente en los aspectos de lucha contra el narcotráfico y lavado de capitales, producto de dicha actividad delincuencial[47].

2.3.15. Otros aspectos históricos relevantes

A partir de la información que se ha incorporado en este campo histórico, se llega a ver la manera en que la Policía Nacional de Colombia como institución ha sido organizada y ha tenido una serie de altibajos en la construcción de su imagen y su estructura como se le conoce hasta el día de hoy.

Y, si bien ha iniciado desde el siglo XIX, hay hechos que se han referenciado para periodos coloniales; sin embargo, es la naciente república quien la termina consolidando a partir de la necesidad

---

47 *Ibidem*, p. 33.

de mantener el orden y la seguridad de los ciudadanos, principios que se ha mantenido de forma incólume durante cada uno de los años que se ha venido fortaleciendo. Idea que luego se extiende a todo el territorio nacional, con el fin de combatir el crimen, realizar la prevención de delitos, proteger la vida y la propiedad, y realizar la asistencia a la población en situaciones de emergencia.

Durante los primeros años de existencia la Policía Nacional de Colombia, tuvo que enfrentar diversos desafíos. Uno de los desafíos más importantes fue la lucha contra los grupos armados ilegales que operaban en el país, especialmente los bandoleros y los bandidos que se dedicaban al robo y el saqueo a finales del siglo XIX y comienzos del siglo XX.

Otro de los grandes acontecimientos se dio a mediados del siglo XX, cuando Rojas Pinilla asume el poder en 1953 y ante los diferentes hechos de violencia que trajo el asesinato de Gaitán en 1948 y que no fue posible aplacar ante los desórdenes generales que se dieron en el país.

Además del hecho del 8 de junio de 1954 cuando en un acto de la Universidad Nacional de Colombia, en donde algunos estudiantes conmemoran la muerte de Gonzalo Bravo Pérez, un estudiante de esta institución que falleció 25 años atrás, termina con la muerte del estudiante Uriel Gutiérrez. Al día siguiente, 9 de junio, los universitarios marcharon hacia el centro de Bogotá y en medio de la marcha el ejército, en cabeza del Batallón Colombia, dispara abruptamente contra los estudiantes con un saldo de 13 muertos. Por estos hechos el gobierno acusó al comunismo y a la oposición y de Laureano Gómez, lo cual fue desmentido por los partidos y llevó a graves hechos sociales en el país.

Si bien durante el gobierno del militar se dieron algunos avaneces en el proceso de pacificación del país, no fue posible y ante la citación a elecciones en diferentes momentos el poder es asumido por Rojas Pinilla, entregado por los partidos políticos, dio la siguiente génesis de algunos eventos, de los cuales se pueden mencionar algunos importantes como, por ejemplo:

> El año siguiente, al término del "periodo en curso", el 3 de agosto de 1954, Rojas logra que la Asamblea Nacional Constituyente, en ese momento mayoritariamente compuesta de conservadores, reafirmara su posesión y que lo reeligiera para el periodo siguiente, es decir, hasta 1958[48].

A ello se agrega el hecho posterior y que se convierte en un gran paso para la democracia del país porque: "El 25 de octubre, la Asamblea aprobó el cambio constitucional para extender el sufragio a las mujeres, derecho que fue ejercido efectivamente en el plebiscito de 1957"[49]. Aunque antes de que ello se diera se generaron otros hechos importantes durante su poder.

Inicialmente y luego de asumir el poder, el gobierno de Rojas Pinilla se divorcia del poder bipartidista que decidió ascenderlo y se enfocó en el desarrollo de una tercera fuerza mediante la cual se "formuló un reordenamiento del país bajo la alianza de los trabajadores, clases medias y militares, sustentado en principios católicos tomados de la doctrina social de la Iglesia y en los ideales bolivaristas"[50].

Lo anterior lleva a la generación de un nuevo partido llamado "Movimiento Acción Popular", mediante el cual se respaldaba la acción de Rojas y que fue divulgado por el ministro de Gobierno, Lucio Pabón, lo cual lleva al rechazo de los partidos y para ello se aponen de forma activa, en especial con los diarios que tenían en su poder y por los cuales Rojas Pinilla los termina cerrando y generando su propia versión, para contar sus aportes en el Diario de Colombia. Si bien ha habido muchos inconvenientes, entre

---

48 Idea tomada de: GARCÍA, Andrea (8 de abril de 2011) El único golpe del siglo. En: Revista Semana. Disponible en Internet: <https://www.semana.com/especiales/articulo/junio-13-1953-brel-unico-golpe-del-siglo/65870-3/>.

49 VALLEJO, Beatriz. La conquista del voto femenino. En: Banco de la República, Colombia, 2017.

50 MELO, Jorge Orlando. Bolívar en Colombia, conservador y revolucionario. Disponible en Internet: <https://www.researchgate.net/publication/234059785_Bolivar_en_Colombia_conservador_y_revolucionario>.

los aportes de dicho periodo y antes de la entrega se apoyó la votación de la mujer, se trajo la televisión al país y se generaron proceso de desarrollo a lo largo y ancho de este, y en este punto se incluyó el desarrollo de la institución policial del país, con el mejoramiento de las comunicaciones y el desarrollo de nuevas divisiones y escuela de formación militar.

Para la segunda mitad del siglo XX, la Policía Nacional de Colombia experimentó importantes cambios y transformaciones. Una de ellas se dio en 1991, como resultado de una nueva Constitución, en donde se implementó una reforma policial que buscaba fortalecer la institución y mejorar su capacidad para garantizar la seguridad y el orden público.

Parte de este proceso llevó a la creación de la Dirección de la Policía Nacional, encargada de liderar y coordinar las acciones de la institución, así como a una serie de medidas para garantizar la transparencia y la rendición de cuentas en el trabajo de la policía.

De igual forma, fueron implementados diversos programas de formación y capacitación para mejorar las habilidades y conocimientos de los miembros de la Policía, así como la implementación de tecnología y equipos modernos para fortalecer su capacidad operativa, tal como se ha referenciado con el tema de las variadas misiones que han llegado al país y que han buscado hacerla más efectiva y ágil, así como estar a la vanguardia con los cambios y transformaciones en la sociedad y el delito.

En los últimos años, la Policía Nacional de Colombia ha enfrentado nuevos desafíos, como el narcotráfico y la delincuencia organizada, que han generado altos niveles de violencia en algunas regiones del país. La lucha contra estas amenazas ha requerido un esfuerzo conjunto de la Policía, el ejército y otras agencias de seguridad del Estado.

De igual forma, se destaca que, a lo largo de su historia, la Policía Nacional de Colombia ha sido objeto de críticas y controversias. Algunos han cuestionado su eficacia en la lucha contra el crimen y la corrupción en sus filas. También se han denunciado casos de abuso de autoridad y violaciones a los derechos humanos por parte de algunos miembros de la institución.

En respuesta a estos problemas, se han implementado medidas para mejorar la transparencia y la rendición de cuentas en el trabajo de la Policía. Además, se han fortalecido los mecanismos de control interno y se han establecido programas de formación en derechos humanos y ética profesional para los miembros de la institución.

Las fuentes mencionadas proporcionan información detallada y confiable sobre la historia de la policía de Colombia. Los documentos oficiales, los artículos académicos y los libros especializados son fuentes importantes que respaldan y enriquecen el conocimiento sobre este tema. Además, las entrevistas con miembros de la Policía Nacional de Colombia y expertos en seguridad y derecho penal en Colombia brindan una perspectiva práctica y actualizada sobre la labor policial en el país.

En conclusión, la historia de la policía de Colombia es una historia de esfuerzos por garantizar la seguridad y el orden público en el país. A lo largo de los años, la institución ha enfrentado diversos desafíos y ha evolucionado para enfrentarlos de manera más efectiva. A pesar de las críticas y controversias, se han implementado medidas para mejorar la transparencia y la rendición de cuentas en la labor policial. Sin embargo, aún hay desafíos por superar para lograr una policía eficiente, profesional y comprometida con la protección de los derechos humanos y el bienestar de la población.

2.4. VISIÓN GENERAL DE LA POLICÍA NACIONAL DE COLOMBIA–ESTRUCTURA ACTUAL

La Policía nacional de Colombia como institución que se ha consolidado a lo largo de la historia del país tiene dentro de su misión la siguiente:

> El fin primordial de la Policía nacional es el mantenimiento de la convivencia como condición necesaria, para el ejercicio de los derechos y libertades públicas y para asegurar que los habitantes

de Colombia convivan en paz fundamentada en el código de ética policial[51].

Teniendo en cuenta la misión de la institución se establece que el mantenimiento de la convivencia es un ejercicio desde el cual la institución establece como prerrogativa para mantener el orden y la seguridad de sus ciudadanos. En la actualidad es posible compartir una mirada sobre los diferentes procesos que la institución ha tenido y en donde se mezclan también aspectos importantes a nivel social, algunos de los cuales han sido objeto de debate y de análisis en cuanto a la forma de actuación de dicha institución y en las respuestas que la misma ha ofrecido a los ciudadanos para salvaguardar la institucionalidad y su responsabilidad.

También se encuentra que, dentro de la mirada general, se busca entender que la construcción del ideal de paz que persigue el país lleva a que los diferentes actores que se sientan a la mesa para participar de los diferentes procesos sociales tengan diferentes perspectivas y subjetividades sobre las cuales se debe llegar a un acuerdo o un consenso general.

En el presente documento se hace referencia a la institución desde el punto de vista de su organización y la forma en que su estructura se ha regulado a través de los estándares internacionales y según los mismos requerimientos que la evolución del delito le ha generado. Lo anterior le ha permitido actuar y estructurarse bajo los señalamientos del Estado y bajo los principios que la misma institución ha construido o que han sido tomados a nivel internacional de los aspectos y de los criterios que las mismas entidades que vigilan los derechos humanos, han referenciado en sus documentos particulares, por ejemplo, la ONU y la OEA.

Desde el punto de vista de la sociedad, se debe señalar que las diferentes actuaciones de la institución, en algunos momentos de la historia, han empañado el buen desempeño de la institución,

51 Misión consultada en la página oficial de la Policía Nacional de Colombia.

debido a situaciones particulares que en algunos momentos han llevado a que la ejecución y aplicación de las normas vigentes de convivencia tomen un ritmo diferente, bajo la mirada particular de una sociedad que no acepta este tipo de particularidades y los ve como un exceso de fuerza o como un ajusticiamiento, de quienes intervienen en diferentes situaciones, llámese protestas o desobediencia civil. Lo cierto es que la institución siempre actúa bajo sus criterios particulares y la ética que siempre persigue con el fin de generar confianza y seguridad en la población en general.

También es dable tener en cuenta la visión de la Policía Nacional, la cual se basa en la "preservación del orden público legalmente establecido, así como de los derechos y de la seguridad de las personas y entidades y de sus bienes, ocuparse de la prevención de los delitos y ejecutar mandatos de la autoridad competente y, bajo dirección judicial, investigar los delitos"[52].

Lo anterior hace referencia entonces a la necesidad de mantener un orden en todo el territorio nacional y la idea de preservar la seguridad no solo de sus habitantes, sino de los bienes que se han construido en el mismo espacio y la necesidad de protegerlos, así como salvaguardar también otras entidades del orden nacional y judicial, encargadas de regular los comportamientos o de condenar bajo la jurisprudencia los delitos que atenten contra el orden social o la integridad de las personas.

Se debe indicar que la mirada particular de la institución también incluye hablar de valores que en un momento dado serán referenciados dentro de esa política general de la Policía Nacional, pero que deben ser instaurados y deben ser tenidos además por principales dentro de la persona que en carne el ser policía y en este caso se habla de la vocación, la honestidad, del compromiso, el honor policial, la disciplina, la solidaridad y la justicia. Estos valores serán luego llevados al nivel de la ética policial y serán parte fundamental de lo

---

52 *Ibidem*

que debe ser fundamental para el policía preservar, en virtud de propender por el bienestar de la sociedad y no su beneficio propio.

Dichos valores también se suman a las cualidades que debe tener un policía y que en este sentido se abordan desde la integridad, la empatía, la adaptabilidad, la escucha y la observación, la comunicación efectiva, la resolución de conflictos, la toma de decisiones y la fortaleza física, además del profesionalismo que debe primar en todo momento en cada miembro de la institución.

Cabe anotar que, de acuerdo con el profesionalismo, la eficiencia la objetividad y la legalidad hacen parte los aspectos que debe primar en el sujeto que integra la institución y ello se menciona incluso en la carta magna, como principios fundamentales del policía en el país.

Todo lo anterior se resume en la objetividad policial, la cual debe corresponder con la institución y que indica que cada integrante de esta debe actuar con imparcialidad desinterés y sin prejuicios en todos los asuntos que le corresponden, privilegiando siempre a la sociedad, aunque en algunos casos este tipo de actuación no siempre se cumple a cabalidad y en algunos casos priman intereses personales, bajo los cuales la institución debe actuar con severidad y retirar de sus filas a quienes abusen no solo de su autoridad, sino de su poder.

2.5. UN SOLO CUERPO DE POLICÍA, DIFERENTES ESPECIALIDADES

En Colombia, existen diferentes tipos de policía que desempeñan funciones específicas dentro del organigrama de la institución. Estos cuerpos de seguridad se encargan de mantener el orden público, garantizar la seguridad ciudadana y combatir la delincuencia en sus respectivas áreas de competencia.

En este sentido, la estructura general de la Policía Nacional de Colombia se relaciona principalmente de acuerdo con las particularidades del espacio en el cual se desempeña, sin embargo, algunas de sus especialidades se relacionan luego con los requerimientos que el mismo auge del delito se ha hecho presente en el territorio nacional. Por lo anterior, los mecanismos que la entidad ha desarrollado se relacionan en virtud de la profesionalización del servicio y por ello se parte de su estructura general y de las divisiones que se generan en este sentido.

Dentro de los aspectos generales que se pueden mencionar de la institución se destaca el hecho de la profesionalización del servicio que como lo menciona directamente la misma institución en la revista *Lineamientos Generales de Política para la Policía Nacional de Colombia*, en la cual se aborda esta preocupación desde la retoma de la política establecida en este sentido y que corresponde a la Ley 62 de 1993.

Tal como se menciona el documento en referencia, se establecen conceptos, además de los derechos y principios y se especifica el poder y función que tiene esta institución, así como las normas y el tema de la profesionalización de sus miembros y de la prestación de sus servicios como institución.

Dicha ley, además de definir los criterios enunciados se encarga de definir otros conceptos relacionados en el ámbito policial, como las características que tiene el servicio policial, la doctrina que persigue la institución, además de la naturaleza civil de la misma y la defensa del orden público como parte fundamental de sus objetivos[53].

En la actualidad, la estructura de la Institución ha variado y se ha ido mejorando en razón a los alcances y retos que ha debido enfrentar y, por esta razón, su estructura organizacional se ha modificado en algunos apartes, pero se mantiene en sus aspectos generales, tal como se puede visualizar en el organigrama general de la institución y que se encuentra en la página oficial de la entidad.

---

53 Para una mayor profundización de este aspecto, se puede consultar el documento: POLICÍA NACIONAL DE COLOMBIA (s.f.), Lineamientos generales de política para la Policía Nacional de Colombia. Disponible en Internet: <https://pdba.georgetown.edu/Security/citizensecurity/Colombia/politicas/lineamientospolicia.pdf>.

Cabe anotar en este sentido que la estructura de la Institución se ha reformado y de acuerdo con la Ley 62 del 12 de agosto de 1993, tiene unas particularidades específicas vinculadas a la dirección y recibo de instrucciones.

En este sentido se tiene que, dentro de la institución aparecen dos estructuras, la primera es el Organigrama General de la Policía Nacional de Colombia, el cual se muestra en la figura 1, estableciendo las diferentes jefaturas que conforman la entidad, con diferentes especialidades y direcciones en virtud de tres aspectos fundamentales:

- Desarrollo humano.
- Servicio de policía.
- Administración de recursos.

A estas direcciones se integran, como se puede apreciar en la parte superior de dicha figura 1, en la parte superior, la inspección general, encargada de velar por el seguimiento adecuado de la ética de la institución y la Comisión de Derechos Humanos, encargada de velar por la seguridad de los uniformados y por los civiles que se puedan vincular a diferentes hechos o delitos.

Además, aparecen la secretaría general y la oficina de planeación, las cuales trabajan de la mano con las oficinas centrales de Comunicaciones Estratégicas, Oficina de Relaciones y Cooperación Internacional, la Oficina de Tecnologías de la Información y Comunicación y la oficina de Control Interno. Esta estructura general, depende del Ministerio de Defensa Nacional, quien es el encargado de supervisar la Institución y emanar las directrices que considere conducentes al buen manejo de este órgano del Estado.

Figura 1. *Organigrama general de la Policía Nacional de Colombia*

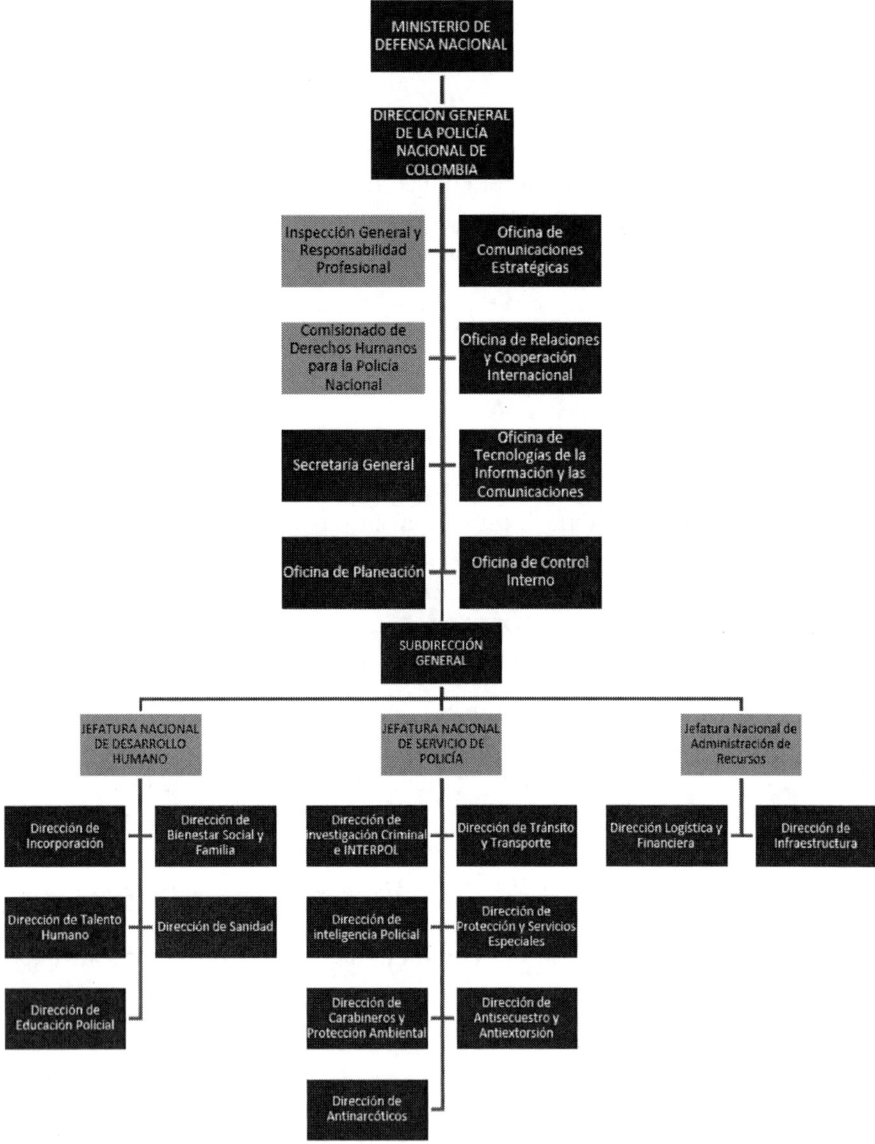

Fuente: https://www.policia.gov.co/organigrama.Tomado de: Decreto 113 del 25 de enero de 2022.

Ahora, en la figura 2 es posible encontrar la estructura que se ha visualizado de forma general y que se irá desenvolviendo a medida que se avance en la descripción general de las diferentes unidades particulares o especializadas de la institución o que se encuentran relacionadas con los espacios con los cuales se vinculan para combatir el delito. Ello se relaciona estructuralmente con los alcances que debe tener en todo el territorio nacional y, como se menciona en la página de la Institución, corresponde con la división general de la policía en el territorio nacional:

Figura 2. *Estructura general de la Policía Nacional de Colombia*

Nota: Organigrama Conceptual de la División Territorial de Mando de Policía Nacional de Colombia. En verde las divisiones subordinadas directamente a la Dirección y Subdirección General de Policía; en amarillo las divisiones subordinadas a la Gobernación de departamento o Alcaldía de cabecera municipal de área metropolitana y en azul las divisiones subordinadas a la Alcaldía Municipal o Alcaldía de la Localidad. Fuente: Ley 62 del 12 de agosto de 1993.

Sin embargo, se debe reconocer que, en cuanto a la Dirección General (DIPON), la misma se encuentra dividida y tiene una serie de elementos que la integran especializada en cinco direcciones de apoyo al servicio (administrativas), ocho direcciones operativas, una dirección de nivel educativo y cinco oficinas asesoras, dentro de las cuales aparecen estructuras encadenadas a la misma Dirección General y no operan de forma aislada. El organigrama que corresponde a esta parte tiene la siguiente estructura general, tal como se puede ver en la figura 3:

Figura 3. *Estructura de la dirección general de la Policía Nacional*

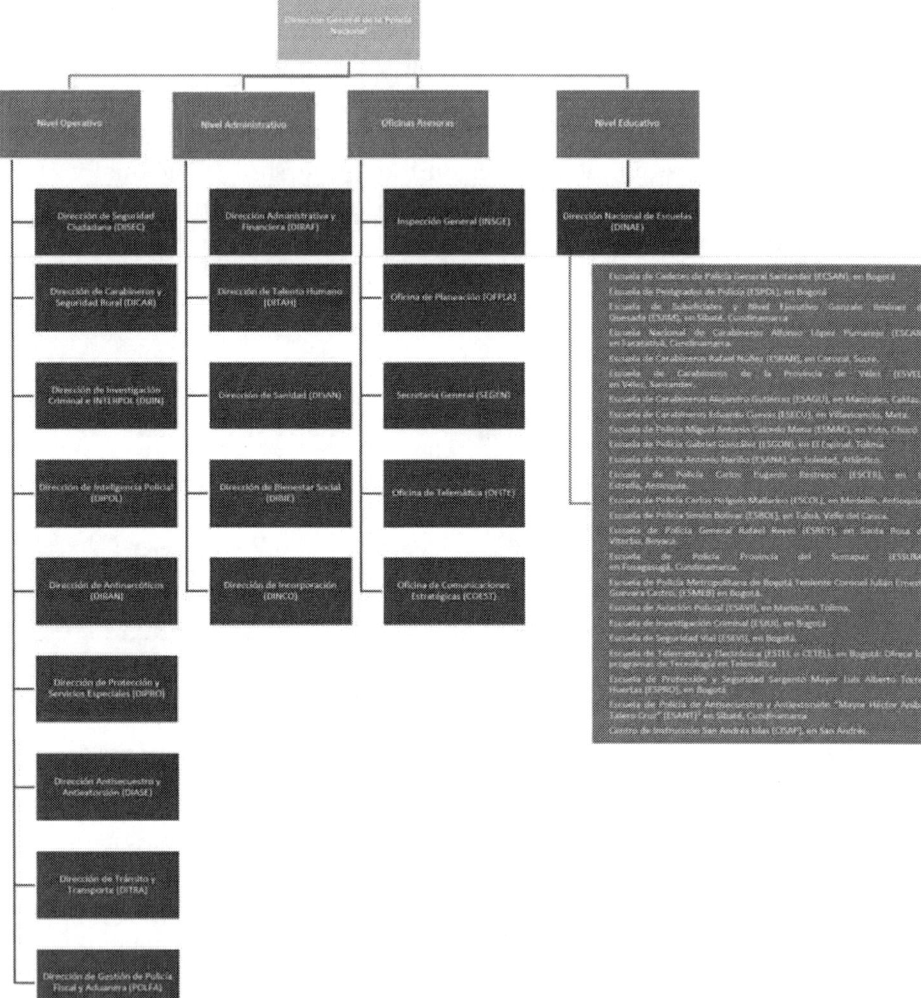

Nota: Estructura general de la Policía Nacional de Colombia. Fuente: Decreto 4222 del 23 de noviembre de 2006.

De acuerdo con lo mencionado, es posible ver la manera en que la Institución se articula y funciona dentro del territorio nacional, con sus diferentes niveles (operativo, administrativo y nivel educativo) y oficinas asesoras.

A lo anterior se agregan otra serie de especialidades y divisiones entre las que se encuentran en la tabla 21 acerca de los grupos especializados que maneja la Institución con el fin de desempeñarse más directamente en la atención de delitos particulares y que, por ende, fomentan el buen manejo de los recursos de la Institución:

Tabla 21. *Grupos especializados de la Policía Nacional*

Grupo	Función
Ambiental y Ecológica	Relacionado con la naturaleza y el cuidado del medio.
Antiexplosivos	Grupo especializado
Carabineros de Colombia.	Direccionar el servicio de Policía Rural en el territorio nacional especialmente en las zonas de consolidación, parques naturales, áreas de reserva, zonas productivas y de frontera, mediante el desarrollo de estrategias de protección, planes, programas, acciones preventivas, disuasivas, de control de delitos, comportamientos contrarios a la convivencia y educación ciudadana, que contribuyan a garantizar la convivencia y seguridad ciudadana rural.
Fiscal y Aduanera	Prestar un servicio público que contribuya a garantizar la seguridad fiscal del Estado colombiano y la protección del orden público económico nacional, realizando acciones de apoyo y soporte a las labores propias de control y fiscalización Aduanera, Tributaria y Cambiaria que realice la DIAN en el territorio nacional, ejerciendo también las funciones de Policía Judicial en los términos señalados por la Ley, a través de acciones que permitan contrarrestar las organizaciones criminales dedicadas al contrabando y comercio ilícito.
Guía Canino	Direccionar el servicio de Policía Rural en el territorio nacional especialmente en las zonas de consolidación, parques naturales, áreas de reserva, zonas productivas y de frontera, mediante el desarrollo de estrategias de protección, planes, programas, acciones preventivas, disuasivas, de control de delitos, comportamientos contrarios a la convivencia y educación ciudadana, que contribuyan a garantizar la convivencia y seguridad ciudadana rural.

Grupo	Función
Infancia y Adolescencia	La Policía Nacional es una entidad que integra el Sistema Nacional de Bienestar Familiar, cuya misión es garantizar la Protección Integral de los niños, niñas y adolescentes en el marco de las competencias y funciones que le asigna la ley. Tendrá como cuerpo especializado a la Policía de Infancia y Adolescencia que remplazará a la policía de menores.
Inteligencia	Tiene como Misión generar inteligencia estratégica, operacional y para el servicio, con el objetivo de anticipar y prevenir amenazas y desafíos que atenten contra la convivencia y seguridad ciudadana, las personas y el Estado, así como la seguridad personal, las instalaciones, los documentos y las comunicaciones de la Policía Nacional. Así mismo apoyar el servicio de policía en los ámbitos que requiera el mando institucional.
Policía Judicial	Contribuir a la seguridad y convivencia ciudadana, mediante el desarrollo efectivo de la Investigación Judicial, Criminalística, Criminológica y la Administración de la Información Criminal, así como la asistencia a la organización internacional de policía criminal, autoridades nacionales e internacionales orientada a brindar apoyo oportuno a la administración de justicia en la lucha contra la impunidad.
Portuaria y Aeroportuaria	Tiene como misión contrarrestar los envíos y contaminaciones de carga de comercio exterior, correo, pasantes con sustancias estupefacientes y desarrollando acciones tendientes a dinamizar los procesos portuarios y aeroportuarios del País.
Protección a Dignatarios e Instalaciones	Encargado de garantizar la seguridad y protección de las personas con nivel de riesgo comprobado y contribuir con la seguridad de las instalaciones gubernamentales y diplomáticas de personas con medidas de protección, para prevenir, minimizar o neutralizar posibles hechos que puedan causar daño a la vida, integridad, libertad o seguridad de una persona.
Tránsito y Transporte	Es un cuerpo de policía especializado en transporte y tránsito y tiene como misión contribuir con la movilidad, aplicación de las normas de tránsito y prevención de la accidentalidad de los usuarios de las vías y terminales en todos los modos del transporte, orientado a garantizar una cultura de seguridad vial y propiciar conciencia colectiva de solidaridad, autorregulación y disciplina social.

Grupo	Función
Turismo	La Policía de Turismo fundamentada bajo la Ley 300 de 1996 asigna los siguientes ámbitos de acción a la Policía de Turismo:–Adelantar labores de vigilancia y control de los atractivos turísticos que, a juicio del Ministerio de Desarrollo Económico y de la Policía Nacional merezcan una vigilancia especial.–Atender labores de información turística -Orientar a los turistas y canalizar las quejas que se presenten.- Apoyar las investigaciones que se requieran por parte del Ministerio de Desarrollo Económico. Así mismo realizaran labores de vigilancia y control encaminados a la seguridad y cuidado del patrimonio arqueológico, religioso y otros bienes culturales que conforman la identidad nacional.
AMERIPOL	Es la Unidad de la Policía Nacional de Colombia, que se encarga de mantener una comunicación directa y permanente con la secretaria ejecutiva de AMERIPOL para ejecutar los acuerdos y compromisos pertinentes de intercambio de información, asistencia recíproca y cooperación policial conforme a los estatutos de la comunidad de Policías de América.
Unidad Policial para la Edificación de la Paz	La Unidad Policial para la Edificación de la Paz (UNIPEP) tiene como misión asesorar, diseñar, dirigir y coordinar las acciones interinstitucionales para la ejecución de compromisos y responsabilidades relacionadas con la construcción de paz.
Grupo Antiterrorista GRATE: Grupo de investigación de inteligencia contra el terrorismo	Grupo especializado.
Grupo Táctico Antiterrorista, derivado del GRATE	Un brazo táctico operativo de la Dirección de Investigación Criminal e INTERPOL (DIJIN), usualmente está formando por unidades especiales con curso COPES y Jungla.
Bloques de búsqueda	Unidades investigativas multiespecialización equivalentes a fuerzas de tarea para la localización y captura o neutralización de objetivos de alto valor según directivas ministeriales de defensa.
Bloque operativo de búsqueda	Unidades operativas para la captura o consecuente neutralización permanente de objetivos de alto valor específicos

Nota: La información fue obtenida de la página oficial de la institución

En el caso de los grupos especializados y cuyo uso solo se aplica en ocasiones particulares, cuando las situaciones así lo ameritan y como parte del mantenimiento del orden y la seguridad ciudadanas se tienen los siguientes, seguido de una descripción relacionada con el enfoque al cual atienden:

Tabla 22. *Grupos para operativos especializados de la Policía Nacional*

Grupos Operativos Especializados	
Grupo	**Función**
Antidisturbios Unidad Nacional de Dialogo y Mantenimiento del Orden (UNDMO) Antiguo ESMAD	Es la dependencia del Comando de Unidades Operativas Especiales, integrada por personal entrenado y capacitado, encargado del control de disturbios, multitudes, bloqueos acompañamiento a desalojos de espacios públicos o privados, que se presenten en zona urbana o rural del territorio nacional, con la eventual materialización de hechos terroristas y delincuenciales, para restablecer el ejercicio de los derechos y libertades públicas.
Escuadrones Móviles de Carabineros (Emcar)	Contribuir a la satisfacción de las necesidades de seguridad y tranquilidad pública en zonas rurales de los departamentos, mediante el reconocimiento de áreas, identificación de agentes generadores de violencia, trabajo y creación de condiciones para la convivencia ciudadana, que permita el libre ejercicio de los derechos y libertades de los habitantes.
Grupo Antiexplosivos de la Policía Nacional	El Grupo Antiexplosivos es la dependencia encargada de direccionar los procedimientos antiexplosivos y la atención a incidentes que involucren el uso de agentes nucleares, químicos, biológicos y radiactivos (NBQR) empleando equipo técnico de tecnología avanzada personal idóneo y donde se llevan a cabo procedimientos de investigación posterior a la explosión, neutralización de artefactos explosivos y destrucciones que involucren el uso de material explosivo, suministrando a las diferentes autoridades judiciales productos técnicos para el desarrollo de las investigaciones, ofreciendo un servicio con eficiencia, calidad y oportunidad; contribuyendo a la administración de justicia los elementos necesarios para el esclarecimiento de las conductas punibles.

Grupos Operativos Especializados	
Grupo	**Función**
Unidad de Operaciones Especiales en Emergencias y Desastres de la Policía Nacional (PONALSAR)	La Unidad de Operaciones Especiales en Emergencias y Desastres, tiene la misión de desarrollar los procedimientos en el manejo, atención e identificación y reducción del riesgo en emergencias y desastres, con el fin de contribuir al bienestar de las personas, al desarrollo sostenible y la convivencia y seguridad ciudadana.
C-SAR	La Policía Nacional de Colombia proporciona y establece pautas para las actividades de búsqueda y salvamento en las cuales se brinda seguridad y asistencia médica en apoyo a operaciones helicoportadas, aspersión aérea, interdicción, verificación de cultivos ilícitos y apoyos humanitarios requeridos por el gobierno nacional.
Grupos de Acción Unificada por la Libertad personal (GAULA)	Dependen de La Dirección Antisecuestro y Antiextorsión de la Policía Nacional de Colombia, tienen como misión la prevención, investigación e inteligencia en contra del secuestro y la extorsión en el territorio nacional.
Comando Especial Antiextorsión "CEAEX"	Este grupo operativo especializado está encargado de contrarrestar el delito de la extorsión en los principales lugares del país que han sido identificados por el Centro de Investigación Criminal del Gaula como los principales dinamizadores de este delito.

Nota: La información fue obtenida de la página oficial de la institución

Este tipo de grupos son especializados de la Institución y se encargan de desarrollar, como su nombre lo indica, labores relacionadas con situaciones mucho más tácticas y orientadas a la salvaguarda del orden en los territorios y combatir el delito de unidades más grandes y especializadas.

Tabla 23. *Grupos de fuerzas especiales de la Policía Nacional*

Fuerzas Especiales	
LOBOS	
Comandos de Operaciones Especiales (COPES) *"Pax Semper"*	La unidad de Comandos en Operaciones Especiales COPES, tiene la misión de realizar operaciones de alto impacto a nivel urbano y rural en todo el territorio nacional, con personal altamente capacitado en operaciones especiales para contrarrestar personas, grupos u organizaciones al margen de la ley y terroristas. son comparables con el GIGN francés, el GSG 9 alemán, COT de Brasil, realizando entrenamientos con ellos al igual que con Boinas Verdes de Estados Unidos.
Unidades de intervención COPES	El Comando de Operaciones Especiales y Antiterrorismo (COPES) es la dependencia de la Subjefatura Nacional del Servicio de Policía encargada de desarrollar operaciones tácticas especiales de alto impacto y atender situaciones de crisis en cualquier lugar del territorio nacional, para contrarrestar el accionar criminal o delictivo de personas, grupos u organizaciones al margen de la ley y terroristas.
Unidad de Comandos en Operaciones Especiales y Antiterrorismo	Su misión radica en ejecutar las mismas acciones que su contraparte en el ejército, y más aún el proveer apoyo de operaciones especiales a unidades convencionales cuando operar en áreas suburbanas
Comandos Jungla (JUNGLA)	Las Compañías Jungla, son unidades con entrenamiento especial, para la ejecución de operaciones contra el narcotráfico y el crimen organizado, en el ámbito urbano y rural, con capacidad de despliegue en todo el territorio nacional.
Grupo de Operaciones Especiales (GOES)	Es la una unidad especial de reacción, intervención y arresto equivalente a SWAT orientada a la disuasión, control de fronteras y control de los delitos de impacto social que más afecten las jurisdicciones, mediante la ejecución de operaciones tácticas, requeridas en apoyo al desarrollo de investigaciones judiciales y procedimientos establecidos por el Comando de Policía Metropolitana y Departamento de Policía.

Fuerzas Especiales	
LOBOS	
Grupo de Operaciones Especiales de Hidrocarburos (GOESH).	Unidad de la dirección de carabineros y seguridad rural, encargada de desarrollo de actividades de inteligencia, investigación, judicialización y vigilancia de los oleoductos, poliductos y estaciones de servicio.
Unidades GAULA	Tienen como misión la prevención y acción directa contra el secuestro y la extorsión en el territorio nacional; son altamente entrenados en combate cercano, negociación, y rescate de rehenes.

Nota: La información fue obtenida de la página oficial de la institución

2.5.1. Algunos modelos de intervención de los cuerpos de Policía y DD. HH.

Tal como se ha venido manifestando a lo largo del texto, los cuerpos de Policía tienen gran parte de sus actividades mediante el despliegue de la fuerza pública, en sus actividades de control y preservación del orden, la seguridad y la convivencia. Es por ello por lo que las comunidades en las que se realiza la intervención se muestran un tanto renuentes a dichas actividades, pues para nadie es un secreto que al ser humano poco le gusta el control. En materia de derechos humanos los cuerpos de policía deben ejecutar sus acciones en pro de su garantía, respeto y preservación y será el uso de la fuerza en materia proporcional, legal e inminente la última razón. Es por ello por lo que en esta relación cuerpo de Policía y comunidad, se han venido planteando una serie de modelos de intervención que garanticen el ejercicio de la autoridad, la preservación del orden, seguridad y convivencia, así como también los derechos humanos de todas las personas. Es de destacar que no todos las intervenciones de los cuerpos de Policía tienen como fin afectar los derechos humanos, pues en pro de la seguridad y la convivencia, todas las personas debemos colaborar y en un momento dado sacrificar alguna parte de nuestras prerrogativas para garantizar el bien general, es decir, la obligación que surge bajo la doctrina denominada teoría de las cargas públicas[54].

Cabe anotar en este punto, lo mencionado por Medina Ariza Juanjo en su obra *Políticas y estrategias de prevención del delito y seguridad ciudadana*[55]. La relación directa de las funciones de la Policía, deben estar relacionadas con el carácter preventivo que se debe mantener y en este sentido la Institución, entendida como la responsable de la salvaguarda de la vida de los ciudadanos, se debe enfocar en sus procesos y organización a diferentes acciones particulares que ayuden a frenar el delito. En este sentido y tenien-

---

54 Con el término carga pública se suele aludir a ciertas formas de contribución de los individuos a la supervivencia y al cumplimiento de los fines de la organización política, que pueden representar para aquellos un sacrificio en su patrimonio o libertad. Así, históricamente han recibido esta denominación figuras como las limitaciones al dominio, la expropiación, los tributos, el servicio militar obligatorio, las funciones electorales, el deber de declarar testigo, el servicio del abogado de turno, la detención y la prisión preventiva, entre otras. Ahora bien, pese a estos ejemplos de uniformidad denotativa, y a que en la actualidad este término goza de reconocimiento en diversos ordenamientos –ya mediante su incorporación en el respectivo texto fundamental, ya mediante su recepción en el lenguaje de los jueces y la doctrina–, sus deslindes conceptuales son difusos. De hecho, si se observa la evolución que ha experimentado su uso en el último siglo, puede apreciarse una clara tendencia al desplazamiento conceptual, desde la idea de contribución antes referida, hacia las ideas de daño, privación, limitación o deber... Efectivamente, del alcance que se dé a la noción de carga pública depende el propio concepto de Estado y la comprensión del vínculo que une a este con la sociedad. Para entender este aserto es necesario recordar que el cumplimiento de las tareas propias del Estado, la garantía de la paz interna y de la libertad humana, es imposible sin algún grado de contribución por parte de los individuos. Tal premisa es, con seguridad, por todos conocida y, probablemente, nadie la pondría en cuestión. PONCE DE LEON SOLIS, Viviana. La noción de carga pública y su función en la jurisprudencia del tribunal constitucional chileno. Rev. chil. Derecho [online]. 2015, vol. 42, no. 3, pp.843-872. Disponible en Internet: <http://www.scielo.cl/scielo.php?script=sci_arttext&pid=S0718-34372015000300005&lng=es&nrm=iso>.

55 MEDINA ARIZA, Juanjo. Políticas y Estrategias de Prevención del delito y Seguridad Ciudadana. Madrid: Editorial Edisofer, 2011.

do como punto importante la prevención, el autor en referencia menciona que la profesión policial debe enfocarse en la atención de algunos modelos particulares de intervención policial; algunos de los cuales corresponden a:

1. Policía Comunitaria y prevención: Su principal enfoque es la relación del cuerpo de policía con todos los sectores de la comunidad, en especial con aquellos excluidos, en un trabajo conjunto para lograr, en forma innovadora, resolver los problemas de la delincuencia, el miedo al delito, el desorden social y físico, también el deterioro de los barrios. Es policía con la comunidad y para la comunidad. Este modelo se convierte en una fuente de legitimación a la acción y función policial.

Es de destacar que este modelo de intervención redunda en forma contundente en la promoción y preservación de los DD. HH. de las personas de las comunidades donde se implementa y, por lo tanto, los cuerpos de policía gozan de gran legitimidad.

2. Policía Orientada a la solución de Problemas: Este enfoque pone un énfasis considerable en el análisis de la naturaleza de estos problemas, la búsqueda de soluciones entre un amplio rango de opciones, y su implementación por medio de la colaboración con residentes locales y otras agencias responsables de la administración de servicios en la zona (Goldstein, 1990).

En este modelo los cuerpos de policía ayudan a crear unas fuertes redes interinstitucionales y, por lo tanto, garantes de los DD. HH. de todas las personas, al igual que el anterior, se logran importantes niveles de legitimidad. Se destaca que la crítica a este modelo es que los cuerpos de Policía pueden perder su norte y dedicarse a labores que no están orientadas al orden y la seguridad.

3. Policía de Calidad de vida, policía "de tolerancia cero" o policía del mantenimiento del orden: Se enfoca directamente en mejorar aspectos que eliminen el desorden social y físico que se relacionan directamente con sentimien-

tos de inseguridad y miedo al delito, y que pueden surgir, entre otras causas, por la falta de civismo. Propone entre otros aspectos, la mano dura como estrategia para mejorar la calidad de vida y en contra del desorden social.

Este modelo tiene grandes críticos en cuanto a la garantía y promoción de los DD. HH., pues lo que se pretende, por parte de los cuerpos de Policía, es que todo aquello que deteriore lo físico y social del entorno debe ser eliminado, trayendo como consecuencia, que las expresiones de la personalidad, entre otras, puedan ser reprimidas.

4. Policía de puntos calientes, victimización repetida y policía inteligente: el uso de la inteligencia policial en la lucha contra la delincuencia: Tiene su principal fundamento en los desarrollos informáticos y tecnológicos y su utilización más efectiva para controlar y prevenir la delincuencia. Puede también decirse que con esa información se puede realizar una serie de actividades predictivas, en espacios geográficos y temporales establecidos, en donde adicionalmente, pueden presentarse hechos que constituyen nueva victimización delictiva (también denominada repetida).

Este modelo si bien tiene particular énfasis en la inteligencia y la tecnología, lo que en principio aislaría la relación de los cuerpos de Policía con las personas, no menos cierto es que se pueden estar vulnerando DD. HH., tales como la intimidad, el buen nombre entre otros.

5. Policía, productividad y rendimiento: la influencia neoliberal en la gestión del trabajo policial: Es de destacar que aunque no se trata propiamente de un modelo o estrategia de intervención policial contra la delincuencia, esto si tiene directa relación con la misma, por cuanto, se traen una serie de elementos de la gestión empresarial privada, la cual se caracteriza por especial énfasis en productos y servicios, ello se ha adoptado en la denominada "nueva gestión pú-

blica" de la cual forman parte los cuerpos policiales, dentro de lo que se destaca, el establecimiento de objetivos claros, indicadores de rendimiento, reconocimiento de clientes o consumidores, incentivos para premiar la productividad, rendición de cuentas entre otros.

Aunque este modelo no tiene un énfasis especial con la comunidad, sino solo con el personal que pertenece al cuerpo de policía, si se puede estar vulnerando los DD. HH. de este personal, pues en pro de garantizar resultados numéricos, los miembros policiales pueden sentir ese peso en contra de sus derechos; recordemos que distinto que sean miembros de una institución, los miembros del cuerpo de Policía son seres humanos que tiene derechos y, por tanto, gozan de su protección.

6. De la policía de aseguramiento a la policía de barrio: La principal característica del aseguramiento, es dar una particular prioridad a la prevención y detección del delito, frente a las labores de tranquilizar a la ciudadanía y reducir la preocupación del público con la delincuencia. Por el contrario, la policía de barrio, la cual se puede asimilar en varios aspectos a la comunitaria, tiene por objeto crear una estrecha relación con los habitantes de los barrios, para lograr mayor confianza, y legitimidad institucional, así mismo con los actores privados que influyen o participan en labores de seguridad de la comunidad, como las empresas de vigilancia privada.

Este último modelo de intervención garantiza la protección y promoción de los DD. HH., en forma contundente, tal como se manifestó con el primero de los modelos citados. De esta manera, se pueden apreciar los aspectos generales de la Institución y las diferentes estructuras que dependen de la misma y prestan diferentes servicios, en algunos especializados y en otros relacionados con campos especiales de atención de la institución y que regularmente no se encuentran en sus procesos de atención en el área urbana.

2.6. PODER, FUNCIÓN Y ACTIVIDAD DEL CUERPO DE POLICÍA DE COLOMBIA

Para poder hablar del tema, se debe entender que la Policía Nacional de Colombia es la entidad encargada de mantener el orden público y garantizar la seguridad ciudadana en este país y, por tanto, ocupa un lugar fundamental en la estructura institucional del país. Su presencia y funciones se entrelazan con la vida cotidiana de los ciudadanos y con la historia misma de la nación. Por lo anterior, se hace necesario explorar a fondo el poder, la función y las actividades de esta institución y, a la vez, se hará una reflexión particular sobre su importancia en la sociedad colombiana.

Inicialmente se debe decir que para comprender plenamente el rol de la Policía Nacional de Colombia, es esencial contextualizarlo dentro de la compleja historia de Colombia y su lucha por la estabilidad política y la seguridad pública, como se ha mencionado arriba y, en este punto es dable ver como Colombia ha enfrentado desafíos únicos, desde conflictos internos hasta el auge del narcotráfico, hechos muy importantes y que han moldeado la forma como opera la Policía y como se relaciona con la sociedad. Además, esta institución ha desempeñado un papel crucial en la búsqueda de soluciones a estos desafíos y en la construcción de un entorno seguro para sus ciudadanos.

De igual manera, se hace fundamental analizar cómo la Policía se ha adaptado a lo largo del tiempo, respondiendo a los cambios sociales, políticos y tecnológicos que han transformado la sociedad colombiana. La evolución de sus roles y funciones, así como su relación con la comunidad, los cuales son aspectos que merecen una atención especial.

A continuación, se hará una exploración no solo la autoridad y las funciones legales de la Policía, sino también por su interacción con la población, su participación en la prevención del delito, su enfoque en la investigación criminal y su contribución a la seguridad en las carreteras. También se analizará la importancia de esta institución en la actualidad, considerando su papel en la lucha contra el crimen organizado y su compromiso con la protección de los derechos humanos. Asimismo, se va a reflexionar sobre los desafíos y las críticas que ha enfrentado la Policía Nacional de Colombia a lo largo de su historia y las reformas y mejoras que se han propuesto para fortalecer su desempeño y su relación con la comunidad.

En definitiva, este apartado busca ofrecer una visión completa y enriquecedora sobre la Policía Nacional de Colombia, destacando su papel esencial en la construcción de un entorno seguro y en la protección de los derechos y libertades de los ciudadanos colombianos. A través de un análisis detallado de su poder, función y actividades, se espera poder arrojar luz sobre una institución que desempeña un papel central en la vida de la sociedad colombiana.

En este apartado se va a incluir, de igual manera, lo relacionado con las políticas de la institución, las cuales se revisarán en el último aspecto y sobre las cuales se dará una especial atención en relación con el tema[56].

2.6.1. Poder y autoridad de la Policía Nacional de Colombia

La institución policial de Colombia se entiende como una entidad que ejerce un poder y una autoridad únicos en el contexto de la sociedad colombiana. Para comprender completamente el alcance de su poder y su autoridad, se hace necesario analizar tanto su papel institucional como su base legal.

Los apartados que se relacionan a continuación tienen una mención importante de funciones y directrices que se toman particularmente de las disposiciones que se citan dentro de la base legal, pero que también se deben relacionar con la Ley 1801 del 29 de julio de

---

56 Para mayor claridad en este sentido, se debe recodar que dentro de las principales políticas se encuentran las siguiente: la de unidad institucional, la misional del servicio de la policía, la de transparencia de la institución, la de gestión del talento humano y cultural institucional, la del buen uso de los recursos, la de educación e innovación policial y la de comunicaciones estratégicas.

2016, en donde se relacionan los detalles más recientes y los ajustes que ha requerido la institución y que hoy se encuentran vigentes.

2.6.1.1. Papel institucional

La Policía Nacional de Colombia tiene una presencia omnipresente en la vida cotidiana de los ciudadanos. Esta presencia se extiende desde las calles de las ciudades y los pueblos hasta las zonas rurales, y sus funciones abarcan una amplia gama de áreas, las cuales incluyen desde el mantenimiento del orden público hasta la protección de los derechos fundamentales de los ciudadanos. En muchos sentidos, puede afirmarse que la Policía actúa como un pilar fundamental del sistema de justicia y seguridad de Colombia.

Dentro de su función principal de mantener el orden público, la Policía se convierte en un elemento disuasorio contra el crimen y garantiza que las leyes y regulaciones se cumplan en todo momento. Su mera presencia en eventos públicos, manifestaciones o situaciones de crisis a menudo es suficiente para prevenir disturbios y mantener la paz o por lo menos es lo que siempre se le ha determinado a esta Institución.

De igual manera, dentro de su función de seguridad, la Policía desempeña un papel crucial en la sociedad colombiana como agente de cambio social. La institución se encarga, a través de programas de prevención del delito, educación ciudadana y colaboración con la comunidad, mediante los cuales se busca no solo reaccionar ante la delincuencia, sino también prevenirla y abordar sus causas subyacentes[57]. Estas características se basan en los principios fundamentales de la fuerza pública, que son la pro-

57 De forma general, se pueden mencionar algunas de las características generales que cumple la entidad y que se resumen de la siguiente manera, aunque más adelante serán tenidas en cuenta en cuanto a sus funciones y sus actividades: En resumen, las características de la fuerza pública pueden variar de un país a otro, pero algunas de ellas se establecen como las siguientes:

tección de la sociedad, el mantenimiento de la paz y la promoción del orden y la seguridad.

2.6.1.2. Base legal

El poder y la autoridad de la Policía Nacional de Colombia están anclados en una sólida base legal. En este sentido, la Constitución

---

1. Autoridad: La fuerza pública tiene autoridad para hacer cumplir las leyes y garantizar el orden público. De igual manera se encuentra respaldada por el Estado y tiene la potestad de usar la fuerza cuando sea necesario.
2. Organización jerárquica: La fuerza pública suele tener una estructura jerárquica claramente definida, en la cual figuran los rangos y niveles de mando, lo cual permite una mejor coordinación de las operaciones y una toma de decisiones eficiente y acorde con los lineamientos establecidos por el Estado.
3. Capacitación: Los miembros de la fuerza pública reciben capacitación especializada en áreas como el cumplimiento de la ley, las técnicas de investigación, la defensa personal y el manejo de situaciones de crisis. Esto les permite realizar su trabajo de manera profesional y efectiva.
4. Uso legítimo de la fuerza: La fuerza pública puede utilizar la fuerza física cuando sea necesario para proteger a los ciudadanos y mantener el orden público. Sin embargo, este uso de la fuerza debe ser proporcional y justificado, y está sujeto a regulaciones y normas legales, que deben ser tenidas en cuenta para su adecuado accionar.
5. Servicio a la comunidad: La fuerza pública está orientada a brindar un servicio a la comunidad. Su principal objetivo es proteger y servir a los ciudadanos, manteniendo la seguridad, resolviendo conflictos y respondiendo a emergencias.
6. Coordinación con otras instituciones: La fuerza pública trabaja de manera coordinada con otras instituciones estatales, como el sistema de justicia, servicios de emergencia y agencias de inteligencia, para garantizar una respuesta integral ante situaciones de riesgo o delitos.
7. Respeto a los derechos humanos: Es fundamental que la fuerza pública actúe dentro del marco legal y respete los derechos humanos. Deben tratar a todas las personas con equidad y justicia, evitando cualquier tipo de discriminación o abuso.
8. Transparencia y rendición de cuentas: La fuerza pública debe ser transparente en sus acciones y estar sujeta a mecanismos de rendición de cuentas. Esto implica investigar y sancionar cualquier abuso o conducta indebida por parte de sus miembros.

Política de Colombia establece claramente la importancia de la seguridad y el orden público, así como la obligación del Estado de garantizarlos. Lo anterior se encuentra directamente en el capítulo séptimo de este documento y abarca desde el artículo 216 al 223. De igual manera, dentro de la revisión de las funciones y excesos de la Institución se encuentra que la Fiscalía General de la Nación es la encargada de adelantar procesos de revisión y control.

En la Constitución Nacional también se menciona en cuanto a las funciones de los diferentes estamentos o instituciones, la regulación de las fuerzas del Estado para mejorar la convivencia y mantener el control social en el territorio, por este motivo y dentro de las funciones para los departamentos y municipios, se establece la necesidad de regular la interacción de la Policía Nacional de Colombia.

De otro lado, la Ley 62 de 1993, conocida como la "Ley Orgánica de la Policía Nacional", establece la organización, estructura y atribuciones de la Policía, otorgándole un marco legal sólido para llevar a cabo sus funciones. En el anexo A de este documento se puede visibilizar esta disposición y todos los argumentos expuestos y bajo los cuales se regula la institución.

Ahora bien, la Policía tiene la autoridad para hacer cumplir las leyes colombianas y, en este sentido, puede tomar medidas legales para prevenir y responder a situaciones delictivas. Esta autoridad se ejerce en estricto cumplimiento de los principios de legalidad, proporcionalidad y respeto a los derechos humanos, lo que refleja el compromiso del Estado colombiano con el Estado de derecho y la protección de los derechos fundamentales de sus ciudadanos.

En resumen, la Policía Nacional de Colombia ejerce un poder y una autoridad que emanan de su sólido papel institucional y una base legal robusta. Esta institución desempeña un papel esencial en la preservación del orden público y la seguridad ciudadana, y su autoridad está respaldada por la Constitución y las leyes de Colombia. El análisis detallado de su poder y autoridad es fundamental para comprender su impacto en la sociedad colombiana y su papel en la construcción de un entorno seguro y ordenado para sus ciudadanos.

Todo lo anterior con el fin de brindar a los ciudadanos un marco de protección y de regulación en donde se aborda la necesidad de controlar y, a la vez, de dar seguridad a los ciudadanos, que corresponde a las funciones del Estado y que las mismas han sido entregadas a esta institución.

A lo anterior se debe agregar que en la actualidad ha habido reformas en la Institución como, por ejemplo, el nuevo Código de Policía (ahora Código Nacional de Seguridad y Convivencia Ciudadana) o Ley 1801 del 29 de julio de 2016, en donde se encuentran las nuevas disposiciones y los cambios que se han formulado a la Institución en pro de ajustarse a las nuevas situaciones que se encuentran en la sociedad y sobre las cuales el accionar de la Institución debe ser igualmente contundente.

2.6.1.3. Funciones principales de la Policía Nacional de Colombia

Como se ha anotado hasta el momento, la Policía Nacional de Colombia desempeña un conjunto diverso de funciones, las cuales abarcan desde el mantenimiento del orden público hasta la protección de los derechos de los ciudadanos. Estas funciones son esenciales para el funcionamiento de la sociedad colombiana y para garantizar un entorno seguro y ordenado. A continuación, se van a examinar en detalle, algunas de estas funciones principales:

1. Mantenimiento del Orden Público: La Policía Nacional de Colombia es la encargada de preservar el orden público en todo el territorio colombiano. Esto incluye prevenir y responder a disturbios, manifestaciones violentas y situaciones de crisis que puedan amenazar la estabilidad y la paz en el país. La capacidad de la Policía para mantener el orden es crucial para la convivencia pacífica de la sociedad y como una forma de mantener el orden dentro del territorio, en especial en las zonas urbanas.

2. Seguridad Ciudadana: La protección de la vida, la integridad y los bienes de los ciudadanos es una de las funciones primordiales de la Policía. Esto implica la prevención y resolución de delitos, el patrullaje de áreas de alto riesgo y la respuesta a llamadas de emergencia. La presencia de la Policía en comunidades y barrios contribuye a disuadir actividades criminales y garantiza la seguridad y la buena convivencia de las personas.

3. Investigación Criminal: La Policía Nacional de Colombia lleva a cabo investigaciones exhaustivas para esclarecer delitos, identificar a los responsables y presentar pruebas ante la justicia. La investigación criminal es esencial para garantizar que los criminales rindan cuentas por sus acciones y para mantener la confianza en el sistema de justicia. En este proceso la Policía se encarga de la búsqueda de la verdad y de quienes son culpables de diferentes delitos y los pone a disposición de la justicia para ser juzgados.

4. Tránsito y Transporte: La Policía regula y controla el tránsito vehicular en las carreteras y ciudades de Colombia. Esto incluye la aplicación de leyes de tránsito, la prevención de accidentes y la respuesta a situaciones de emergencia en carreteras. Garantizar la seguridad en el transporte es crucial para la protección de la vida y la propiedad. En este proceso las regulaciones del estado, los departamentos y municipios se encargan de regular el accionar de esta función de la policía.

5. Migración y Extranjería: La Policía Nacional de Colombia juega un papel en el control de la migración y extranjería en el país. Esto implica garantizar el cumplimiento de las leyes relacionadas con la entrada y salida de personas, así como la detección y prevención de actividades ilegales relacionadas con la inmigración. Dentro de las fronteras y en los aeropuertos, la Policía Nacional se encarga de regular todo este proceso y vigilar adecuadamente el cumplimiento de todo lo relacionado con esta función.

6. Prevención del Delito y Educación Ciudadana: La Policía se involucra en programas de prevención del delito y educación ciudadana. Estos programas buscan informar a la comunidad sobre cómo evitar ser víctima de crímenes y promover la colaboración entre la Policía y la sociedad para abordar las causas subyacentes de la delincuencia. En este sentido se desarrollan ejercicios relacionados con diferentes tipos de comunidades, en especial con niños y adolescentes para llevar a cabo acciones de prevención del delito y mejorar la comunicación entre las comunidades.
7. Asistencia a Víctimas: Los agentes de policía brindan apoyo y asistencia a las víctimas de delitos, ofreciendo orientación y facilitando el acceso a servicios de atención médica y psicológica. Esta función es esencial para ayudar a las víctimas a superar las secuelas de los delitos. En este sentido se prestan ayudas a las comunidades en los diferentes problemas que estas presentan.
8. Cumplimiento de las leyes: La fuerza pública tiene la responsabilidad de hacer cumplir las leyes y reglamentos establecidos en un país. Esto incluye la detención y procesamiento de personas que cometan delitos, así como el control y prevención de actividades ilícitas como el tráfico de drogas, el contrabando y la trata de personas.
9. Protección de infraestructuras críticas: También se encarga de custodiar y proteger objetivos estratégicos o infraestructuras críticas, como aeropuertos, fronteras, puertos marítimos, centrales eléctricas, entre otros, con el fin de prevenir amenazas y garantizar el normal funcionamiento de dichos lugares y la seguridad de quienes se encuentran allí.
10. Colaboración con otras agencias: La fuerza pública trabaja de manera coordinada con otras agencias estatales, como el sistema judicial, servicios de emergencia, instituciones de atención social y organismos de inteligencia a nivel nacional e internacional, para garantizar una respuesta integral y efectiva ante situaciones de riesgo o delitos.

De acuerdo con el listado anterior, se comprende que cada una de estas funciones desempeña un papel vital en la misión general de la Policía Nacional de Colombia de garantizar la seguridad y el bienestar de la sociedad. La combinación de estas actividades contribuye a la construcción de una sociedad más segura y justa en Colombia.

2.6.1.4. Actividades de la Policía Nacional de Colombia

La institución de la Policía Nacional de Colombia lleva a cabo una amplia variedad de actividades en el ejercicio de sus funciones, las cuales abarcan desde la prevención del delito hasta la respuesta a situaciones de emergencia. Estas actividades son esenciales para garantizar la seguridad ciudadana y el cumplimiento de las leyes en todo el país. A continuación, se hará una exploración en detalle de algunas de las principales actividades que realiza la Policía:

1. Patrullaje y Vigilancia: Una de las actividades más visibles de la Policía es el patrullaje y la vigilancia constante de calles, vecindarios y áreas de alto tráfico. Los agentes patrullan a pie, en vehículos o en motocicletas para prevenir y detectar actividades delictivas. Esta presencia policial contribuye significativamente a disuadir el crimen y mantener el orden público.
2. Investigación Criminal: Cuando se comete un delito, la Policía se involucra en investigaciones detalladas y minuciosas. Esto incluye la recopilación de pruebas, la toma de declaraciones de testigos y sospechosos, y el análisis de evidencia física. El objetivo último es llegar al esclarecimiento de los delitos y llevar a los responsables ante la justicia para su procesamiento.
3. Control de Manifestaciones y Eventos Públicos: La Policía se encarga de garantizar que las manifestaciones y eventos públicos se desarrollen de manera pacífica y de acuerdo con la ley, esto es dentro del respeto y el control necesarios. Lo anterior implica el control del tráfico, la prevención de disturbios y la protección de la seguridad de los participantes y el público en general.

4. Seguridad Vial: La Policía Nacional de Colombia tiene un rol crucial en la regulación y seguridad del tránsito vehicular. Para ello la institución realiza controles de velocidad, verifica licencias de conducir y garantiza que los conductores cumplan con las leyes de tránsito. Lo anterior contribuye a la reducción de los accidentes de tráfico y mantener la seguridad en las carreteras.
5. Operativos Antinarcóticos: Colombia ha enfrentado históricamente el desafío del narcotráfico desde su origen, crecimiento y auge. En este sentido la Policía realiza operativos antinarcóticos para detectar y confiscar drogas ilegales, desmantelar laboratorios de producción de drogas y arrestar a individuos involucrados en el tráfico de narcóticos, resultados que se complementan con la presentación directa a las instituciones judiciales para su procesamiento.
6. Atención a Emergencias: La Policía responde a llamadas de emergencia, como accidentes de tráfico, incendios y situaciones de crisis, entre muchas otras tipologías que realizan los ciudadanos buscando atención o solución a sus inquietudes. Al respecto se puede mencionar que los agentes son entrenados para proporcionar asistencia inmediata y coordinar la respuesta de otros servicios de emergencia, como los bomberos y los servicios médicos.
7. Colaboración con la Comunidad: La Policía trabaja en estrecha colaboración con la comunidad a través de programas de participación ciudadana, con diferentes grupos sociales. Esto incluye reuniones con líderes locales, charlas educativas en escuelas y proyectos comunitarios, a través de los cuales se busca fortalecer los lazos entre la Policía y la sociedad.
8. Operativos Especiales: En situaciones especiales, como la captura de fugitivos peligrosos o la lucha contra el crimen organizado, la Policía lleva a cabo operativos especiales con un alto nivel de entrenamiento y coordinación.

Estas actividades representan solo una parte de las tareas que realiza la Policía Nacional de Colombia en su esfuerzo por mantener la seguridad y el orden en el país. Cada una de estas actividades desempeña un papel fundamental en el cumplimiento de sus funciones y en la protección de los derechos y el bienestar de los ciudadanos colombianos.

2.6.1.5. Importancia de la Policía Nacional en la sociedad colombiana

La Policía Nacional de Colombia es una institución de gran importancia en la sociedad colombiana, pues desempeña un papel multifacético que abarca desde el mantenimiento del orden público hasta la lucha contra el crimen organizado y si bien sus funciones se relacionan con algunas de sus características generales, se debe entender que la importancia de esta institución es mayor cuando se relaciona directamente con la relevancia que tiene la policía en la sociedad colombiana y que se destaca en varios aspectos clave como los siguientes:

1. Mantenimiento del Orden Público: La Policía garantiza la estabilidad y el orden público en un país que ha enfrentado desafíos históricos relacionados con el conflicto armado y las tensiones sociales. Su presencia es fundamental para prevenir disturbios, controlar manifestaciones y mantener la paz en momentos de crisis.

2. Protección de los Ciudadanos: La Policía es responsable de proteger la vida, la integridad y los bienes de los ciudadanos. Esto implica prevenir y resolver delitos, lo que contribuye directamente a la seguridad y el bienestar de la población.

3. Lucha contra el Crimen Organizado: Colombia ha enfrentado durante décadas la amenaza del narcotráfico y el crimen organizado. La Policía desempeña un papel crucial en la lucha contra estos grupos criminales, llevando a cabo operativos antinarcóticos y combatiendo la delincuencia de alto nivel.

4. Investigación Criminal: La capacidad de la Policía para investigar y esclarecer delitos es esencial para la administración de justicia. Sus investigaciones contribuyen a llevar a los responsables ante la justicia y a garantizar la rendición de cuentas.
5. Seguridad Vial: La Policía regula el tránsito vehicular y promueve la seguridad en las carreteras. Esto reduce los accidentes de tráfico y protege la vida de los ciudadanos.
6. Prevención del Delito: A través de programas de prevención del delito y educación ciudadana, la Policía trabaja para evitar la comisión de delitos y promover la seguridad en comunidades vulnerables.
7. Asistencia a Víctimas: La Policía brinda apoyo a las víctimas de delitos, ofreciendo orientación y facilitando el acceso a servicios de atención médica y psicológica. Esto ayuda a las víctimas a superar las secuelas de los delitos.
8. Colaboración con la Comunidad: La Policía fomenta la colaboración con la comunidad a través de programas de participación ciudadana. Esta relación cercana mejora la confianza en la institución y fortalece los lazos entre la Policía y la sociedad.
9. Cumplimiento de la Ley: La Policía asegura que se cumplan las leyes colombianas y protege los derechos y libertades de los ciudadanos. Su presencia y acciones son fundamentales para garantizar el estado de derecho.

En resumen, la Policía Nacional de Colombia es una institución crucial que desempeña un papel central en la construcción de un entorno seguro y ordenado en Colombia. Su relevancia se extiende desde la prevención y resolución de delitos hasta la protección de los derechos humanos y la lucha contra el crimen organizado. La sociedad colombiana depende en gran medida de su labor para garantizar la paz, la seguridad y la justicia en el país.

De igual forma, todas estas características relacionadas con su importancia no solo se vinculan a la Ley 62 de 1993, sino con las disposiciones que la misma organización ha generado en este mismo sentido de las leyes del Estado, para corresponder con los lineamientos solicitados por este y lograr el cumplimiento de los principios generales que se buscan tener siempre en cuenta en la institución.

A manera de conclusión se puede resaltar en este sentido que la Policía Nacional de Colombia es una institución de gran relevancia en la sociedad colombiana, debido a su papel fundamental en el mantenimiento del orden público, la seguridad ciudadana y la administración de justicia. A lo largo de este apartado se ha podido explorar en detalle su poder y autoridad, respaldados por una base legal sólida, así como sus funciones principales y actividades variadas, las cuales abarcan desde la prevención del delito hasta la asistencia a víctimas y la lucha contra el crimen organizado.

También se destaca el hecho de que la Policía se refleja en su capacidad para mantener la estabilidad en un país con una historia marcada por conflictos internos y desafíos relacionados con el narcotráfico y el crimen organizado. Su presencia en las calles y comunidades colombianas contribuye directamente a la prevención de disturbios, la disuasión de actividades criminales y la protección de los derechos y la seguridad de los ciudadanos.

En este sentido, se debe considerar el hecho de que la Policía también desempeña un papel crucial en la construcción de una sociedad más segura y justa a través de programas de prevención del delito, educación ciudadana y colaboración con la comunidad. Además, la labor en la investigación criminal y el esclarecimiento de delitos es esencial para garantizar la rendición de cuentas y la justicia.

Ahora, si bien la Policía Nacional de Colombia enfrenta desafíos y críticas, su compromiso con el estado de derecho y la protección de los derechos humanos sigue siendo fundamental. En este sentido, la sociedad colombiana depende en gran medida de su labor para garantizar la paz, la seguridad y la justicia en el país.

En última instancia, la Policía Nacional de Colombia representa no solo una fuerza de seguridad, sino también un pilar de la sociedad colombiana en la búsqueda de un entorno seguro, ordenado y justo para sus ciudadanos. Incluso, su importancia perdurará en el tiempo mientras continúa desempeñando un papel esencial en la protección y el bienestar de la sociedad colombiana, como se manifiesta en las diferentes fuentes de consulta, incluso la página oficial de la institución.

2.6.1.6. Principales políticas de la Policía Nacional de Colombia

La Policía Nacional de Colombia en la actualidad ha establecido, en estos últimos tiempos, unas políticas muy claras en relación con su funcionamiento y ejecución, las cuales se relacionan con varios aspectos clave como los siguientes: la unidad institucional, la misional del servicio de la policía, la transparencia de la institución, la gestión del talento humano y cultural institucional, la relacionada con el buen uso de los recursos, la educación e innovación policial y la comunicación estratégica.

En este sentido, y tal como se menciona en el documento *Policía Nacional de Colombia. Políticas Institucionales*, la aplicación de dichas políticas se sobreponen a los avatares que sufre la institución y le dan fortaleza para asumir los diferentes retos que esta se ha interpuesto cumplir por medio del mandato del Estado y que el mismo le ha impuesto, así como sobre el cual trabaja, en procura de un mejor servicio y en buscar siempre la salvaguarda de la seguridad de sus ciudadanos, a quienes se debe.

De acuerdo con estas políticas, se tiene que el fin de cada una se relaciona en la siguiente tabla 24, en la cual se pueden observar sus argumentos generales, los cuales serán trabajados más adelante, en el detalle de estudio de cada una de ellas, pero en donde es posible visualizar la minucia a la cual se atiende en cada una de ellas y sobre la cual se enfoca la Institución de la Policía Nacional de Colombia:

Tabla 24. *Principales políticas de la Policía Nacional de Colombia*

Principales políticas de la Policía Nacional de Colombia	
Política de unidad institucional	Para mayor claridad en este sentido, se debe recodar que dentro de las principales políticas se encuentran las siguiente: la de unidad institucional, la misional del servicio de la policía, la de transparencia de la institución, la de gestión del talento humano y cultural institucional, la del buen uso de los recursos, la de educación e innovación policial y la de comunicaciones estratégicas.
Política misional del servicio de policía	La Policía Nacional de Colombia compromete a todos sus integrantes en la prestación de un servicio de policía conforme a la Constitución Política, las leyes y el mandato policial, dentro del Estado Social de Derecho, bajo un enfoque preventivo, de liderazgo y empoderamiento policial y alta capacidad de investigación criminal, para hacer visible la disminución de delitos, la accesibilidad y participación ciudadana, la corresponsabilidad, la consolidación de la convivencia y la lucha contra la criminalidad, soportada en la doctrina institucional y en un modelo de planeación y gestión operacional que garantiza la satisfacción de los residentes de Colombia, frente a sus condiciones de convivencia y seguridad.
Política integral de transparencia policial	La Policía Nacional de Colombia define lineamientos en materia de ética, integridad, transparencia, derechos humanos, asuntos internos, atención al ciudadano y resolución de conflictos, que deben aplicar en todo momento y lugar las mujeres y hombres policías, siendo referentes en la sociedad, lo cual les exige un comportamiento moral, coherente y ejemplar, tanto en su vida privada, como en el ejercicio de su función pública.
Política de gestión del talento humano y cultura institucional	La Policía Nacional de Colombia propende por la calidad de vida laboral, familiar y social de sus integrantes, durante su permanencia en la Institución, para lograr la excelencia profesional en la actividad de policía basada en el humanismo solidario y cercano al ciudadano, afianzando el liderazgo policial, la confianza, credibilidad y legitimidad institucional.
Política del buen uso de los recursos	La Policía Nacional administra de manera eficiente los recursos logísticos y financieros asignados, bajo conceptos de racionalización, transparencia y optimización para apoyar el cumplimiento de las funciones misionales y el mejoramiento del servicio de policía, asegurando la sostenibilidad institucional.
Política de educación e innovación policial	La Policía Nacional de Colombia educa integralmente al hombre y mujer policía en sus dimensiones cognitiva, física, social, comunicativa, ética, lúdica, laboral y espiritual para responder de manera efectiva en el servicio de policía, mediante la formación, capacitación, entrenamiento, investigación, innovación e interacción con el entorno social, que contribuyan a las condiciones de convivencia y seguridad ciudadana del país.
Política de comunicaciones estratégicas	La Policía Nacional de Colombia educa integralmente al hombre y mujer policía en sus dimensiones cognitiva, física, social, comunicativa, ética, lúdica, laboral y espiritual para responder de manera efectiva en el servicio de policía, mediante la formación, capacitación, entrenamiento, investigación, innovación e interacción con el entorno social, que contribuyan a las condiciones de convivencia y seguridad ciudadana del país.

Nota: La información se toma del documento: *Policía Nacional de Colombia. Políticas Institucionales*, que se encuentra en: https://www.policia.gov.co/sites/default/files/politicas_institucionales.pdf

En este sentido, se tiene que en relación con cada una de las políticas mencionadas en la tabla 24, los principales aspectos o síntesis, se relacionan de acuerdo con las siguientes particularidades especiales perseguidas por la misma institución.

Sobra destacar que, aunque en la mencionada tabla no se hace expresa la política institucional de DD. HH., no menos cierto es que el cuerpo de policía de Colombia tiene como eje transversal de su actuar la promoción, respeto, divulgación, garantía de los mismos, es así que la institución en pro de ello, entre otras política y estrategias, implementa el cargo, de alto nivel, Comisionado de Derechos Humanos para la Policía Nacional[58] cuya misión es:

> Tiene como misión liderar la Política de Promoción, Respeto, Garantía y Protección de los derechos humanos, de acuerdo con las políticas del Gobierno nacional y en cumplimiento de los mandatos constitucionales, legales, convenios y tratados internacionales en materia de derechos humanos y derecho internacional humanitario ratificados por el Estado colombiano[59].

De igual manera, en el documento: *Derechos Humanos en el Marco del Servicio de Policía* el tema de DD. HH. tiene vital importancia, así queda demostrado al referirse:

> En el marco del Proceso de Transformación Integral de la Policía Nacional, los derechos humanos son el eje rector para la formulación de iniciativas encaminadas a mejorar el desempeño de nuestros uniformados en el ejercicio de la función pública del servicio de policía, buscan que los procedimientos se encuentren soportados en el respeto por los derechos humanos y el uso adecuado de la fuerza con el propósito fundamental de mejorar la cercanía de

---

58 MINISTERIO DE DEFENSA NACIONAL. Decreto 113 del 25 de enero de 2022. Por medio del cual se crea la Oficina Asesora Comisionado Derechos Humanos para la Policía Nacional.

59 POLICIA NACIONAL DE COLOMBIA. https://www.policia.gov.co/unidad/comisionado-derechos-humanos.

> la ciudadanía con su cuerpo policial, fortalecer la legitimidad y ganar confianza social[60].

Es decir, los DD. HH., como misión del Estado y esté representado en el cuerpo de policía son su eje central en el actuar y funcionamiento diario en la relación con todas las personas en el territorio nacional

2.6.1.6.1. Política de unidad institucional

Esta primera política busca relacionar cada una de las direcciones oficinas o áreas no como una estructura piramidal, sino como el producto en el cual todas interactúan para buscar un bien común. En este sentido, se busca que la interacción de las diferentes unidades y procesos generen un adecuado funcionamiento, así como un ambiente agradable de trabajo y en últimas busca la relación con el compromiso y el adecuado desarrollo de las competencias policiales para alcanzar los logros esperados. En este punto, se relaciona también la idea de que la institución no solo se relaciona a nivel nacional, sino internacional buscando un beneficio mayor para sus ciudadanos.

2.6.1.6.2. Política misional del servicio de la policía

De acuerdo con la misión dicha política se relaciona de acuerdo con las necesidades de los ciudadanos en virtud de las problemáticas de convivencia y los contextos de transformación social además del escenario de paz territorial que reconfigura el crimen y por lo cual el gobierno nacional busca priorizar los desafíos en materia de seguridad que se le presentan para fortalecer la gober-

---

60 POLICIA NACIONAL DE COLOMBIA https://transformacion.policia.gov.co/wp-content/uploads/2023/03/Derechos-Humanos-Transformacion-policial-mas-humana.pdf.

nabilidad y una adecuada arquitectura de cooperación intersectorial entre lo local y lo nacional[61].

En este sentido, se deben considerar las funciones particulares de la institución las cuales se resumen como ya se ha mencionado en el artículo 218 de la Constitución Política de Colombia en el artículo 19 de la Ley 62 de 1993 así como la Ley 1801 de 2016 las cuales permiten establecer un adecuado marco doctrinal que orientan el quehacer de la institución en general.

En términos generales, dicha política no solo busca establecer procesos de vigilancia en tanto en el campo como en la ciudad, sino llevar un adecuado desarrollo y un enfoque preventivo para establecer adecuados procesos de convivencia. Dicha búsqueda se debe potenciar de acuerdo con el nivel estratégico-táctico y operacional de la institución manteniendo un adecuado nivel estratégico-táctico y operacional además de facilitar la articulación entre las unidades optimizando la gestión del talento humano y su actuar soportado en la transparencia[62].

Esta política tiene un alcance mucho más profundo y se relaciona no solo con la criminalidad, sino con el desarrollo y la atención del crimen además de la vigilancia que son los tres grandes aspectos de esta política. Dichos aspectos se enfocan a su vez en los puntos ya referidos y que abordan el tema de gerencia del servicio prevención, el control de inteligencia policial, la investigación criminal, las PQR2S, el rendimiento de cuentas, la planeación y la gestión operacional del servicio de policía, así como la gestión pública territorial de la seguridad y la convivencia ciudadanas.

---

61 Información tomada y adaptada de la obra *Policía Nacional de Colombia. Políticas Institucionales*, pág. 31, que se encuentra en el enlace: https://www.policia.gov.co/sites/default/files/politicas_institucionales.pdf.

62 *Ibidem*

2.6.1.6.3. Política de la transparencia de la institución

En tercer lugar, se encuentra la política de transparencia policial que, como su nombre lo indica, habla de la transversalidad de las acciones en los diferentes niveles de la institución y el compromiso de todas las unidades, de seguir unos principios y valores éticos que se imparten dentro de la institución y que deben fortalecer la imagen la credibilidad y las relaciones con la sociedad.

Dicha política se enfoca directamente en una serie de dimensiones, como por ejemplo: a nivel de derechos humanos se habla de promoción y difusión de estos, atención a poblaciones en situación de vulnerabilidad y relación con sistemas internacionales de derechos humanos; a nivel de asuntos internos se encuentra la coordinación y transversalidad institucional y la acción disciplinaria; a su vez, la relacionada a nivel de atención y servicio al ciudadano, comprende la recepción de las PQR2S, el comité de recepción, atención, evaluación y trámite de quejas e informes, el seguimiento evaluación y mejora de servicio al ciudadano y la dinamización de atención al ciudadano; finalmente se encuentra la que tiene que ver con resolución de conflictos, en donde se aborda la conciliación extrajudicial en derecho y la mediación.

En este punto, cada uno de estos elementos se articulan dentro de esta política de transparencia para tratar de llevar a cabo un adecuado trabajo institucional que, a su vez, se relacione con la visibilidad hacia los ciudadanos y el entorno, pero que también mantenga una supervisión y control y, por ende, una sanción, si en algún momento estos principios son vulnerados.

De acuerdo con las disposiciones, no solamente se tiene el código de ética de la Policía Nacional como fundamento principal, sino una serie de resoluciones que la misma institución ha emanado, enfocadas en la calidad y el buen servicio, además del respeto de los derechos humanos y los principios que deben ser protegidos para todo ciudadano.

2.6.1.6.4. Política de la gestión del talento humano y cultural institucional

Esta política se relaciona con la ética que debe predominar en cada uno de los integrantes de la institución, para lograr no solamente una excelencia profesional en la prestación del servicio, sino en su propia calidad humana, de acuerdo con su misión particular de servir y de salvaguardar la seguridad como parte del proceso de esta política.

Lo anterior se vincula no solamente con la vocación de servicio y con el hecho de brindar atención a la comunidad, sino con diseñar planes de evaluación internos, que ayuden a evaluar su desempeño, con el objetivo de posicionar al policía como un ser humano.

Ello entendiendo que cada integrante de la institución es un ser humano sobre el cual discurren una serie de condiciones particulares, las cuales lo hacen diferente y sobresaliente al resto de los ciudadanos, pero no por ello debe diferir de los principios fundamentales que predominan en la salvaguarda de la integridad de las personas. En este sentido, el policía debe cumplir unas normativas, además de ser una persona competitiva y relacionarse de forma cabal con cualquier ciudadano e integrar, de forma adecuada, una institución a nivel de su estructura, de su relación con el otro, a nivel de su propio desempeño y del logro de sus competencias particulares y a nivel personal, con su desarrollo propio y con la fundamentación de su educación.

2.6.1.6.5. Política del buen uso de los recursos

Esta habla no solamente de la necesidad de modernizar la institución, sino de encausar adecuadamente los recursos, de acuerdo con las necesidades que experimente la institución, en virtud de estar a la vanguardia de los problemas sociales que se presentan en el país y de atender las necesidades que la misma población requiera. En este punto se aborda el tema de la modernización, la cual atiende no solamente a una serie de particularidades, sino a los alcances que el crimen desarrolla y por los cuales la Policía Nacional de Colombia debe ejecutar adecuadamente un actuar, en virtud de la salvaguarda de los derechos de los ciudadanos.

Obviamente en este aspecto se incluye la unificación de criterios relacionados con infraestructura, intendencia, armamento y los componentes: financiero, presupuestal y de adquisición; en donde se hace un estudio para determinar los alcances de este mejoramiento y el buen empleo de estos recursos en los diferentes espacios de actuación de la institución.

2.6.1.6.6. Política de la educación e innovación policial

De otro lado, esta política, hace referencia a la preparación que debe tener quien integra la institución a nivel profesional, de acuerdo con las políticas de la institución y con el cumplimiento de la misión que le determina la Constitución Política de Colombia, para satisfacer las necesidades de convivencia y ayudar en la construcción adecuada del tejido social, así como asegurar la calidad y la protección de los derechos humanos. En este sentido, se encuentran una serie de documentos relacionados con la doctrina, los cuales es posible resumir en la siguiente tabla:

Tabla 25. *Directrices relacionadas con la doctrina*

Documento	Año de edición
Doctrina Educativa para el Docente Policial.	2009
Potenciación del conocimiento y formación policial, Proyecto Educativo Institucional	2013
Plan Estratégico Institucional Comunidades Seguras y en Paz 2015-2018. Visión 2030.	2015-2018
Modelo de construcción de paz de la Policía Nacional	2017
Proceso de modernización y transformación institucional Policía Nacional –MTI– (2017)	2017
Plan Nacional Decenal de Educación 2016-2026 (2017)	2017
Decreto 1330 del 25/07/2019 "Por el cual se sustituye el Capítulo 2 y se suprime el Capítulo 7 del Título 3 de la Parte 5 del Libro 2 del Decreto 1075 de 2015-Único Reglamentario del Sector Educación"	2019

Nota: La información se toma del documento: *Policía Nacional de Colombia. Políticas Institucionales*, que se encuentra en: https://www.policia.gov.co/sites/default/files/politicas_institucionales.pdf

De acuerdo con ello, la profesionalización del policía no solamente se vincula con el aspecto educativo, sino con su propio entrenamiento y con el adecuado logro de competencias que evalúa la institución para formar un ser integral, que se vincule no solamente a la institución sino que busque desempeñar un trabajo adecuado dentro de la misma, asumiendo con disciplina el trabajo, teniendo además un pensamiento abierto de lo que significa el trabajo en equipo, además de una adecuada actitud y unos principios fundamentales para saber actuar en el momento oportuno con los criterios que su propia ontología le permitan y que se vinculan con los que la misma institución propugna.

2.6.1.6.7. Política de la comunicación estratégica

La política de comunicaciones estratégicas va dirigida no solamente a la relación que su nombre indica, sino el establecimiento de una red funcional y organizada que funcione a nivel local, dentro del país y a nivel internacional, en procura de un adecuado desarrollo e integración de sus funciones, para dar alcance a las necesidades que el Estado requiere, así como al adecuado funcionamiento de la institución y, finalmente, buscando la protección de los ciudadanos. En ese sentido, los componentes particulares de esta política se relacionan con: la comunicación interna, las relaciones con los medios de comunicación, los vínculos y las relaciones estratégicas, los medios digitales, las emisoras de la Policía Nacional, los medios audiovisuales y de diseño y las publicaciones relacionadas con la identidad visual.

Finalmente, se debe anotar que de acuerdo con la Oficina de la Naciones Unidas contra la Droga y el Delito (UNODC), dichas políticas ya relacionadas tienen fundamento internacional en el adecuado desarrollo de lo que se debe entender por la Institución y en el adecuado actuar de estos servidores. En este sentido se debe recordar que:

> Las funciones, poderes y procedimientos de la policía suelen estar definidos y limitados por ley. Las leyes pertinentes pueden consistir

> en una Ley de policía, un Código de procedimiento penal o un Código penal o todos ellos. La Ley de policía suele abarcar los elementos orgánicos así como los poderes pertinentes de una fuerza policial, sobre todo en la esfera del orden público. Los poderes de la policía en relación con las investigaciones de delitos tienden a encontrarse en los códigos nacionales de procedimiento penal. Actualmente se han elaborado modelos de códigos de este tipo (proyecto iniciado conjuntamente, el 26 de abril de 2006, por la ONUDD, el Irish Centre for Human Rights (ICHR), la Oficina del Alto Comisionado de las Naciones Unidas para los Derechos Humanos (ACNUDH) y el United States Institute of Peace (USIP). Aunque todavía se encuentran en preparación y están sujetos a cambio, proporcionan una base sólida para la investigación y evaluación ulteriores, así como un valioso recurso para los encargados de la reforma del derecho y, más específicamente, del derecho policial. Además, la Ley de policía de la República de Eslovenia (2005) proporciona un ejemplo de legislación policial aprobada en fecha reciente, en la cual se estimula la participación local en las actividades policiales, dentro de la jurisdicción del derecho civil[63].

A lo anterior se vincula el mandato de la policía, que a nivel internacional se establece lo siguiente:

> El Consejo de Europa ha elaborado un Código europeo de ética policial. En él se declara que los siguientes son los "principales propósitos de la policía en una sociedad democrática basada en el estado de derecho":
>
> - Mantener la tranquilidad y el orden públicos en la sociedad;
> - Proteger y respetar los derechos y libertades fundamentales de la persona;
> - Prevenir y combatir la delincuencia;
> - Detectar los delitos;
> - Proporcionar asistencia y prestar servicios al público.
>
> (Artículo 1, Código europeo de ética policial, Consejo de Europa, apéndice a la recomendación Rec (2001) 10)

---

63 Información tomada de UNODOC. Oficina de la Naciones Unidas contra la Droga y el Delito (2010) Policía. Seguridad pública y prestación de servicios policiales. Manual de instrucciones para la evaluación de la justicia penal. Disponible en Internet: https://www.unodc.org/documents/justice-and-prison-reform/crimeprevention/Public_Safety_and_Police_Service_Delivery_Spanish.pdf.

> Con arreglo al Artículo 3 de la Ley Modelo de Policía (PROYECTO DE LEY, 26 de enero de 2006), todo órgano encargado de hacer cumplir la ley tiene el deber de:
> i) Proteger la vida, los bienes y otros derechos humanos reconocidos internacionalmente;
> ii) Prevenir, detectar e investigar los delitos, las faltas y otras contravenciones de la ley aplicable;
> iii) Ejecutar las órdenes judiciales;
> iv) Dirigir y supervisar el tráfico en las rutas públicas;
> v) Incautar efectos según lo mande la ley aplicable;
> vi) Vigilar las grandes reuniones públicas;
> vii) Prestar asistencia en las emergencias civiles;
> viii) Proteger a las personas, los locales, las instalaciones y zonas designados;
> ix) Cooperar con otras autoridades encargadas del orden público y prestarles asistencia;
> x) Mantener la integridad y el carácter confidencial de la información requerida y los datos personales reunidos en el desempeño de su labor;
> xi) Ejercer cualquier otra función prescrita por la ley aplicable.
> Las funciones así estipuladas pueden existir o no y gozar o no del respaldo del gobierno según el contexto político y social del país que se evalúa[64].

A ello se suman los aspectos particulares que la institución internacional determina y se deben tener en cuenta en los Estados, con el fin de generar un adecuado funcionamiento interno y corresponder con los principios internacionales que se establecen.

2.8. MEDIOS DE LA POLICÍA NACIONAL DE COLOMBIA

Tal como se ha mencionado, la Policía Nacional de Colombia desempeña un papel fundamental en la protección y el mantenimiento del orden público en el país. Para llevar a cabo su labor, la institución utiliza una variedad de medios y recursos que le permiten cumplir con efectividad su misión.

---

64 *Ibidem*, p. 10.

En este punto se debe reconocer que el concepto como tal se deriva en tres direcciones, inicialmente se puede hacer referencia a que existen en la institución diferentes medios utilizados y su importancia radica en el hecho de poder fortalecer la seguridad ciudadana. Al respecto se encuentra que la Institución utiliza una amplia gama de medios para cumplir con sus funciones y responsabilidades en seguridad ciudadana. A continuación, se detalla información adicional sobre algunos de estos medios:

1. Vehículos policiales: La flota de vehículos policiales incluye patrulleros, motocicletas, camionetas, furgonetas y vehículos especiales para diversas situaciones. Estos vehículos se utilizan para realizar patrullajes, desplazarse a lugares de incidentes, realizar pruebas de alcoholemia y proporcionar asistencia inmediata en casos de emergencia.

2. Radiocomunicación: La comunicación es fundamental para el trabajo policial, por lo que se utilizan radios portátiles y sistemas de comunicación móvil. Esto permite a los agentes mantenerse en contacto con sus compañeros, coordinar operaciones y recibir instrucciones en tiempo real.

3. Armas de fuego y equipo de protección: Los policías están equipados con armas de fuego autorizadas y son entrenados para utilizarlas de manera apropiada y proporcional cuando sea necesario para proteger a los ciudadanos y mantener el orden público. Además, llevan consigo equipo de protección personal, como chalecos antibalas, cascos y escudos, para garantizar su seguridad en situaciones de alto riesgo.

4. Tecnología de vigilancia: La Policía Nacional emplea sistemas de videovigilancia, cámaras de seguridad y drones para monitorear áreas de interés y actuar rápidamente ante cualquier situación sospechosa o delictiva. Estas tecnologías ayudan a fortalecer la seguridad y mejorar la capacidad de respuesta de la policía.

5. Helicópteros y aviones: La Policía Nacional cuenta con unidades aéreas, como helicópteros y aviones, para apoyar

en operativos especiales, misiones de búsqueda y rescate, y patrullaje aéreo. Estos medios aéreos permiten una mayor cobertura y movilidad en áreas de difícil acceso, así como una respuesta más rápida en situaciones de emergencia.

6. Unidades especializadas: La Policía Nacional tiene unidades especializadas que cuentan con equipos y medios específicos para llevar a cabo sus labores. Por ejemplo, la Dirección de Antinarcóticos utiliza embarcaciones y equipos de detección para combatir el tráfico de drogas, mientras que el Grupo de Operaciones Especiales (GOES) cuenta con equipamiento táctico y vehículos blindados para realizar intervenciones de alto riesgo.

Es importante destacar que esta información se basa en conocimientos generales y no en fuentes específicas. Para obtener información más precisa y actualizada sobre los medios utilizados por la Policía Nacional de Colombia, se recomienda consultar fuentes oficiales como el sitio web institucional de la Policía Nacional de Colombia

De acuerdo con el ítem sexto, es posible comprender que este tipo de unidades especializadas se relacionan con otro de los medios que utiliza de forma especializada la institución y a través de la cual es posible relacionar los alcances que tiene la institución. Así es posible encontrar, tal como se mencionó arriba, en las tablas 21 a 23, lo concerniente a los diferentes grupos especializados, operativos o de fuerzas especiales de la institución y los alcances de estos, dependiendo del objetivo para el cual fueron creados o el fin bajo el cual se desempeñan. En dichas tablas también se encuentra la información detallada y los posibles alcances de cada uno de estos grupos especializados.

Finalmente, el concepto de medios se relaciona con los que utiliza la institución para desarrollar su actuación regular. En este punto, se tienen como medios los mencionados en el Código Nacional de Policía (ahora Código Nacional de Seguridad y Convivencia Ciudadana) y citados en el artículo 149 de este documento, que inicialmente se entienden como: "(...) los instrumentos jurídicos con que cuentan las autoridades competentes para el cumplimiento efectivo de la función y actividad de Policía, así como para la imposición de las medidas correctivas contempladas en este Código"[65].

De acuerdo con esta definición, se entiende que los medios de la Policía se clasifican en inmateriales y materiales y según el mismo Código Nacional de Policía (ahora Código Nacional de Seguridad y Convivencia Ciudadana):

> Los medios inmateriales son aquellas manifestaciones verbales o escritas que transmiten decisiones de las autoridades de Policía.66
> Son medios inmateriales de Policía:
> Orden de Policía[67].
> Permiso excepcional[68].

---

65 Las definiciones que corresponden a cada uno de estos ítems se encontrarán como notas aclaratorias en la parte final de este capítulo.

66 Concepto tomado de Policía Nacional de Colombia (29 de julio de 2016) Código Nacional de Policía. Ley 1801. Bogotá. Disponible en Internet: https://www.policia.gov.co/sites/default/files/ley-1801-codigo-nacional-policia-convivencia.pdf y también en: https://leyes.co/codigo_nacional_de_policia/149.htm. De igual forma, las definiciones que se mencionan en relación con los medios y sus tipos se toman directamente del mencionado Código Nacional de Policía.

67 **Artículo 150. Orden de policía**. La orden de policía es un mandato claro, preciso y conciso dirigido en forma individual o de carácter general, escrito o verbal, emanado de la autoridad de policía, para prevenir o superar comportamientos o hechos contrarios a la convivencia, o para restablecerla. Las órdenes de policía son de obligatorio cumplimiento. Las personas que las desobedezcan serán obligadas a cumplirlas a través, si es necesario, de los medios, medidas y procedimientos establecidos en este Código. Si la orden no fuere de inmediato cumplimiento, la autoridad conminará a la persona para que la cumpla en un plazo determinado, sin perjuicio de las acciones legales pertinentes.
Parágrafo. El incumplimiento de la orden de policía mediante la cual se imponen medidas correctivas configura el tipo penal establecido para el fraude a resolución judicial o administrativa de policía establecido en el artículo 454 de la Ley 599 de 2000.

68 **Artículo 151. Permiso excepcional.** Es el medio por el cual el funcionario público competente, de manera excepcional y temporal, permite la rea-

Reglamentos[69].
Autorización[70].
Mediación policial[71].
Los medios materiales son el conjunto de instrumentos utilizados para el desarrollo de la función y actividad de Policía.
Son medios materiales de Policía:
Traslado por protección[72].

---

lización de una actividad que la ley o normas de policía establecen como prohibición de carácter general, de conformidad con las normas que la regulen. El permiso solo se otorgará cuando no altere o represente riesgo a la convivencia.

Parágrafo. Solicitado el permiso, este deberá concederse o negarse por escrito, y ser motivado. Si se concede, debe expresar con claridad las condiciones de tiempo, modo y lugar, su vigencia y las causales de suspensión o revocación. Cuando se expida en atención a las calidades individuales de su titular, así debe constar en el permiso y será personal e intransferible. De tal permiso se enviará copia a las entidades de control pertinentes.

69 **Artículo 152. Reglamentos**. Son aquellos que dicta el Presidente de la República, el Gobernador o el Alcalde municipal o distrital y las corporaciones administrativas del nivel territorial en el ámbito de su jurisdicción, de conformidad con la ley.

Su finalidad es la de establecer condiciones al ejercicio de una actividad o derecho que perturbe la libertad o derechos de terceros, que no constituyen reserva de ley.

70 **Artículo 153. Autorización.** Es el acto mediante el cual un funcionario público, de manera temporal, autoriza la realización de una actividad cuando la ley o las normas de policía subordinen su ejercicio a ciertas condiciones. Dicha actividad no podrá realizarse sin la autorización y cumplimiento de éstas.

Parágrafo. Solicitada la autorización deberá concederse o negarse por escrito y ser motivada. Si se concede, deberá expresar las condiciones de su vigencia y las causales de suspensión o revocación. Si se expide en atención a las calidades individuales de su titular, así debe manifestarse, y será personal e intransferible.

71 **Artículo 154. Mediación Policial.** Es el instrumento que nace de la naturaleza de la función policial, cuyas principales cualidades son la comunitariedad y la proximidad, a través del cual la autoridad es el canal para que las personas en conflicto decidan voluntariamente resolver sus desacuerdos armónicamente.

72 **Artículo 155. Traslado por protección.** Cuando la vida e integridad de una persona o de terceros esté en riesgo o peligro, el personal uniformado de la

Retiro del sitio[73].
Traslado para procedimiento policivo[74].

Policía Nacional, podrá trasladarla para su protección o la de terceros, en los siguientes casos:
Cuando deambule en estado de indefensión o de grave alteración del estado de conciencia por aspectos de orden mental, o bajo efectos del consumo de bebidas alcohólicas o sustancias psicoactivas o tóxicas, cuando el traslado sea el único medio disponible para evitar el riesgo a la vida o integridad de la persona o los terceros.
Cuando esté involucrado en riña o presente comportamientos agresivos o temerarios, realice actividades peligrosas o de riesgo que pongan en peligro su vida o integridad o la de terceros, o esté en peligro de ser agredido cuando el traslado sea el único medio disponible para evitar el riesgo a la vida o integridad de la persona o los terceros.
Cabe anotar al respecto que se integran a este apartado 5 parágrafos relacionados con los casos particulares que se estipulan en la jurisprudencia y atienden a diferentes situaciones que se pueden presentar en este sentido.

73 **Artículo 156. Retiro de sitio.** Consiste en apartar de un lugar público o abierto al público o que siendo privado preste servicios al público, área protegida o de especial importancia ecológica, a la persona que altere la convivencia y desacate una orden de policía dada para cesar su comportamiento, e impedir el retorno inmediato al mismo, sin perjuicio de la utilización de otros medios, así como de las medidas correctivas a que haya lugar.
El personal uniformado de la Policía Nacional podrá hacer uso de este medio cuando sea necesario.

74 **Artículo 157. Traslado para procedimiento policivo.** Como regla general, las medidas correctivas se aplicarán por la autoridad de policía en el sitio en el que se sucede el motivo.
Las autoridades de policía solo podrán realizar un traslado inmediato y temporal de la persona cuando sea necesario para realizar el proceso verbal inmediato, y no sea posible realizarlo en el sitio por razones no atribuibles a la autoridad de policía.
El procedimiento se realizará inmediatamente y en ningún caso el tiempo de traslado o permanencia en el sitio al que es trasladada la persona podrá exceder de seis (6) horas, de conformidad con las exigencias de las distancias. La autoridad de policía permitirá a la persona que va a ser trasladada comunicarse con un allegado o a quien pueda asistirlo para informarle el motivo y sitio de traslado. Si la persona no tiene los medios para comunicarse, la autoridad se los facilitará.
Aquí se anotan, en el parágrafo, las particularidades con las que se realiza este traslado.

Registro[75].
Registro a persona[76].
Registro a medios de transporte[77].

---

75 **Artículo 158. Registro.** Acción que busca identificar o encontrar elementos, para prevenir o poner fin a un comportamiento contrario a norma de convivencia o en desarrollo de actividad de policía, la cual se realiza sobre las personas y medios de transporte, sus pertenencias y bienes muebles e inmuebles, de conformidad con lo establecido en la ley.

76 **Artículo 159. Registro a persona.** El personal uniformado de la Policía Nacional podrá registrar personas y los bienes que posee, en los siguientes casos:
1. Para establecer la identidad de una persona cuando la persona se resista a aportar la documentación o cuando exista duda sobre la fiabilidad de la identidad.
2. Para establecer si la persona porta armas, municiones, explosivos, elementos cortantes, punzantes, contundentes o sus combinaciones, que amenacen o causen riesgo a la convivencia.
3. Para establecer si la persona tiene en su poder un bien hurtado o extraviado, o verificar que sea el propietario de un bien que posee, existiendo dudas al respecto.
4. Para establecer que la persona no lleve drogas o sustancias prohibidas, de carácter ilícito, contrarios a la ley.
5. Para prevenir la comisión de una conducta punible o un comportamiento contrario a la convivencia.
6. Para garantizar la seguridad de los asistentes a una actividad compleja o no compleja o la identidad de una persona que desea ingresar a un lugar.
Aquí se incluyen 4 parágrafos de tipologías particulares que se realizan.

77 **Artículo 160. Registro a medios de transporte.** El personal uniformado de la Policía Nacional podrá efectuar el registro de medios de transporte públicos o privados, terrestres, aéreos, marítimos y fluviales, y de los paraderos, estaciones, terminales de transporte terrestre, aeropuertos, puertos y marinas, de conformidad con las disposiciones que rigen la materia, y en los siguientes casos, para garantizar la convivencia y la seguridad:
Para establecer la identidad de los ocupantes y adelantar el registro de las personas que ocupan el medio y sus bienes, de conformidad con este Código.
Para establecer la titularidad del derecho de dominio del medio de transporte y verificar la procedencia y la legalidad del medio de transporte, y de los bienes y objetos transportados.
Para constatar características o sistemas de identificación del medio de transporte.

Suspensión inmediata de actividad[78].
Ingreso a inmueble con orden escrita[79].

Cuando se tenga conocimiento o indicio de que el medio de transporte está siendo utilizado o sería utilizado, para la comisión de un comportamiento contrario a la convivencia o una conducta punible.
En desarrollo de una operación policial ordenada por la institución policial o por mandamiento judicial, en cuyo caso se atenderán los procedimientos establecidos.
Aquí se incluyen cuatro parágrafos de tipologías que se vinculan en este artículo.

78 **Artículo 161. Suspensión inmediata de actividad.** Es el cese inmediato de una actividad, cuya continuación implique un riesgo inminente para sus participantes y la comunidad en general. Una vez aplicado este medio, la autoridad de policía informará por escrito y de manera inmediata a la autoridad competente a la que le corresponda imponer la medida correctiva a que hubiere lugar.

79 **Artículo 162. Ingreso a inmueble con orden escrita.** Los alcaldes podrán dictar mandamiento escrito para el registro de domicilios o de sitios abiertos al público, en los siguientes casos:
1. Para aprehender a persona con enfermedad mental que se encuentre en un episodio de la enfermedad de crisis o alteración que pueda considerarse peligrosa o enfermo contagioso.
2. Para inspeccionar algún lugar por motivo de salubridad pública o transgresión de las normas ambientales.
3. Para obtener pruebas, cuando existan motivos fundados, sobre la existencia de casas de juego o establecimiento que funcione contra la ley o reglamento.
4. Para practicar inspección ordenada en procedimiento de policía.
5. Para examinar instalaciones de energía eléctrica y de gas, chimeneas, hornos, estufas, calderas, motores y máquinas en general y almacenamiento de sustancias inflamables o explosivas con el fin de prevenir accidente o calamidad, cuando existan indicios de riesgo o peligro.
6. Verificar que no exista maltrato, abuso o vulneración a los derechos de los niños, niñas y adolescentes, mujeres y adultos mayores y discapacitados.
7. Verificar el desarrollo de actividades económicas, comerciales, industriales, de prestación, venta o depósito de bienes o servicios contrarios a la ley o reglamento.
8. Cuando se adelante obra en un inmueble, para determinar el cumplimiento de las normas en materia de usos de suelo, obras o urbanismo.
9. En establecimientos públicos o de comercio o en inmuebles donde se estén desarrollando obras o actividades económicas, cuando se requiera

Ingreso a inmueble sin orden escrita[80].
Incautación[81].
Incautación de armas de fuego, no convencionales, municiones y explosivos[82].

---

practicar diligencia o prueba ordenada en un procedimiento de policía, para utilizar un medio o para ejecutar una medida correctiva de policía.

80 **Artículo 163. Ingreso a inmueble sin orden escrita.** La Policía podrá penetrar en los domicilios, sin mandamiento escrito, cuando fuere de imperiosa necesidad:
1. Para socorrer a alguien que de alguna manera pida auxilio.
2. Para extinguir incendio o evitar su propagación o remediar inundación o conjurar cualquier otra situación similar de peligro.
3. Para dar caza a animal rabioso o feroz.
4. Para proteger los bienes de personas ausentes, cuando se descubra que un extraño ha penetrado violentamente o por cualquier otro medio al domicilio de estas personas.
5. Cuando desde el interior de una casa o edificio se proceda por la vía de hecho contra persona o propiedad que se halle fuera de éstos.
6. Para proteger la vida e integridad de las personas, si en el interior del inmueble o domicilio se están manipulando o usando fuegos pirotécnicos, juegos artificiales, pólvora o globos sin el debido cumplimiento de los requisitos establecidos en la ley.
Se incluyen cuatro parágrafos relacionados con aspectos esenciales de este artículo.

81 **Artículo 164. Incautación.** Es la aprehensión material transitoria de bienes muebles, semovientes, flora y fauna silvestre que efectúa el personal uniformado de la Policía Nacional, cuya tenencia, venta, oferta, suministro, distribución, transporte, almacenamiento, importación, exportación, porte, conservación, elaboración o utilización, constituya comportamiento contrario a la convivencia y a la ley. El personal uniformado de la Policía Nacional documentará en un acta el inventario de los bienes incautados, las razones de orden legal que fundamentan la incautación, entregará copia a la persona a quien se le incauten y serán puestos a disposición de las autoridades competentes en el término de la distancia y conforme al procedimiento que para tal fin establezca la Policía Nacional o las autoridades pertinentes de conformidad con la normatividad vigente.

82 **Artículo 165. Incautación de armas de fuego, no convencionales, municiones y explosivos.** La Policía Nacional tendrá como una de sus funciones la de incautar y decomisar toda clase de armas, accesorios, municiones y ex-

Uso de la fuerza[83].
Aprehensión con fin judicial[84].

---

plosivos, cuando con estas se infrinjan las normas, y procederá a la toma de muestras, fijación a través de imágenes y la documentación de los mismos. Los elementos incautados serán destruidos, excepto cuando las armas o municiones sean elementos materiales probatorios dentro de un proceso penal. Una vez finalizado el proceso, estas armas serán devueltas a la Policía Nacional para que procedan de conformidad con el presente artículo. El personal uniformado de la Policía Nacional documentará en un acta el inventario de las armas o municiones incautadas, las razones de orden legal que fundamentan la incautación y entregará copia a la persona a quien se le incaute.

83 **Artículo 166. Uso de la fuerza.** Es el medio material, necesario, proporcional y racional, empleado por el personal uniformado de la Policía Nacional, como último recurso físico para proteger la vida e integridad física de las personas incluida la de ellos mismos, sin mandamiento previo y escrito, para prevenir, impedir o superar la amenaza o perturbación de la convivencia y la seguridad pública, de conformidad con la ley. El uso de la fuerza se podrá utilizar en los siguientes casos:
1. Para prevenir la inminente o actual comisión de comportamientos' contrarios a la convivencia, de conformidad con lo dispuesto en el régimen de policía y en otras normas.
2. Para hacer cumplir las medidas correctivas contempladas en este Código, las decisiones judiciales y obligaciones de ley, cuando exista oposición o resistencia.
3. Para defenderse o defender a otra persona de una violencia actual o inminente contra su integridad y la de sus bienes, o protegerla de peligro inminente y grave.
4. Para prevenir una emergencia o calamidad pública o evitar mayores peligros, daños o perjuicios, en caso de haber ocurrido la emergencia o calamidad pública.
5. Para hacer cumplir los medios inmateriales y materiales, cuando se presente oposición o resistencia, se apele a la amenaza, o a medios violentos.

84 **Artículo 168. Aprehensión con fin judicial.** El personal uniformado de la Policía Nacional, podrá aprehender a una persona en sitio público o abierto al público, o privado, cuando sea señalada de haber cometido infracción penal o sorprendida en flagrante delito o cuando un particular haya pedido auxilio o la haya aprehendido, siempre que el solicitante concurra conjuntamente al despacho del funcionario que deba recibir formalmente la denuncia.
El personal uniformado de la Policía Nacional la conducirá de inmediato a la autoridad judicial competente, a quien le informará las causas de la aprehensión, levantando un acta de dicha diligencia.

Apoyo urgente de los particulares[85].
Asistencia militar[86 87].

En términos generales, los medios utilizados por la Policía Nacional de Colombia son fundamentales para fortalecer la seguridad ciudadana en el país. La comunicación efectiva con la comunidad, la tecnología de vanguardia, las unidades especializadas y la formación constante de los agentes son pilares importantes para prevenir y combatir el delito. Sin embargo, es necesario continuar invirtiendo en estos medios y garantizar su óptimo funcionamiento para lograr una sociedad más segura y tranquila.

85 **Artículo 169. Apoyo urgente de los particulares.** En casos en que esté en riesgo inminente la vida e integridad de una persona, el personal uniformado de la Policía Nacional, podría solicitar y exigir el apoyo de los particulares a las funciones y actividades de policía y hacer uso inmediato de sus bienes para atender la necesidad requerida. las personas sólo podrán excusar su apoyo cuando su vida e integridad quede en inminente riesgo.

86 **Artículo 170. Asistencia militar.** Es el instrumento legal que puede aplicarse cuando hechos de grave alteración de la seguridad y la convivencia lo exijan, o ante riesgo o peligro inminente, o para afrontar emergencia o calamidad pública, a través del cual el Presidente de la República, podrá disponer, de forma temporal y excepcional de la asistencia de la fuerza militar. No obstante, los gobernadores y Alcaldes Municipales o Distritales podrán solicitar al Presidente de la República tal asistencia, quien evaluará la solicitud y tomará la decisión. La asistencia militar se regirá por los protocolos y normas especializadas sobre la materia y en coordinación con el comandante de policía de la jurisdicción.

87 Concepto tomado de Policía Nacional de Colombia (29 de julio de 2016) Código Nacional de Policía. Ley 1801. Bogotá. Disponible en Internet: <https://www.policia.gov.co/sites/default/files/ley-1801-codigo-nacional-policia-convivencia.pdf> y también en: <https://leyes.co/codigo_nacional_de_policia/149.htm>.

2.9. DOCTRINA POLICIAL

En relación con este aspecto se debe partir del concepto general que se maneja en la institución, porque esta se basa en tesis, teorías, estudios, conocimientos y conceptos oficialmente aceptados y en los cuales se fundamenta todo el quehacer institucional. Además, se relaciona con los alcances que la misma institución maneja en relación con el delito y la forma como opera para lograr su cometido.

De acuerdo con esto se debe entender la deontología del término como aquella que aborda el origen de lo que se quiere mencionar como policía, para luego establecer el concepto el cual, el cual se deriva de una serie de aspectos que además se incluyen en la misma ética policial y desde la cual se abordan diferentes particularidades como la prestación de un adecuado servicio, la integridad y las actitudes, todo lo cual se relaciona directamente con el reglamento disciplinario que rige su actuar policial y de acuerdo con las leyes del Estado. En ese sentido es posible retomar el origen del término de la siguiente manera:

> La palabra "policía" deriva del idioma francés y su uso data del siglo XVIII. De una manera indirecta deriva del latín "POLITEIA", que significa "ciencia de los fines y deberes del estado". Politeia era el conjunto de instituciones que integraban la ciudad e Igual significado tiene la voz latín "POLITIA", y del griego polis "ciudad", que significa ciudad, o ciudad-estado.
> De ahí deriva "Politeia" se nos presenta, ya desde el análisis de su etimología, como inseparablemente asociada a la idea de vida en sociedad, relacionada así con todo lo que se refiere a la política y su organización, define lo relativo a la constitución de la ciudad, el ordenamiento jurídico del Estado, conducta arreglada de los ciudadanos, gobierno, calidades cívicas del individuo[88].

En ese sentido el concepto de policía:

---

88 Curso Hero. Material de estudio y derechos humanos (s.f.) Disponible en Internet: <https://www.coursehero.com/file/199247419/MATERIAL-DE-ESTUDIO-Deontologia-y-ferechos-Humanospdf/>.

> Se refiere a un cuerpo que tiene como función velar o custodio por el mantenimiento del orden público y la seguridad de los ciudadanos a las órdenes de las autoridades políticas o estatales. El buen orden que se acecha y guarda en las repúblicas y ciudades, el cumplimiento de la ordenanza, precepto o ley establecida para su mejor gobierno[89].

A dicha idea también se debe agregar los cambios que la Policía Nacional de Colombia debe hacer y que ha involucrado en su proceso de modernización y transformación institucional, en donde se plantean una serie de retos para la misma institución con miras a enfrentar un nuevo escenario en el siglo XXI. En este sentido, y como lo menciona Julián Felipe Siabato en su documento *Doctrina policial*:

> En este proceso la palabra "modernización" tiene la singularidad de connotar no solo la aspiración de implementar modelos contemporáneos de policía occidental, sino que también, teniendo como trasfondo la fase de implementación de los acuerdos de paz alcanzados con la guerrilla de las FARC en 2016, hace una distinción implícita entre modo de guerra y modo de posguerra para la institución policial. Dicho modo de guerra referido fue especialmente marcado en los periodos de gobierno de Álvaro Uribe Vélez entre 2002 y 2010, configurando en los miembros de la institución maneras determinadas de ser y hacer, es decir de doctrina, que no está exenta de consecuencias indeseadas. Así planteado, el proceso de modernización que se adelanta es en esencia un cambio doctrinal[90].

A partir de lo anterior menciona el autor, en términos generales, que:

> En este proceso la palabra "modernización" tiene la singularidad de connotar no solo la aspiración de implementar modelos contempo-

---

89 *Ibidem*, p. 1.

90 SIABATO ORTÍZ, Juan Felipe. Doctrina Policial. Un reto más para la consolidación del proceso de paz. Departamento de sociología. Universidad Nacional de Colombia, 2018. Disponible en Internet: <https://www.humanas.unal.edu.co/2017/unidades-academicas/departamentos/sociologia/application/files/9415/3615/5584/Julian_Felipe_Siabato_Ortiz.pdf>.

ráneos de policía occidental, sino que también, teniendo como trasfondo la fase de implementación de los acuerdos de paz alcanzados con la guerrilla de las FARC en 2016, hace una distinción implícita entre modo de guerra y modo de posguerra para la institución policial. Dicho modo de guerra referido fue especialmente marcado en los periodos de gobierno de Álvaro Uribe Vélez entre 2002 y 2010, configurando en los miembros de la institución maneras determinadas de ser y hacer, es decir de doctrina, que no está exenta de consecuencias indeseadas. Así planteado, el proceso de modernización que se adelanta es en esencia un cambio doctrinal.

Si bien es cierto que el concepto de doctrina policial hace relación directa a la forma como opera dicha institución, lo cierto es que el tema abarca de forma mucho más profunda la construcción de una idea que se ha ido transformando con el tiempo, aunque no pierde su esencia y se encuentra directamente relacionada con el avance del delito y con la profundidad bajo la cual este ha sido investigado y analizado.

De igual forma, esta idea se relaciona con la manera en que la misma jurisprudencia del Estado también ha requerido una modernización en este punto, con miras a generar una nueva perspectiva que atienda a las dificultades y para que dé soluciones sobre las alternativas que se deben generar para mejorar la perspectiva sobre la comisión del delito o sobre la manera como se debe afrontar.

Tal como menciona Julián Felipe Siabato, la forma en que la doctrina policial debe ser abordada estaría determinada, como ya se ha mencionado por los diferentes aspectos, que la institución abarca, es decir, el aspecto social, el político, el económico y demás y de acuerdo con cada uno se va a generar una perspectiva diferente que se complementa para formar o generar dicha doctrina que es la cual o desde la cual la institución atiende sus diferentes requerimientos.

Se debe anotar igualmente que la doctrina institucional, si bien se adecua con las particularidades del delito, debe primar sobre lo que este puede hacer al policía, como tentarlo para pierda sus facultades de hacer el bien y procurar la justicia para todos los ciudadanos. De ahí que la ética del servidor público no debe estar en tela de juicio y por ende se debe adecuar con los principios que ya se han mencionado y relacionarse también con los objetivos y principios de la institución a la cual se pertenece.

En este punto se debe recordar, en palabras de María Stella Baracaldo Méndez, que para que la ética de la institución se cumpla y su personal la mantenga:

> Revisar y reajustar los parámetros de incorporación de personal para la institución policial en la que se aumenten o tengan en cuenta parámetros que le permita a los hombres y mujeres una mejor relación con las comunidades, entre ellos: habilidades comunicativas, motivación o interés por lo social, disposición ética para actuar como ciudadanos activos, etc.[91]

De igual forma, recuerda la autora que según la reforma de la Policía Nacional de Colombia en 1993 hay una distinción de la institución con relaciona a las otras fuerzas de seguridad del Estado colombiano, en donde se menciona:

> Cuerpo armado. La policía es un cuerpo armado que utiliza como medio para la protección del orden público el empleo de la fuerza. Su condición de cuerpo armado es compatible con su naturaleza civil. El mero uso de las armas no le imprime carácter militar y su naturaleza civil no es incompatible con el uso de las armas".
> **Naturaleza civil.** Un cuerpo civil es el que no tiene índole o condición militar, el que por sus fines, su actividad, por su organización y por su régimen difiere de los cuerpos constitutivos de las Fuerzas Militares.
> El carácter civil de la policía se hace patente en el hecho de que la obediencia no tiene el sentido ni el alcance rígido de la población militar.
> Su carácter civil no la priva de la capacidad jurídica para emplear la fuerza, para repeler en términos proporcionales toda violencia actual e inminente sobre los derechos de las personas.

---

91 BARACALDO MÉNDEZ, María Stella. Policía para el Estado social de derecho en Colombia: de ciudadanos a policías. Pontificia Universidad Javeriana. Facultad de Ciencia Políticas y Relaciones Internacionales. Maestría en Estudios Políticos. Bogotá, 2015. Disponible en Internet: <https://repository.javeriana.edu.co/bitstream/handle/10554/50453/Tesis%20Stella%20Baracaldo%20Me%CC%81ndez%20.pdf?sequence=9&isAllowed=y>.

> La índole civil de la policía no es incompatible con la sujeción de sus miembros a una disciplina exigente y rigurosa.
> **Cuerpo armado permanente de naturaleza civil.** La policía como cuerpo armado de naturaleza civil debe ser organizada, dirigida y controlada en forma tal que sus caracteres fundamentales, su condición armada y **su condición civil no se desvirtúen ni se alteren.** La policía no es un cuerpo de empleados oficiales similares a los que atienden la prestación de servicios públicos domiciliarios, pero tampoco la de ser considerada la cuarta de las Fuerzas Militares[92].

De esta manera, se debe considerar que hay aspectos variables dentro de la institución que obedecen a reformas, pero no se puede obviar o desmejorar la ética policial, dado que esta se debe mantener debido al carácter social que tiene la institución en relación con la ciudadanía y con los principios éticos que la rigen.

Para lo anterior basta recordar los principios básicos que se han mencionado arriba en la parte de políticas institucionales de la Policía Nacional de Colombia, en donde la misionalidad del servicio recuerda los principios básicos del ser policía y como debe primar su ética en este sentido. De igual forma, se agrega en este mismo apartado lo relacionado con la transparencia policial, dentro de la cual la ética juega un papel importante por la forma en que las acciones deben ser claras y ejecutarse de acuerdo con el principio del control y el mantenimiento de las condiciones generales para la ciudadanía, además del orden y la disciplina.

---

92 *Ibidem*, p. 11.

Capítulo 3.

Instrumentos de derecho internacional para los derechos humanos

Antes de abordar el tema del derecho internacional, se debe hacer hincapié en que la parte encargada de trabajar la defensa de los derechos humanos de forma general es la ONU y esta se abordó de forma extensa en sus disposiciones, tratados y acuerdos en el capítulo 1 de esta obra, aunque es posible realizar un análisis más detallado en los aparatados que comprenden este capítulo[1].

Ahora, para el tema de los instrumentos utilizados para la defensa de los derechos humanos se encuentra, primero, que quien los defiende es la Corte Interamericana de Derechos Humanos –CIDH–[2] y, segundo, que las disposiciones utilizadas por este organismo se basan en las disposiciones generales de la ONU, aun cuando estas se han transformado de acuerdo con determinados tipos de casos particulares o según los diferentes campos de acción sobre los cales ejecuta su trabajo.

Como documentos base se deben recordar los ya resumidos en la tabla 3, cuando se mencionó el tema general de los derechos humanos y las disposiciones que han sido emanadas por la ONU, pero a continuación se agregan los documentos que este organismo (CIDH) tiene como base para la protección de los derechos humanos en América y que abordan las diferentes temáticas principales en este sentido.

---

1 En dicho capítulo hay una serie de tablas, las cuales mencionan las principales disposiciones sobre el tema de Derechos Humanos y que han sido emanadas por la Organización de la Naciones Unidas –ONU–.

2 Para mayor claridad sobre el tema es posible considerar la página en internet: https://www.corteidh.or.cr/estatuto.cfm, la cual recopila la información en detalle sobre la Institución, regulaciones, reglamento y aspectos relacionados con casos y demás aspectos particulares.

A este tipo de documentos básicos e importantes, se agregan los emanados con posterioridad, adoptados por la CIDH en virtud de sus funciones y alcances, los cuales se resumen a continuación en la presente tabla:

Tabla 26. *Instrumentos del sistema de la CIDH*

Instrumentos del Sistema
Acta Final de la V Reunión de Cancilleres, 1959. En esta reunión se decidió la creación de la Comisión Interamericana de Derechos Humanos (CIDH)
Carta de la Organización de los Estados Americanos
Carta Democrática Interamericana
Carta Social de las Américas
Convenio de sede entre el Gobierno de Costa Rica y la Corte Interamericana de Derechos Humanos
Estatuto de la Comisión Interamericana de Derechos Humanos
Estatuto de la Corte Interamericana de Derechos Humanos
Reglamento de la Comisión Interamericana de Derechos Humanos
Reglamento de la Comisión Interamericana de Derechos Humanos sobre el Fondo de Asistencia Legal del Sistema Interamericano de Derechos Humanos
Reglamento de la Corte Interamericana de Derechos Humanos
Reglamento de la Corte Interamericana de Derechos Humanos sobre el Funcionamiento del Fondo de Asistencia Legal de Víctimas

Nota: La información se toma del documento: *Los principales documentos internacionales de derechos humanos y sus órganos de control,* emanado por Oficina del Alto Comisionado de la Naciones Unidas, que se encuentra en: https://www.ohchr.org/es/core-international-human-rights-instruments-and-their-monitoring-bodies.

Estos documentos no solo se enfocan en los documentos base ya referenciados de la ONU en esta materia, sino que se condensan a manera de reglamentos para que la misma CIDH pueda actuar y ejecutar acciones disciplinares cuando se violen los derechos humanos o se infrinjan las normas en los países miembros de alguna forma y estos hechos sean denunciados.

De otro lado, en los temas generales, la CIDH tiene, de acuerdo con diferentes temáticas, algunas disposiciones que se resumen en la siguiente tabla y dan claridad sobre el accionar de la institución y sobre las cuales es posible trabajar en algunas cuestiones particulares en el tema de Colombia.

Tabla 27. *Disposiciones de la CIDH sobre diferentes temas de Derechos Humanos en América*

Promoción y protección de los derechos humanos	Convención Americana sobre Derechos Humanos (Pacto de San José)
	Declaración Americana de los Derechos y Deberes del Hombre
	Declaración de Principios sobre Libertad de Expresión
	Protocolo Adicional a la Convención Americana sobre Derechos Humanos en Materia de Derechos Económicos, Sociales y Culturales "Protocolo de San Salvador"
Sobre la prevención de la discriminación	Convención Interamericana contra el Racismo, la Discriminación Racial y Formas Conexas de Intolerancia
	Convención Interamericana contra toda Forma de Discriminación e Intolerancia
Derechos de la mujer	Acuerdo entre la CIM y la Organización de los Estados Americanos
	Convención Interamericana para Prevenir, Sancionar y Erradicar la Violencia contra la Mujer "Convención de Belem do Pará"
	Convención Interamericana sobre la Concesión de los Derechos Civiles a la Mujer
	Convención Interamericana sobre la Concesión de los Derechos Políticos a la Mujer
	Convención sobre la Nacionalidad de la Mujer
	Estatuto de la Comisión Interamericana de Mujeres
	Reglamento de la Comisión Interamericana de Mujeres

Niños y niñas	Convención Interamericana sobre Conflictos de Leyes en materia de Adopción de Menores
	Convención Interamericana sobre Obligaciones Alimentarias
	Convención Interamericana sobre Restitución Internacional de Menores
	Convención Interamericana sobre Tráfico Internacional de Menores
Pueblos indígenas	Declaración Americana sobre los Derechos de los Pueblos Indígenas
Personas con discapacidad	Convención Interamericana para la Eliminación de todas las Formas de Discriminación contra las Personas con Discapacidad
Personas mayores	Convención Interamericana sobre la Protección de los Derechos Humanos de las Personas Mayores
Orientación sexual e identidad de género	Proyecto de Resolución "Derechos humanos, orientación sexual e identidad y expresión de género"
Sobre la administración de justicia	Convención Interamericana contra la Corrupción
	Convención Interamericana sobre Extradición
	Principios y Buenas Prácticas sobre la Protección de las Personas Privadas de Libertad en las Américas
	Protocolo a la Convención Americana sobre Derechos Humanos relativo a la Abolición de la Pena de Muerte
Empleo	Declaración de Mar del Plata
Tortura y desaparición	Convención Interamericana para Prevenir y Sancionar la Tortura
	Convención Interamericana sobre Desaparición Forzada de Personas

Nacionalidad, asilo, refugio y personas internamente desplazadas	Convención sobre Asilo Diplomático
	Convención sobre Asilo Político
	Convención sobre Asilo Territorial
	Declaración de Cartagena sobre Refugiados
	Declaración de San José sobre Refugiados y Personas Desplazadas
	Declaración de Tlatelolco sobre Acciones Prácticas en el Derecho de los Refugiados en América Latina y el Caribe
	Declaración y Plan de Acción de México para Fortalecer la Protección Internacional de los Refugiados en América Latina
	Derechos Humanos de los Migrantes, Estándares Internacionales y Directiva Europea sobre Retorno
	Desplazados Internos
	Prevención y Reducción de la Apatridia y Protección de las Personas Apátridas de las Américas
	Principios y Criterios para la Protección y Asistencia de los Refugiados, Repatriados, y Desplazados Internos Centroamericanos en América Latina
	Protección de los solicitantes de la condición de refugiados y de los refugiados en las Américas
	Protocolo Contra el Tráfico Ilícito de Migrantes por Tierra, Mar y Aire, que Complementa la Convención de las Naciones Unidas Contra la Delincuencia Organizada Transnacional
Uso de la fuerza y conflicto armado	Convención Interamericana contra el Terrorismo
	Convención para prevenir y sancionar los actos de terrorismo configurados en Delitos contra las Personas y la Extorsión Conexa cuando estos tengan trascendencia internacional

Nota: La información se toma del documento: *Los principales documentos internacionales de derechos humanos y sus órganos de control*, emanado por Oficina del Alto Comisionado de la Naciones Unidas, que se encuentra en: https://www.ohchr.org/es/core-international-human-rights-instruments-and-their-monitoring-bodies.

De acuerdo con esta tabla, es dable ver como las principales disposiciones que toma la CIDH en relación con los temas generales, se aplican directamente a algunas de las problemáticas del país y con diferentes países del mundo, de ahí que el mismo Estado colombiano ha realizado avances en la solución de ello y ha establecido su voz en algunos casos particulares, los cuales considera pertinentes y necesarios para su desenvolvimiento como país y para el progreso de su sociedad.

Ahora, para una mayor comprensión de la información que se establece en este sentido, es importante señalar que en materia de derechos humanos los instrumentos de derecho internacional se organizan en base a tres líneas específicas: acuerdos, tratados y protocolos. A continuación, se van a dar algunas consideraciones sobre cada uno y se analizan algunos lineamientos que se cumplen en el país en este sentido sobre la afiliación al tema de la protección de los derechos humanos.

3.1. ACUERDOS

Este concepto se enfoca, como su nombre lo indica, en que un Estado considera que las condiciones que existen en materia de derechos humanos a nivel internacional, emanadas por la ONU, la CIDH, o cualquier otro organismo mundial o regional, deben ser protegidas en el país y es posible crear organismos locales que actúen en este sentido. Así las cosas, el Estado acuerda con este organismo, cumplir las regulaciones y aceptar las condiciones que el primero le imponga y por ello firma la aceptación para luego proceder a crear regulaciones en esta materia, así como en otros temas, con el fin de proteger y cumplir lo que se considera como acertado en dicho pacto.

Para una mayor claridad, se debe considerar específicamente que el concepto se relaciona con las directivas que han sido adoptadas por un Estado, en este caso el colombiano, en virtud de su compromiso con la defensa, protección y salvaguarda de los derechos humanos.

En este sentido, en el tema de los derechos humanos, se ha realizado una sinopsis no solo de los principales acuerdos que ha tomado el país en el tema, sino en la relación que este tema tiene con aspectos como la salvaguarda de la seguridad de las personas, la garantía del trabajo y, en general, de muchos de los derechos fundamentales e inalienables de todo ser humano.

Basta recordar, en este sentido las tablas 3 a 6 del capítulo 1, en las cuales se consigna lo relacionado con instrumentos que regulan el tema de instrumentos internacionales adoptados por el país, los tratados ratificados por Colombia y, finalmente, los lineamientos que en materia laboral sigue el país a nivel internacional. Estos tratados permiten igualmente establecer los lineamientos generales de la jurisprudencia del país y opinar en diferentes materias y estructurar las disposiciones que en estos temas requiere el Estado.

Además, estos instrumentos citados permiten a la CIDH y demás organismos internacionales, actuar en virtud de la ratificación hecha por Colombia en diferentes aspectos y actuar sobre el tema de derechos fundamentales y la violación de estos cuando se presente dicha situación.

3.2. TRATADOS

En el tema de tratados se aborda desde el concepto mismo, el cual se relaciona con la idea del acuerdo que se realiza entre dos partes; de esta manera, el concepto se vincula a los acuerdos a los cuales han llegado los organismos internacionales (ONU, OEA, CIDH, etc.) con el país, en temas particulares o relacionados con uno de estos en particular, en este caso los derechos humanos y que se enfocan en el compromiso por la defensa, protección y salvaguarda de estos.

De igual forma, se establece que la adhesión de Colombia a lo estipulado por la ONU u otros organismos Internacionales, permite a estos, como por ejemplo a la CIDH, atender requerimientos del país en relación con la violación de los derechos humanos en diferentes temáticas (laboral, social, económico, etc.) de quienes habitan el país y que, en su momento, no han tenido una adecuada respuesta de la justicia colombiana, en particular de sus instituciones o no se ven representados en la jurisprudencia que maneja el Estado sobre el tema o en sus decisiones.

En este sentido, se encuentran una serie de acuerdos, los cuales buscan dar solución a las problemáticas sociales y aceptar las consecuencias de sus actos o de su inoperancia en algunas zonas del país. Al respecto, se debe recordar lo registrado en la tabla 2 de este documento, en el capítulo primero, en donde no solo se abordan situaciones de violencia en diferentes líneas (masacres, desapariciones o asesinatos), sino violaciones a los derechos fundamentales en el acceso al trabajo, la educación, entre otros aspectos vinculados con el tema de derechos fundamentales.

Esta tabla igualmente tiene la función de ejemplificar las diferentes situaciones que, en su momento, no han sido atendidas por el Estado y se han trabajado desde el ámbito internacional, para encontrar solución ante algunas inoperancias de los entes judiciales del país.

Sobre estos tratados se encuentra el anexo B, en el cual se especifican los principales pactos universales que ha suscrito el país a nivel interamericano y las principales disposiciones creadas para trabajar en el tema de protección de los derechos fundamentales y la declaración americana de los derechos y deberes del hombre.

También se destaca en este sentido el barrido histórico que se presenta allí, con la relación de las disposiciones más importantes, es decir el conjunto de leyes, decretos y demás disposiciones que se han creado para dar respuesta a la aceptación del país sobre la necesidad de ratificar estos tratados y la identificación de un criterio particular sobre la necesidad de defender los derechos humanos y luchas por ellos a nivel interno, en el país.

Al respecto, se puede agregar la siguiente tabla, en la cual se encuentran una serie de tratados importantes ratificados por el país, pero en donde aparecen una serie de organismos de control encargados de verificar el cumplimiento de estos, de ahí la importancia de mencionarlos y tener en consideración el tipo de mecanismos, porque de esta forma se observa los vínculos que las instituciones generales como la ONU y otras tienen sobre los países que los ratifican.

Tabla 28. *Instrumentos internacionales de derechos humanos ratificados por Colombia*

Órgano	Instrumentos Internacionales de DD. HH. ratificados por Colombia	Fecha	Órgano de supervisión
ICERD	Convención Internacional sobre la Eliminación de todas las Formas de Discriminación Racial	21-dic-65	CERD
ICCPR	Pacto Internacional de Derechos Civiles y Políticos	16-dic-66	CCPR
ICESCR	Comité de Derechos Humanos	16-dic-66	CESCR
CEDAW	Convención sobre la eliminación de todas las formas de discriminación contra la mujer	18-dic-79	CEDAW
CAT	Convención contra la Tortura y Otros Tratos o Penas Crueles, Inhumanos o Degradantes	10-dic-84	CAT
CRC	Convención sobre los Derechos del Niño	20-nov-89	CRC
ICMW	Convención internacional sobre la protección de los derechos de todos los trabajadores migratorios y de sus familiares	18-dic-90	CMW
PCED	Convención Internacional para la protección de todas las personas contra las desapariciones forzadas	20-dic-06	CED
CRPD	Convención sobre los derechos de las personas con discapacidad	13-dic-06	CRPD
ICESCR–OP	Protocolo Facultativo del Pacto Internacional de Derechos Económicos, Sociales y Culturales	10-dic-08	CESCR
ICCPR-OP1	Protocolo Facultativo del Pacto Internacional de Derechos Civiles y Políticos	16-dic-66	CCPR
ICCPR-OP2	Segundo Protocolo Facultativo del Pacto Internacional de Derechos Civiles y Políticos, destinado a abolir la pena de muerte	15-dic 89	CCPR
OP-CEDAW	Protocolo Facultativo de la Convención sobre la eliminación de todas las formas de discriminación contra la mujer	10-dic-99	CEDAW
OP-CRC-AC	Protocolo facultativo de la Convención sobre los Derechos del Niño relativo a la participación de niños en los conflictos armados	25-may-00	CRC

OP-CRC-SC	Protocolo facultativo de la Convención sobre los Derechos del Niño relativo a la venta de niños, la prostitución infantil y la utilización de niños en la pornografía	25-may-00	CRC
OP-CRC-IC	Protocolo Facultativo de la Convención sobre los Derechos del Niño relativo a un procedimiento de comunicación	19-dic-11	CRC
OP-CAT	Protocolo facultativo de la Convención contra la Tortura y Otros Tratos o Penas Crueles, Inhumanos o Degradantes	18-dic-02	SPT
OP-CRPD	Protocolo facultativo de la Convención sobre los derechos de las personas con discapacidad	12-dic-06	CRPD

Nota: La información se toma del documento: *Los principales documentos internacionales de derechos humanos y sus órganos de control*, emanado por Oficina del Alto Comisionado de la Naciones Unidas, que se encuentra en: https://www.ohchr.org/es/core-international-human-rights-instruments-and-their-monitoring-bodies.

Aquí se pueden visualizar no solo los diferentes instrumentos vigentes (tratados) y sobre los cuales se desarrollan disposiciones en el país, sino las fechas particulares de su ratificación por el país y los organismos de los cuales se han emanado estos y las subsidiarias que revisan el cumplimiento de estos en el país. A esto se suma la responsabilidad del país por mantenerlos vigentes a través del análisis y desarrollo de disposiciones relacionadas con su cumplimiento.

Existe una serie de tratados ratificados en el país, los cuales se encuentran en virtud del periodo de los años 60 hasta el 2012, periodo en el cual se tomó y relacionó cada uno de estos con las disposiciones que fueron desarrolladas por el Estado para cumplir específicamente en el tema particular de derechos humanos. Esto permite igualmente ver diferentes formas de organización de los temas y disposiciones desarrollados al respecto y la preocupación que existe para relacionar la información en virtud de estos temas particulares.

3.3. PROTOCOLOS

El concepto relacionado con los protocolos se puede entender como aparece en la Resolución Ministerial No. 0159 de 2019, la cual aborda el tema de los derechos humanos y define que dicho concepto desde el objetivo que se persigue con él y es el siguiente:

> El objetivo del Protocolo es establecer acciones, procedimientos y medidas de articulación que generen, a nivel nacional, un ambiente adecuado para que las personas defensoras de derechos humanos desempeñen sus actividades de promoción, protección y defensa de los derechos humanos[3].

En este sentido, el concepto se relaciona no solo con las disposiciones, sino con las pautas que, en término generales, se siguen para mantener la defensa de los derechos humanos en el país a través de todos los organismos del Estado, como, por ejemplo, la Policía Nacional de Colombia y las guías que en este ámbito se relacionan para que cada servidor público las tenga presente y propugne por el cumplimiento de este aspecto.

Esta imagen de visualización también se da en el desarrollo de sus planes y programas institucionales, los cuales se generan desde el Estado, pero se convierten en procesos de atención específicos en cada una de las instituciones que de él emanan a nivel nacional, regional, departamental y municipal.

Así las cosas, los temas que aparecen mencionados en los diferentes Pactos Universales e Interamericanos del anexo B de este documento y de los ratificados por Colombia en el anexo C, se convierten en guías que están vigentes en la actualidad y se siguen de forma idónea para la salvaguarda de la vida de las personas en cualquiera de las situaciones o casos que se investigue.

---

3 OBSERVATORIO DEL PRINCIPIO 10 PARA AMÉRICA LATINA Y EL CARIBE. Protocolo para garantizar la protección de personas defensoras de Derechos Humanos (Resolución Ministerial No. 0159 de 2019). Disponible en Internet: <https://observatoriop10.cepal.org/es/instrumento/protocolo-garantizar-la-proteccion-personas-defensoras-derechos-humanos-resolucion>

3.4. PROCESO PARA LA ADOPCIÓN DE LOS INSTRUMENTOS

La determinación del proceso que se debe adoptar por el país, para la adopción en el tema de derechos humanos, sigue una serie de parámetros particulares, los cuales se pueden ajustar a lo siguiente:

- Suscripción.
- Ratificación.
- Sanción.
- Cuerpos legislativos–ley.
- Tribunal Constitucional–Revisión de constitucionalidad.
- Incorporación al ordenamiento jurídico interno.

De acuerdo con ello, se van a abordar los conceptos relacionados de estos términos en cada caso, para tener una mayor profundidad sobre el tema y para ver la relación que los mismos tiene sobre el tema particular de los derechos humanos.

3.4.1. Suscripción

Desde el punto de vista del concepto directo, la suscripción se debe entender como el acto de sumarse a algo, adoptando las directrices que se le imponen o las normas que el otro le disponga para que pueda sumarse.

Es de anotar que, bajo los preceptos del derecho internacional público, el proceso de suscripción está reservado solo para los jefes de Estado, pues son los legitimados para el manejo de las relaciones internacionales de cada Estado[4]; sin embargo, esta función

---

4 Recuérdese que el jefe de Estado y el jefe de Gobierno, a la luz del derecho internacional tienen funciones diferentes; así el primero encargado de las rela-

puede ser delegada en un ministro o embajador plenipotenciario, el cual podrá suscribir el instrumento internacional y así obligar al país que representa.

Al respecto y desde el campo de los derechos humanos es clave entender entonces que desde el 5 de noviembre de 1945 Colombia se ha sumado a las Naciones Unidas y se le considera miembro fundador de dicho organismo, por lo cual el Estado hace un aporte de carca de 7,8 millones de dólares a la institución siendo el sexto en la región que más aporta y a cambio de ello el país recibe apoyo en diferentes áreas como, por ejemplo, el campo social, político y económico.

En este proceso las directivas de las instituciones estatales como la Policía Nacional de Colombia se encaminan a la protección de los acuerdos suscritos por el Estado en materia de derechos humanos, para ello baste con observar las reformas graduales y que se realizan en este sentido por cuenta de los gobiernos que llegan en cada periodo y por las necesidades que la misma institución manifiesta, se incluyen para adaptarse a los nuevos requerimientos sociales.

3.4.2. Ratificación

El término ratificación lleva a entender que se confirma la validez o veracidad de algo que se ha expresado con anterioridad y en un determinado tema. En este punto se puede apreciar, no solo en las tablas que abordan los aspectos mencionados en materia de derechos humanos, sino lo ya mencionado en este documento y que hacen referencia a este punto en particular y sobre el cual se ha identificado el país cuando hace referencia al tema.

---

ciones internacionales y el segundo del gobierno, de la administración pública del territorio. También es de destacar que estas funciones pueden recaer en una sola persona, como, por ejemplo, el presidente de la república o en dos, dependiendo el modelo de Estado y la organización política del mismo.

En este punto, es dable aceptar que la protección de los derechos humanos es uno de los principios fundamentales del Estado y que la vinculación de Colombia a los protocolos que auspician la protección de sus ciudadanos no tiene discusión, sino que, por el contrario, debe ajustarse en esta materia para que a través de la Constitución Política y de las disposiciones desarrolladas en este sentido, se proteja y mejore la seguridad de los ciudadanos en todo el territorio nacional. La tarea de ratificación recae en la mayoría de los Estados democráticos en los parlamentos, algunos de los cuales son unicamerales o bicamerales, lo cual depende del modelo político de cada Estado.

3.4.3. Cuerpos legislativos–ley

Este punto hace referencia a las diferentes disposiciones que han sido estudiadas por el órgano legislativo o la entidad estatal y sobre la cual establece políticas jurisprudenciales (leyes, decretos, ordenanzas, etc.) para defender los derechos de los ciudadanos o regular los procesos sociales que en un determinado punto se deben mediar o deben ser ajustadas a los parámetros internacionales.

En este punto, se encuentran los procesos relacionados con las violaciones a los derechos de los seres humanos o a los ajustes que se deben hacer para que todos gocen de la igualdad en el territorio, para que se amparen sus derechos en base a lo establecido internacional y nacionalmente.

En este sentido, los documentos y anexos ya referidos son muestra no solo de las adiciones que el Estado colombiano ha realizado sobre el tema, en defensa del tema de los derechos humanos, sino en la necesidad de regular para que haya equidad en todo sentido y para administrar justicia cuando se requiera, en igualdad de condiciones y para que haya una clara justicia en relación con la defensa de todos los derechos fundamentales.

Se destaca que una vez sale a la vida jurídica la ley que ratifica el instrumento internacional de DD. HH., esta debe ser sancionada por el respectivo encargado, ya sea el jefe de Estado o el jefe de Gobierno, dando así plena legalidad y legitimidad a esta.

3.4.4. Tribunal Constitucional–Revisión de constitucionalidad

Al hacer referencia al Tribunal constitucional, en primera medida, se debe entender que este organismo internacional está encargado de determinar los aspectos más importantes de la jurisprudencia y aplicarlos de forma correcta en los casos que se le presenten. Para el caso de Colombia el organismo se relaciona directamente con la Corte Constitucional, quien es la encargada de verificar y tomar una decisión sobre un caso o un aspecto particular de derecho, pero utilizando siempre las disposiciones que el mismo Estado ha adoptado o ha desarrollado para ello.

En este punto es dable entender que para que un caso llegue a este nivel es porque se considera que se debe revisar no solo las disposiciones generales creadas para su regulación o porque se han detectado fallas no solo en estas sino en la interpretación de la jurisprudencia y, al respecto, las decisiones no se corresponden con lo esperado.

Esto último corresponde a la revisión y se basa no solo en la jurisprudencia que ha sido adoptada por el país sino a los casos similares sobre los cuales ha fallado el país o la jurisprudencia internacional. En relación con los alcances de la Corte Constitucional, para el caso de Colombia, se debe entender que esta se define como:

> La Corte Constitucional es una institución de la Rama Judicial del Poder Público creada mediante la adopción de la Constitución de 1991 con el fin de guardar la integridad y supremacía de la Carta Política. La Corte está integrada por nueve magistrados, nombrados por el Senado de la República para períodos individuales de ocho años de ternas enviadas por el Presidente de la República, la Corte Suprema de Justicia y el Consejo de Estado. La Corte Constitucional fue instalada el 17 de febrero de 1992 por el entonces presidente César Gaviria Trujillo[5].

---

5 Corte Constitucional Colombia. La Corte. Bogotá. 2023. Disponible en Internet: <https://www.corteconstitucional.gov.co/lacorte/>.

Se agrega que, de acuerdo con el artículo 241 de la Constitución Política, esta institución tiene diferentes funciones en donde aparecen tres verbos rectores importantes: decidir revisar y modificar temas relacionados con la jurisprudencia o las demandas que en determinados temas sean instauradas al Estado colombiano y sobre el cual se pida revisión por los ciudadanos que, a su juicio, no estén de acuerdo con el ordenamiento general y los fallos de las regulaciones del Estado y consideren que su análisis debe estar más allá de lo fallado nacionalmente y abarca el ámbito internacional[6].

---

[6] Dentro de las funciones que este organismo tiene se encuentran las siguientes:
1. Decidir sobre las demandas de inconstitucionalidad que promuevan los ciudadanos contra los actos reformatorios de la Constitución, cualquiera que sea su origen, sólo por vicios de procedimiento en su formación.
2. Decidir, con anterioridad al pronunciamiento popular, sobre la constitucionalidad de la convocatoria a un referendo o a una Asamblea Constituyente para reformar la Constitución, sólo por vicios de procedimiento en su formación.
3. Decidir sobre la constitucionalidad de los referendos sobre leyes y de las consultas populares y plebiscitos del orden nacional. Estos últimos sólo por vicios de procedimiento en su convocatoria y realización.
4. Decidir sobre las demandas de inconstitucionalidad que presenten los ciudadanos contra las leyes, tanto por su contenido material como por vicios de procedimiento en su formación.
5. Decidir sobre las demandas de inconstitucionalidad que presenten los ciudadanos contra los decretos con fuerza de ley dictados por el Gobierno con fundamento en los artículos 150 numeral 10 y 341 de la Constitución, por su contenido material o por vicios de procedimiento en su formación.
6. Decidir sobre las excusas de que trata el artículo 137 de la Constitución.
7. Decidir definitivamente sobre la constitucionalidad de los decretos legislativos que dicte el Gobierno con fundamento en los artículos 212, 213 y 215 de la Constitución.
8. Decidir definitivamente sobre la constitucionalidad de los proyectos de ley que hayan sido objetados por el Gobierno como inconstitucionales, y de los proyectos de leyes estatutarias, tanto por su contenido material como por vicios de procedimiento en su formación.
9. Revisar, en la forma que determine la ley, las decisiones judiciales relacionadas con la acción de tutela de los derechos constitucionales.

Por este motivo quienes integran la corte son magistrados cuya funcionalidad se basa no solamente en lo regulado por la Constitución Política de Colombia, sino en disposiciones que con posterioridad han venido abordando diferentes aspectos para mejorar el funcionamiento de dicha institución[7].

---

10. Decidir definitivamente sobre la exequibilidad de los tratados internacionales y de las leyes que los aprueben. Con tal fin, el Gobierno los remitirá a la Corte, dentro de los seis días siguientes a la sanción de la ley. Cualquier ciudadano podrá intervenir para defender o impugnar su constitucionalidad. Si la Corte los declara constitucionales, el Gobierno podrá efectuar el canje de notas; en caso contrario no serán ratificados. Cuando una o varias normas de un tratado multilateral sean declaradas inexequibles por la Corte Constitucional, el Presidente de la República sólo podrá manifestar el consentimiento formulando la correspondiente reserva.
11. Modificado. Acto Legislativo 2/2015, art. 14. Dirimir los conflictos de competencia que ocurran entre las distintas jurisdicciones.
12. Adicionado. Acto Legislativo 2/2015, art. 14. Darse su propio reglamento.
La información consultada en este sentido fue tomada de: Corte Constitucional Colombia. La Corte. Bogotá. 2023. Disponible en Internet: <https://www.corteconstitucional.gov.co/lacorte/>.

7 Algunas de las disposiciones utilizadas por la Corte como soporte jurídico se encuentran en: Corte Constitucional Colombia. La Corte. Bogotá. 2023. Disponible en Internet: <https://www.corteconstitucional.gov.co/lacorte/>. Las regulaciones más importantes que sirven de base a la Corte Constitucional son: Constitución Política de Colombia; Ley 270 de 1996 Estatutaria de la Administración de Justicia, artículos 43 a 49; Decreto 2591 de 1991, por el cual se reglamenta la acción de tutela consagrada en el artículo 86 de la Constitución Política; Decreto 2067 de 1991, por el cual se dicta el régimen procedimental de los juicios y actuaciones que deban surtirse ante la Corte Constitucional; Acto Legislativo 01 de 2017. Por medio del cual se crea un título de disposiciones transitorias de la Constitución para la terminación del conflicto armado y la construcción de una paz estable y duradera y se dictan otras disposiciones; Acto Legislativo 02 de 2015. Por medio del cual se adopta una reforma de equilibrio de poderes y reajuste institucional y se dictan otras disposiciones. Acuerdo 01 de 2017 Reglamento Interno del Comité de Quejas y reclamos; Acuerdo 02 de 2015. Reglamento de la Corte (unificado y actualizado).

3.4.5. Incorporación al ordenamiento jurídico interno

Todo lo relacionado en este apartado sobre el tema de derechos humanos tiene una vinculación directa con el ordenamiento jurídico internacional y las disposiciones que en este ámbito se han creado.

Por esta razón, el Estado colombiano ha adoptado no solo dichas disposiciones, sino que se ha ratificado en diferentes momentos sobre la necesidad de adoptar políticas particulares sobre temas relacionados en relación con la protección de derechos humanos, en cualquiera de los temas que ya se han citado en los anexos o en las tablas que abordan lo mencionado al respecto en el primer capítulo de este documento.

A esto se agrega la adopción y por ende el estudio que la jurisprudencia realiza sobre el tema y al "legislar" determina los criterios sobre los cuales se defienden o condenan los diferentes actos de las personas.

3.5. OBLIGACIONES DEL ESTADO RESPECTO A LOS INSTRUMENTOS DE DD. HH. (GARANTÍA= PREVENIR, INVESTIGAR Y SANCIONAR, REPARAR)

Inicialmente se debe mencionar que la adhesión de Colombia a la ONU, así como a otros organismos internacionales que defienden los derechos humanos se convierte en el primer paso para comprender que el Estado se preocupa por salvaguardar la integridad de sus ciudadanos y garantizar su existencia.

En este punto, no solo la adhesión sino la creación de disposiciones en esta materia y en los diferentes ámbitos que le competen, permite entender que el estado se ha comprometido y se preocupa, no solo desde su cabeza, sino en general desde todas las instituciones que lo componen, y desde la diversidad de campos en relación con las tres ramas del poder público colombiano: ejecutivo, legislativo y judicial.

Es decir, que el Estado plantea garantías para quienes integran el territorio colombiano a partir de la prevención, investigación y sanción del delito y de la reparación de las víctimas. Si es desde el ámbito legislativo con la creación de disposiciones que así lo promuevan; si es desde lo ejecutivo, con la ejecución de planes, proyecto y programas que aborden el tema de mejoramiento de la calidad de sus ciudadanos y de la prevención del delito y, si es desde el ejecutivo, con la aplicación de dichas regulaciones en los casos que se relacionen con la violación de las normas y que generen abuso o maltrato, además de lesiones a otro ciudadano.

A nivel internacional, la supervisión de las actuaciones del país está reguladas por la Corte Interamericana de Derechos Humanos, quien es la encargada de fiscalizar la presencia de unos principios de universalidad, interdependencia, indivisibilidad y progresividad de los derechos fundamentales, incluso consagrados por la ONU. De ahí la relación que existe en afirmar que el Estado, es el encargado de prevenir, investigar, sancionar y reparar las violaciones a los derechos humanos en los términos que establezca la ley.

A su vez, la Corte Constitucional de Colombia en su Sentencia C-579 de 2013 hace referencia a los antecedentes que dicha norma ha establecido y que desde la Convención Interamericana se hace referencia cuando dice:

> El artículo 1.1 de la Convención Americana consagra el deber de los Estados Parte de respetar y garantizar el libre y pleno ejercicio de los derechos humanos, destacando que la Corte Interamericana de Derechos Humanos (en adelante Corte IDH) ha señalado que esta norma "implica el deber de los Estados Partes de organizar todo el aparato gubernamental y, en general, todas las estructuras a través de las cuales se manifiesta el ejercicio del poder público, de manera tal que sean capaces de asegurar jurídicamente el libre y pleno ejercicio de los derechos humanos. Como consecuencia de esta obligación los Estados deben prevenir, investigar y sancionar toda violación de los derechos reconocidos por la Convención y procurar, además, el restablecimiento, si es posible, del derecho

> conculcado y, en su caso, la reparación de los daños producidos por la violación de los derechos humanos"[8].

Dicho artículo fue incluso mencionado históricamente por la Corte IDH, al tomar como base el caso de **Velásquez Rodríguez contra Honduras (1988).** Y en la actualidad este artículo se evoca en los documentos emanados por la Corte al hacer referencia al tema de violaciones de los derechos humanos y a la salvaguarda de los mismos.

Hoy se hace referencia a la obligación que existe acerca de la defensa de los derechos humanos, la cual ha sido establecida en virtud de la revisión específica de los casos vinculados a violaciones y ejecuciones que se han realizado dentro del conflicto armado colombiano, muchos de los cuales siguen en estudio y análisis para determinar los responsables de los mismos.

En este punto es dable entender que la Policía Nacional de Colombia, como órgano regulador de los comportamientos sociales que atenten contra la seguridad de las personas, se encuentra vinculado en este sentido a las disposiciones que ha creado en Estado en esta materia y dicha institución salvaguarda dichos principios desde su seno y los instruye a quienes se adhieren a ella.

Sin embargo, al interior de esta Institución se han desarrollado algunas investigaciones sobre casos particulares por algunas violaciones al derecho internacional humanitario, que han sido investigadas por la Corte Suprema de Justicia y la CIDH y han fallado en su determinado momento a favor de los demandantes.

De todas formas, se debe anotar que esta es una situación que se aleja de la realidad normal del desarrollo de las actividades de la institución y de ninguna manera representa el total de la ejecución de las actividades desempeñadas por esta o de las directrices emanadas por el Estado.

---

8 CORTE CONSTITUCIONAL DE COLOMBIA. Sentencia C-579 de 2013. Disponible en Internet: <https://www.corteconstitucional.gov.co/relatoria/2013/C-579-13.htm>.

Por el contrario, en este sentido, se debe anotar que muchas de las actividades se vinculan más a la protección de la ciudadanía y la salvaguarda de sus derechos fundamentales como ya se ha mencionado en apartados anteriores, propendiendo por el bienestar y la seguridad de las comunidades y la salvaguarda de su seguridad ante el acoso de la violencia representada en actores delincuenciales y grupos armados al margen de la ley que pretenden alterar el orden en diferentes partes del territorio colombiano.

Esto se visualiza en las noticias que se reciben a diario y en los referentes mencionados de las publicaciones de la Policía Nacional, las cuales hablan de logros y objetivos cumplidos de dicha institución. A ello se agrega la forma en que se ha cambiado la perspectiva de la Institución para adaptarse a través de nuevas formas de socialización con la comunidad sobre los cambios que tiene dicha entidad para mejorar el proceso de escucha y atención a las necesidades de los habitantes con relación al delito, así como a las diferentes variantes de este que los aquejan.

A ello se suma la necesidad de garantizar que este eslabón funcione adecuadamente en relación con el actuar contra el delito y en su prevención, para que quien actúa sobre la condena de las acciones pueda garantizar condenas adecuadas y que reparen, por lo menos desde la justicia, a las víctimas.

Capítulo 4.

Los cuerpos de Policía y el Estado

Al hacer referencia al tema en mención, se debe partir de dos nociones o conceptos básicos, primero lo que se entiende por Estado y segundo el concepto de cuerpos de Policía. Luego de analizar estos conceptos será posible establecer algunos aspectos generales de la relación que existe entre uno y otro y la forma como el Estado concibe a esta Institución, la utilidad que le presta y los alcances que tiene como salvaguarda de la integridad del mismo Estado y de sus ciudadanos.

Luego de visualizar estos conceptos se establecerá una relación directa entre las funciones particulares de los cuerpos de policía y el tema de derechos humanos. Aquí se hará una relación directa de lo que dicha institución propugna y mantiene en sus aspectos generales, así como en su reglamento interno y cómo se vincula esto con el tema de los derechos humanos, además de la relación que existe con la jurisprudencia vigente y que se puede apreciar con la Constitución Política de Colombia y las demás leyes reconocidas en el país y que protegen a los ciudadanos.

En segundo lugar, el capítulo abordará los modelos de intervención policial y sus implicaciones en los derechos humanos y en este punto se hará un breve análisis de los más representativos, haciendo hincapié en los más comunes y de mayor ejecución en Colombia.

A partir de esta idea final se enlazará el tema con la idea final que habla de las violaciones a los derechos humanos, en donde se trabajará directamente todo lo emanado por la CIDH y demás organismos internacionales como la ONU y las diferentes situaciones que, ha afrontado Colombia en este sentido, las sanciones que ha recibido, sus respuesta, para llegar finalmente a ver las implicaciones que la Policía Nacional de Colombia ha podido tener en algunas de estas.

4.1. LOS CONCEPTOS

Para comprender a cabalidad la idea que se proyecta en este capítulo, es necesario definir algunos conceptos claves, los cuales no solo se relacionan con la idea de Estado y cuerpo de policía, sino con otros conceptos adicionales como fuerza pública, orden público y delito. Estos conceptos servirán de marco a la concepción general que se espera abordar. En primer lugar, para el concepto de Estado se puede tomar la idea inicial que plantea Acosta Romero, quien refiere:

> Desde la más remota antigüedad se ha reconocido al hombre agrupado, actuando aún frente a la naturaleza, por medio de los grupos más primitivos, en los cuales, necesariamente hubo cierta organización y ciertos principios de orden. Seguido la historia recoge las primeras formaciones sociales permanentes, en Egipto, cerca del año 6000 antes de Cristo; y es a partir de entonces, cuando se reconoce como polis, ciudad, imperio, República, a la agrupación humana asentada en un territorio con un cierto orden y una determinada actividad y fines[1].

De esta manera, el concepto general se relaciona directamente con la organización de un determinado grupo de seres humanos, amparados bajo un territorio y cuya identidad similar e intereses comunes los unen. Ahora, desde lo jurídico, el mismo autor menciona: "(...) El Estado es una persona jurídica formada por una comunidad política, asentada en un territorio determinado y organizada soberanamente en un gobierno propio con decisión y acción"[2].

En este sentido, y siguiendo las palabras del autor, el Estado entonces se concibe como aquel que mantiene un orden, asegura la convivencia de quienes lo integran, establece medios para su desarrollo a nivel social, cultural, económico, político, moral y

---

1 ACOSTA ROMERO, Miguel. Teoría general del derecho administrativo. España: Ed. Porrúa, 1981, p. 35. Disponible en Internet: <https://archivos.juridicas.unam.mx/www/bjv/libros/3/1461/5.pdf>.

2 *Ibidem*, p. 46.

social; auspicia el bienestar de quienes lo integran y se preocupa por la solidaridad social.

Esta construcción se enfoca en los fines que persigue el Estado y que para el caso son sociales y colectivos, de ahí que su preocupación última son sus integrantes, la sociedad. En materia de derechos humanos, el Estado debe garantizar la salvaguarda de los derechos humanos de los ciudadanos que lo integran y debe generar condiciones adecuadas para protegerlos mediante la creación de condiciones adecuadas para su desarrollo y desenvolvimiento.

En este proceso, el Estado trabaja en la visualización de dichas particularidades, las cuales tienen que ver con la seguridad y el manejo de estas situaciones para todas las comunidades, en aras de que nadie violente la seguridad del otro o vulnere los derechos humanos y la integridad propia a cada ciudadano.

Una de las formas que ha encontrado el Estado para salvaguardar la integridad de sus ciudadanos es la creación de órganos de control social y represión (entendiendo el concepto como prevención del delito). Así, quienes trabajan en este tipo de instituciones del Estado se preocupan por la custodia total de los habitantes y por la prevención de las situaciones que vayan en contra de lo ordenado en la jurisprudencia y que socialmente se conoce como delito.

Para lograr este cometido, el Estado se enfoca no solo en las obligaciones que le son propias y que de acuerdo con la Defensoría del Pueblo se resumen en lo siguiente:

- Respetar los Derechos Humanos.
- Garantizar los derechos humanos.
- Garantizar el pleno y libre ejercicio de los derechos y las libertades reconocidos sin discriminación alguna.
- Prevenir las violaciones de los derechos humanos.
- Investigar y sancionar las violaciones de los derechos humanos.
- Estudiar e impartir justicia cuando las violaciones de los derechos humanos ocurren por falta a los deberes del Estado.

- La obstaculización a la labor de la justicia.[3]

Sino que, para lograrlo, delega en instrumentos de control creados por este, para que actúen bajo su orden en la prevención y atención de las situaciones de emergencia. Ahora, reiterando lo dicho, los términos represión y control se encuentran asociados a la disuasión y prohibición porque estos conceptos se relacionan directamente con algunas de las acciones de la Policía Nacional de Colombia, cuya similitud es la misma que desempeñan dichos cuerpos policiales a nivel mundial.

A la vez, se debe considerar que fuera de la Policía Nacional de Colombia, está el ejército o FF. MM. y los dos son los órganos creados para disuadir el delito, además de ejecutar labores similares, sus campos de acción son diferentes, porque el ejercito combate el delito directamente mientras la policía ejecuta labores de vigilancia y de acción para atrapar al delincuente o prevenir el delito.

En ambos casos, la parte condenatoria del proceso que desarrollan las instituciones corresponde a los organismos que administran justicia, quienes la aplican de acuerdo con las disposiciones creadas por el Estado y sus organismos legislativos. Para entender la finalidad de la Policía Nacional de Colombia y la relación que existe con el Estado, se debe entonces abordar lo que se entiende por este y que desde la Real Academia Española se define así:

> La policía es una fuerza de seguridad encargada de mantener el orden público y la seguridad de los ciudadanos mediante el uso de distintas herramientas cívicas y sociales, entre las cuales, el uso de la fuerza sería la última herramienta llevada a cabo para establecer

---

3 Aspectos generales tomados del documento: DEFENSORÍA DEL PUEBLO. Conceptos básicos en derechos humanos y obligaciones de los Estados. Bogotá, 2022. Disponible en Internet: <https://www.defensoria.gov.co/documents/20123/1647651/glosario_PyD_V9_250722.pdf/5cc87729-560df530-6948-ba3644faed08?t=1660750985295>.

> el orden público. La fuerza policial se encuentra sometida a las órdenes del Estado[4].

En este sentido, y de acuerdo con la Ley 1996 de 2019, en Colombia:

> El concepto de Policía hace referencia, en general, a las funciones del Estado relacionadas con la convivencia y la preservación del orden público. Estas incluyen actividades tan diversas como la expedición de normas, la imposición de comparendos, la resolución de conflictos y las labores de vigilancia de la Policía Nacional[5].

Ahora, la analogía que esta fuerza tiene con el Estado parte de la idea que sobre el tema se genera de seguridad pública, la cual se direcciona según Edgar Baltazar quien menciona al respecto:

> La idea de seguridad pública, en la práctica política, requiere de un gobierno que gestione el crimen. Así se presentan pactos entre actores políticos, instituciones policiales y grupos criminales. Marcelo Saín (2015, p. 23), para el caso argentino (pero muy probablemente ilustrativo de otros estados latinoamericanos), reconoce por ejemplo dos tipos de pactos: uno político-policial, donde los gobiernos delegan en las agencias policiales la gestión de la seguridad; y otro policial-criminal, donde la policía pacta con grupos criminales qué tantos delitos permitir y cómo beneficiarse mutuamente de emprendimientos ilegales. El núcleo de la seguridad pública es la gestión del delito y el control social, con mayor o menor intervención de las autoridades políticas, pero siempre con la participación de la policía como institución estatal preponderante en las funciones de gobierno de la población y el territorio[6].

---

4 REAL ACADEMIA ESPAÑOLA. Concepto Policía. En: *Diccionario de la lengua española* (23.ª edición). Disponible en Internet: <https://www.rae.es/drae2001/polic%C3%ADa>.

5 MINISTERIO DE JUSTICIA. Ley 1996 de 2019. Disponible en Internet: >https://www.minjusticia.gov.co/programas-co/conexion-justicia/Documents/Infografias/InfografiaInspectores/Policia%20poder,%20funcio%CC%81n%20y%20actividad.pdf>.

6 BALTAZAR, Edgar. Apuntes sobre la relación Estado-Policía. En: Cuadernos Inter.c.a.mbio sobre Centroamérica y el Caribe. 2020. Vol. 17,

En este sentido, es dable afirmar que no solo es importante la idea del Estado sobre la creación de una institución sino la preocupación de este sobre el crimen y la manera en que se debe manejar en el territorio, bajo la idea de control, pero en especial como un punto de inflexión donde predomine la idea de seguridad para los ciudadanos. De igual forma, anota el autor que:

> El Estado sigue siendo un elemento imprescindible para el manejo político del orden capitalista. Siguiendo a Zygmumt Bauman, aún en tiempos de globalización donde los Estados se reconfiguran, siguen sirviendo como "una estación de policía local, capaz de asegurar el mínimo de orden necesario para los negocios, pero sin despertar temores de que pueda limitar la libertad de las compañías globales" (2010, p. 92). Ese Estado que aún existe y es importante, ha sido estudiado desde diferentes perspectivas teóricas. Aquí se recupera una de ellas: el marxismo heterodoxo que concibe al Estado como relación de fuerzas[7].

Según esta idea, el Estado es el encargado de asegurar el orden en el territorio, no solo para el buen desarrollo de la comunidad, sino para que los negocios prosperen y, a su vez, para que la libertad en diferentes puntos alcance su máxima expresión, de ahí que se puede retomar el concepto de relación de fuerzas mencionado en este sentido por Baltasar.

De acuerdo con la jurisprudencia sobre el tema y según el Consejo de Estado, la policía tiene un poder que ha sido emanado por el Estado y de acuerdo con las diferentes disposiciones, se encuentra determinado por la regulación de la conducta ciudadana para permitir el adecuado disfrute del territorio.

En este sentido, como ente de control, la policía no puede generar acciones indebidas en contra de la ciudadanía o que limiten sus acciones, afectando sus derechos fundamentales consagrados

---

no. 1, pp. 1-30. Disponible en Internet: <https://www.redalyc.org/journal/4769/476960345011/html/>.

7 *Ibidem.*

en la Constitución Política de Colombia, excepto cuando estas contravengan la jurisprudencia del Estado o las normas socialmente aceptadas.

Como se observa en el capítulo segundo, al hacer referencia a la división de la institución está no solamente se encuentra reglamentada para ejercer diferentes funciones, sino que participa en el desarrollo social y contribuye con las comunidades a generar acciones que le permitan mejorar la calidad de vida de sus habitantes en pro del buen logro y el desarrollo de sus habitantes.

Otro de los conceptos que se debe relacionar en este punto es el de fuerza pública, que, de acuerdo con el Diccionario Panhispánico del español jurídico, tiene las siguientes acepciones:

> Cuerpo armado, permanente y de naturaleza civil encargado de la seguridad y el ejercicio de los derechos y libertades de los habitantes. "Conjunto de instituciones mediante las cuales el Estado ejerce el monopolio de la fuerza y la coacción, a fin de garantizar los derechos y libertades, así como la vigencia de la Constitución y la ley"[8].

Para mayor claridad en este punto, el Ministerio de Defensa Nacional realiza una clara distinción entre lo que se entiende por este concepto y hace algunas aclaraciones en este sentido sobre las diferentes fuerzas que se encuentran en Colombia y la funcionalidad de cada una de ellas:

> El Ejército Nacional, la Armada y la Fuerza Aérea, constituyen las Fuerzas Militares. Si se adhiere la Policía Nacional a este grupo, se constituye la Fuerza Pública o lo que antiguamente se denominaba como las Fuerzas Armadas, adscritas al Ministerio de Defensa.
> La diferencia entre las Fuerzas Militares y la Policía, radica en la esencia militar de las primeras —Ejército, Armada, Fuerza Aérea—, y la categoría de cuerpo civil armado de la segunda.
> Por Constitución las Fuerzas Militares tienen la responsabilidad de garantizar la soberanía nacional y la integridad territorial en tanto

8 DICCIONARIO PANHISPÁNICO DEL ESPAÑOL JURÍDICO. Fuerza pública. España, 2023. Disponible en Internet: <https://dpej.rae.es/lema/fuerza-p%C3%BAblica>.

que la Policía Nacional debe responder por el control del orden interno[9].

A lo anterior se suma el término orden público, el cual se define en palabras de Montalvo Abiol de la siguiente manera:

> Podríamos proceder formalmente a definir el Orden Público como aquella situación y estado de legalidad normal en que las autoridades ejercen las atribuciones que les son dadas y los ciudadanos las respetan y obedecen sin oponer resistencia alguna. En este sentido, el respeto a los derechos fundamentales y libertades públicas constituye el componente esencial del Orden Público. No es desde luego descabellado concebirlo como el primer derecho social, necesario y previo para el desarrollo del resto y de todos los derechos y libertades en general. Se trata de una definición intuitiva, ya que, en cualquier caso, nuestra Constitución no hace desde luego mención tan clara en su articulado, y por otro lado su máximo intérprete tampoco nos ha brindado una vía sencilla para enfrentarnos con objetividad a esta fi gura, lo que ha puesto de manifiesto la doctrina en repetidas ocasiones. El contenido del Orden Público se concreta en el respeto a los derechos fundamentales, a las leyes y a los derechos de los demás. Se debe equiparar con el orden impuesto por la Constitución, y desarrollado por las leyes, identificándose la protección de libre ejercicio de los derechos fundamentales. No sería correcto identificar de forma exacta el Orden Público con el orden jurídico, pero es claramente comprensible tiene su fundamento en el orden jurídico en general, y en la Constitución en particular[10].

Esta definición permite comprender el sentido sobre el cual se trabaja la jurisprudencia y el orden lógico del Estado y que en este sentido se evoca como espacio de generación de libertades y

---

9 MINISTERIO DE DEFENSA NACIONAL. Cuál es la diferencia entre fuerzas militares y policía. 2023. Disponible en Internet: <https://www.armada.mil.co/eng/node/6890>.

10 MONTALVO ABIOL, Juan Carlos. Concepto de orden público en las democracias contemporáneas. En: RJUAM. 2010-II. no. 22, pp. 197-222. Disponible en Internet: <https://revistas.uam.es/revistajuridica/article/download/6009/6464/0>.

oportunidades, pero bajo un orden que no afecte las libertades de los demás. Ello se aprecia básicamente en documentos como la Constitución Política de Colombia, los códigos jurisprudenciales y los códigos y reglamentos de las instituciones del Estado, en donde predomina el mantenimiento de este sentido, así como de la relación que allí se da de forma indisoluble con los derechos humanos y su cuidado. Finalmente, se integra el concepto de delito que, de acuerdo con el código penal colombiano, se entiende de la siguiente manera:

> El delito es un tipo de comportamiento que realiza una persona y es contrario a la ley. Este tipo de acciones tienen penas o una serie de sanciones de acuerdo con su gravedad y tipo. También pueden darse algunos casos en los que se requiere la reparación del daño, lo que se hace por medio de algunos procesos que tienen que ver con la justicia reparadora[11].

Entendido este concepto sobre el comportamiento contrario, el cual genera la infracción, se puede llegar a comprender sus características de tipicidad, antijuridicidad y culpabilidad, así como sus tipologías (doloso, culposo y preterintencional)[12]. De esta manera, la relación que se da en este punto permite comprender como el Estado direcciona sus acciones a través de la policía para poder actuar para combatir el delito y sus particularidades en conjunto con sus instrumentos, en este caso la policía y las instituciones que regulan las leyes.

En síntesis, las relaciones del Estado y la policía no solo se vinculan desde el poder, sino desde la perspectiva que busca la nación con una nueva mirada que se adapte a la situación actual de la sociedad y el entendimiento que existe en el siglo XXI de tener

---

11 ConceptosJuridicos.com. Delito. Derecho Penal. Disponible en Internet: <https://www.conceptosjuridicos.com/co/delito/>.

12 Para más información sobre dicho concepto consultar la página: https://www.conceptosjuridicos.com/co/delito/ o directamente en el Código Penal Colombiano.

un mayor acercamiento para mejorar las relaciones entre la sociedad (comunidad) y la Institución y de esta manera proyectar una mayor colaboración en cuanto al tema de prevención del delito.

4.2. RELACIÓN DD. HH. Y FUNCIONES DE LOS CUERPOS DE POLICÍA

De acuerdo con la publicación del Ministerio de Defensa Nacional y la Policía Nacional de Colombia titulada *Derechos Humanos en el Marco del Servicio de Policía* es posible mirar en detalle el concepto del cual se ha hablado en el primer capítulo, para ver como la institución ha tenido una transformación a lo largo del siglo XXI, con miras al mejoramiento de los aspectos sociales que hablan del buen desempeño de lo que significa el ser policía (código de ética) y la correspondencia que debe establecer cada uno de sus integrantes con la sociedad, en pro de generar una adecuada imagen y también para depurar la misma institución de quienes la afectan con sus acciones negativas o buscan el beneficio personal, abusando de su autoridad y del poder que el Estado les ha entregado.

A lo anterior se suma el hecho de las diferentes publicaciones y noticias que evidencian esta transformación de la entidad, la cual se visualiza en el mejoramiento interno de sus objetivos y el cumplimiento de su reglamento. Según esta idea, se tiene que:

> Por medio del servicio de policía, el Estado protege y defiende los derechos humanos de los habitantes en Colombia. De tal manera, la Policía Nacional es la entidad estatal más inmediata y cercana que atiende, pondera, actúa y restablece las condiciones necesarias para el ejercicio de los derechos y libertades públicas.
>
> Los Derechos Humanos aplicados al servicio de Policía son el marco de actuación de los integrantes de la Policía Nacional, orientan el respeto, garantía y protección para el ejercicio de los derechos y libertades de todas las personas sin discriminación alguna.
>
> La Policía Nacional, al cumplir con las funciones, atribuidas por la Constitución Política y la ley, tiene como misión respetarlos y protegerlos. Así quedó establecido en el artículo 218 al señalar que su "fin primordial es el mantenimiento de las condiciones ne-

cesarias para el ejercicio de los derechos y libertades públicas, y para asegurar que los habitantes de Colombia convivan en paz"[13].

De esta manera, el actuar de la Policía debe estar vinculado al seguimiento de sus valores institucionales y principios éticos, entre los cuales se puede recordar los valores sociales con los cuales se generaliza el actuar del policía, entre los que se tiene:

- Solidaridad.
- Tolerancia.
- Responsabilidad.
- Honradez.
- Respeto.
- Bondad.
- Libertad.
- Justicia.
- Igualdad.
- Fraternidad.
- Lealtad.
- Prudencia.
- Paz.

A ello se suman los fines esenciales y los valores sociales, además del texto normativo, en donde aparecen los principios fundamentales como el debido proceso, la protección y el respeto por los derechos humanos, la protección de la vida y el respeto por la dignidad humana, la igualdad ante la ley, así como los principios de proporcionalidad, razonabilidad y necesidad, como criterios indefectibles para la aplicación del Código[14].

---

13 POLICÍA NACIONAL DE COLOMBIA. Derechos Humanos en el marco del servicio de policía. Bogotá, 2022. Disponible en Internet: <https://transformacion.policia.gov.co/wp-content/uploads/2023/03/Derechos-Humanos-Transformacion-policial-mas-humana.pdf>.

14 POLICÍA NACIONAL DE COLOMBIA. ABC Código Nacional de Policía y Convivencia. Barranquilla, 2016. En: ABC No. 002 Actualidad Normativa-Secretaría General. Disponible en Internet: <https://www.barranquilla.gov.co/wp-content/uploads/2018/05/ABC_CODIGO_NACIONAL_DE_POLICIA.pdf>.

En este sentido, se rescata el hecho de que cada uno de estos valores (todos integrados en el código ético de la policía, así como los emanados por las demás instituciones del Estado) van en pro del bienestar de la sociedad y su protección y en la defensa de los derechos humanos, sin importar el área que se aborde (política, social, religiosa, moral, etc.), como lo menciona el mismo ordenamiento jurídico y lo dispone en el proceso y ejecución como tal.

En este punto se vincula la relación del poder de la policía, en donde se encuentra que no se debe abusar del mismo para imponer conductas o normas a la sociedad en general, además se suma el concepto de Concepto Sala de Consulta C.E. 892 de 1996 Consejo de Estado-Sala de Consulta y Servicio Civil el cual menciona:

> El poder de policía entendido como facultad de expedir la ley de policía u otras normas que regulen la conducta ciudadana, radica en el Congreso de la República subsidiariamente y en lo referente a la protección de ciertos derechos constitucionales, algunas autoridades administrativas pueden ejercer el poder de policía; tal es el caso de las asambleas departamentales, dictan "normas de policía en todo aquello que no sea materia de disposición legal" (art. 300–8 C.N.) o los concejos municipales en aquellas materias que fijan los numerales 7 y 9 del artículo 313 de la Constitución, como son los usos del suelo, y dentro de los límites que fije la ley, controlar las actividades relacionadas con la construcción y enajenación de inmuebles destinados a vivienda, y el control, la preservación y defensa del patrimonio ecológico y cultural del municipio[15].

En síntesis y de acuerdo con los aspectos referenciados acerca de la importancia de los derechos humanos, según el código ético que sigue la policía, se puede concluir que dentro de la transformación de la institución no solamente hay una preocupación por la defensa de los derechos humanos, sino que esta preocupación está presente en todas las instituciones del Estado.

---

15 FUNCIÓN PÚBLICA. Concepto Sala de Consulta C.E. 892 de 1996 Consejo de Estado-Sala de Consulta y Servicio Civil. Bogotá, 1996. Disponible en Internet: <https://www.funcionpublica.gov.co/eva/gestornormativo/norma.php?i=3829>.

Esta defensa se relaciona con la vigilancia que realizan los entes nacionales e internaciones a las actuaciones de dicha institución, las cuales son vigiladas a través de los sistemas internacionales de derechos humanos, quienes se encargan de verificar la autenticidad del proceder, así como de revisar las medidas adoptadas en las situaciones en donde haya actuado la institución aplicando su poder para mantener el orden dentro del territorio nacional. En este punto se debe anotar que en su idea de transformación se ha establecido un comisionado de derechos humanos el cual tiene como misión lo siguiente:

> El Comisionado de Derechos Humanos para la Policía Nacional tiene como misión liderar la política de Promoción, Respeto, Garantía y Protección de los derechos humanos, de acuerdo con las políticas del Gobierno nacional y en cumplimiento de los mandatos constitucionales, legales, convenios y tratados internacionales en materia de derechos humanos y derecho internacional humanitario ratificados por el Estado colombiano[16].

De esta manera, la relación de los derechos humanos y la policía es una transformación que para el siglo XXI ha llevado a una concientización de la importancia del significado de estos sobre la institución, y ha generado un mejoramiento de las actuaciones de la policía en materia de seguridad y con miras aplicar su código con ética, en razón a la verdad y a la protección de la integridad física y moral de quienes dependen en este caso y que corresponden a la sociedad en general.

Aquí se puede mencionar la Ley 1801 de 2016[17], por la cual se expide el Código Nacional de Policía y Convivencia, la cual remi-

---

16 POLICÍA NACIONAL DE COLOMBIA. Comisionado de Derechos Humanos para la Policía Nacional. Misión. Disponible en Internet: <https://www.policia.gov.co/unidad/comisionado-derechos-humanos>.

17 REPÚBLICA DE COLOMBIA. DIARIO OFICIAL. Ley 1801 de 2016. En: Diario Oficial, Año CLII No. 49.949. Disponible en Internet: <https://sidn.ramajudicial.gov.co/SIDN/NORMATIVA/DIARIOS_OFICIALES/2016%20(49743%20a%2050103)/DO.%2049949%20de%202016.pdf>

te, en relación al tema de derechos humanos, al capítulo II *Bases de la convivencia y seguridad ciudadana,* en donde el artículo 5 refiere lo que se entiende por convivencia[18] y el artículo 6 establece que las categorías jurídicas de convivencia: seguridad, tranquilidad, ambiente y salud pública, las cuales tienen un alcance relacionado con los objetivos de preservar justamente un ambiente adecuado de integración social[19].

La seguridad se esboza como el primer aspecto sobre el cual el presente código presta especial interés y ello se relaciona con la preservación de la vida, mencionado en la Constitución Política de Colombia y que en este código aparece referenciado en el artículo 8 sobre principios fundamentales del código, en el parágrafo 1, cuando le da importancia a "La protección de la vida y el respeto a la dignidad humana".

Este punto se transforma en un aporte importante a lo que será luego la visión sobre los deberes de la policía, porque en adelante se hablará de convivencia y los verbos rectores relacionados con este punto (respetar, cumplir, prevenir, dar, promover, recibir, observar, colaborar, aplicar conocer y evitar) mostrarán esta necesidad de llegar a una sana convivencia y preservar el orden en medio de

---

18 De acuerdo con la Ley 1801 de 2015 el concepto se define como: "se entiende por convivencia, la interacción pacífica, respetuosa y armónica entre las personas, con los bienes, y con el ambiente, en el marco del ordenamiento jurídico".

19 Los alcances de estas categorías jurídicas son los siguientes: 1. Seguridad: Garantizar la protección de los derechos y libertades constitucionales y legales de las personas en el territorio nacional. 2. Tranquilidad: Lograr que las personas ejerzan sus derechos y libertades, sin abusar de los mismos, y con plena observancia de los derechos ajenos. 3. Ambiente: Favorecer la protección de los recursos naturales, el patrimonio ecológico, el goce y la relación sostenible con el ambiente. 4. Salud Pública: Es la responsabilidad estatal y ciudadana de protección de la salud como un derecho esencial, individual, colectivo y comunitario logrado en función de las condiciones de bienestar y calidad de vida.

un disfrute adecuado sin afectar los límites del otro[20]. En este sentido se observa que, de acuerdo con esta ley, la función de la policía:

> Consiste en la facultad de hacer cumplir las disposiciones dictadas en ejercicio del poder de Policía, mediante la expedición de reglamentos generales y de acciones apropiadas para garantizar la convivencia. Esta función se cumple por medio de órdenes de Policía[21].

Y aquí se resalta que el medio de ejecución de la función debe hacerse siguiendo acciones apropiadas y dentro de la convivencia, por lo tanto, cualquiera de las acciones que afecten lo anterior estaría por fuera del orden constitucional establecido en esta ley y violaría la preservación de los derechos humanos. Además, rela-

---

20 Para mayor comprensión se deja en este sentido: Artículo 10. Deberes de las autoridades de Policía. Son deberes generales de las autoridades de Policía: 1. Respetar y hacer respetar los derechos y las libertades que establecen la Constitución Política, las leyes, los tratados y convenios internacionales suscritos y ratificados por el Estado colombiano. 2. Cumplir y hacer cumplir la Constitución, las leyes, las normas contenidas en el presente Código, las ordenanzas, los acuerdos, y en otras disposiciones que dicten las autoridades competentes en materia de convivencia. 3. Prevenir situaciones y comportamientos que ponen en riesgo la convivencia. 4. Dar el mismo trato a todas las personas, sin perjuicio de las medidas especiales de protección que deban ser brindadas por las autoridades de Policía a aquellas que se encuentran en situación de debilidad manifiesta o pertenecientes a grupos de especial protección constitucional. 5. Promover los mecanismos alternativos de resolución de conflictos como vía de solución de desacuerdos o conflictos entre particulares, y propiciar el diálogo y los acuerdos en aras de la convivencia, cuando sea viable legalmente. 6. Recibir y atender de manera pronta, oportuna y eficiente, las quejas, peticiones y reclamos de las personas. 7. Observar el procedimiento establecido en este Código, para la imposición de medidas correctivas. 8. Colaborar con las autoridades judiciales para la debida prestación del servicio de justicia. 9. Aplicar las normas de Policía con transparencia, eficacia, economía, celeridad y publicidad, y dando ejemplo de acatamiento de la ley y las normas de convivencia. 10. Conocer, aplicar y capacitarse en mecanismos alternativos de solución de conflictos y en rutas de acceso a la justicia. 11. Evitar al máximo el uso de la fuerza y de no ser esto posible, limitarla al mínimo necesario.

21 Artículo 10. Ley 1801 de 2016. Los subrayados y la negrita son personales.

ciona directamente este sentido con el artículo 26 del título II *De los comportamientos contrarios a la convivencia*, el hecho de que es un deber importante de la convivencia lo siguiente:

> Deberes de convivencia. Es deber de todas las personas en el territorio nacional comportarse de manera favorable a la convivencia. Para ello, además de evitar comportamientos contrarios a la misma, deben regular sus comportamientos a fin de respetar a las demás personas, en el ejercicio de sus derechos y deberes ciudadanos, en su vida, honra y bienes, de conformidad con la Constitución Política y las leyes, y especialmente con lo dispuesto en la presente ley[22].

Se puede observar que predomina lo ya manifestado en cuanto al respeto sobre la ejecución de acciones que afecten a los demás y la regulación de comportamientos que permitan la convivencia pacífica en comunidad y, aquí se sobreentiende el respeto de la vida como punto importante y de atención especial.

A lo anterior se agrega el sentido del respeto entendido en las dos direcciones, porque no solo se enfoca en la relación con el ciudadano sino con la autoridad, dado que ninguna persona tiene el derecho de sobrepasar la autoridad, cuando esta le exija regular un determinado comportamiento que altere la sana convivencia de la comunidad. Por esta razón, la convivencia y el respeto se convierten en puntos de atención particular en esta disposición que permite dar una nueva visión a la institución en este sentido.

4.3. MODELOS DE INTERVENCIÓN POLICIAL

Teniendo en cuenta la transformación de la entidad policial y los ajustes que la jurisprudencia ha realizado en este sentido con la Ley 1801 de 2016, la visión sobre la entidad ha cambiado y se ha ajustado a ser una forma más amplia, diversa y que se enfoca

---

22 Título II. De los comportamientos contrarios a la convivencia. Artículo 26. Ley 1801 de 2016.

en aspectos como la atención de las disposiciones del Estado, la profesionalización del servidor policial, el servicio que se da a la comunidad y la prevención del delito.

Cada uno de estos aspectos se convierten en modelos a través de los cuales la Policía Nacional de Colombia debe enfocar sus esfuerzos y actuar para que el mismo ejercicio policial sea cada vez más integral y se ajuste a las necesidades del estado y de la comunidad, así como del ser íntegro que requiere la misma entidad.

4.3.1. Modelo gubernamental

Este tipo particular se relaciona con los preceptos emanados del Estado porque:

> El Gobierno decide y ordena las actuaciones a los cuerpos de policía correspondientes, y ante quien o a que se debe realizar dicha actuación. La relación de la policía con el poder ejecutivo se elabora a partir de: la separación de poderes que existe en el Estado; el principio de legalidad, por el cual el ejercicio de todos los poderes públicos existentes, están obligados a actuar bajo la ley vigente; y la garantía de los derechos de los ciudadanos, ya que la policía debe actuar garantizando la seguridad y protección de la ciudadanía[23].

A su vez, dentro de la Ley 1801 de 2016, en el artículo décimo, numeral 2, se habla específicamente de: "(…) cumplir y hacer cumplir la Constitución, las leyes, las normas contenidas en el presente código, las ordenanzas, los acuerdos, y en otras disposiciones que dicten las autoridades competentes en materia de convivencia".

Así se confirma la relación existente entre el Estado y la Policía Nacional de Colombia como uno de los brazos de este, mediante

---

23 BENLLOCH ROMERO, Alejandro. Modelos policiales comparados. Universidad Jaume. Grado en criminología y seguridad. España, 2018-2019. Disponible en Internet: <https://repositori.uji.es/xmlui/bitstream/handle/10234/183865/TFG_2019_Benlloch_Romero_Alejandro.pdf?sequence=1>.

el cual se busca regular los comportamientos que alteren la buena convivencia entre los ciudadanos y mantener el orden en el territorio y evitar que se comentar abusos contra sus ciudadanos o delitos que afecten su integridad.

Esta dependencia también se encuentra en el sentido en que las órdenes sobre su actuar emanan directamente de este y aun cuando la policía tiene autonomía para generar reglamentos y directrices que lo guíen en su actuar, es el Estado quien debe revisar y verificar la competencia de dichos lineamientos.

Finalmente, se establece que todos los poderes públicos están sometidos a la ley y por ello la policía como ente gubernamental, depende exclusivamente del Estado y de las directrices que este determine para realizar sus funciones a cabalidad, entre las que se encuentra su objetivo primordial que es combatir el delito y mantener y proteger el orden público.

4.3.2. Modelo profesional

Este modelo policial como menciona Alejandro Benlloch:

> (...) tiene su origen a principios del siglo XX en EEUU, de la mano de August Vollmer, jefe de la Policía Local de Berkeley.
> El modelo profesional se caracteriza por disminuir esa dependencia y ese sometimiento a la ley por parte del funcionamiento del sistema político. Como bien se denomina este modelo como profesional, poco a poco se han ido estableciendo las bases que definan a la policía como una profesión[24].

De acuerdo con esta afirmación, el modelo profesional simplemente consiste en ver la policía como una forma de hacer carrera, como ocurre con las demás profesiones en el país, teniendo en cuenta los mismos beneficios y las particularidades de una carrera profesional, en donde se puede estudiar y formarse y en donde no se aleja

---

24 *Ibidem*, p. 15.

este proceso del principio fundamental de servir a la comunidad y mantener el orden en el territorio. Este modelo, al igual que el anterior, tendrá las mismas actuaciones porque se encaminará también a combatir la delincuencia y proteger el orden del territorio.

4.3.3. Modelo de policía comunitaria

Este modelo es importante porque se caracteriza por:

> En este modelo, el cumplimiento de la ley no es el principal objetivo, sirve como instrumento para determinar la imparcialidad de la policía y aminorar el miedo de los ciudadanos. Por tanto, el diálogo con la sociedad es primordial, donde es crucial la importancia de la diversidad social y del trato que se da a las minorías sociales. Al tratarse de una organización flexible y plural, el proceso de selección de los agentes de policía debe contener una buena formación en cuanto al trato que se debe aportar a los diferentes individuos sociales, se busca un perfil específico que sea polivalente, y pueda abordar los distintos fenómenos sociales.
> En cuanto a su organización policial, se le caracteriza por contar con policías con una descentralización en la toma de decisiones de las actuaciones policiales, que también beneficie en la relación con la ciudadanía. Para ello, es necesario las patrullas a pie de calle para disponer sus servicios siempre que el ciudadano lo necesite, oficinas, y redes sociales con el objetivo de facilitar la comunicación[25].

Ahora, en relación con el modelo presente en el país, se encuentra que este de policía comunitaria va más allá de lo que realmente ocurre en el territorio colombiano. La verdad es que se requiere de un trabajo que fomente una cercanía más férrea con la comunidad, en el sentido de poder llegar a colaborar en la solución de las problemáticas urgentes que se tienen, actuando con buen trato y que sus acciones dejen una huella positiva en las comunidades que las reciben.

---

25 *Ibidem*, p. 16.

En el caso colombiano, la realidad es diferente porque si bien se registran actuaciones particulares de la policía, lo cierto es que estas no son el fuerte y el acercamiento a las comunidades se fomenta en el sentido de combatir la delincuencia y prevenir el delito. Podría decirse que, dentro de la profesionalización ya mencionada, las acciones de la policía van a fomentar la cercanía con la comunidad, aunque desde el Estado este modelo no tiene un fomento y no se auspicia más allá de lo referido sobre las problemáticas sociales y su erradicación.

4.3.4. La policía en un modelo mixto

Aunque algunos autores consideran este modelo en las tres direcciones particulares de atención al Estado y sus directrices, de orientación a la comunidad y sus particularidades y de atención a los problemas relacionados con la delincuencia y el delito, se ha observado que en el país este modelo se cumple de forma mixta, porque atiende estas situaciones en diferentes momentos y situaciones particulares.

En este modelo mixto, como se ha determinado, la policía cumple entonces diferentes funciones que le dicta el Estado y la Constitución o carta magna y, a su vez, funciona como una institución de carácter profesional, en donde sus acciones se dirigen a la atención a la comunidad en sus problemáticas básicas, así como a brindar seguridad, relación con los objetivos ya mencionados de prevención del delito y salvaguarda de los derechos humanos de las comunidades en todo el territorio nacional.

Por lo anterior, la institución policial tiene un gran reto al tener diferentes funciones que, bajo las tres miradas (Estado, Comunidad y atención y prevención del delito), se establecen para poder cumplir con sus funciones y generar los resultados esperados. Al respecto se cita:

> En el marco del proceso de Transformación Integral, la Policía Nacional lanza en 10 ciudades capitales una reingeniería a los Comandos de Atención Inmediata CAI, como epicentro del despliegue de la nueva estrategia de seguridad ciudadana.

> El nuevo *"Modelo del Servicio de Policía Orientado a las Personas"* cuyo objetivo es la gestión de la convivencia a partir de tres líneas estratégicas: mejorar el comportamiento de las personas mediante la promoción de valores cívicos y cultura ciudadana; intervenir las causas generadoras de violencias, delitos y comportamientos contrarios a la convivencia y la tercera, contribuir en la construcción del tejido social.
> En las primeras fases de implementación la Policía Nacional priorizó 108 CAI con 723 gestores comunitarios y 2.532 uniformados de la vigilancia, dinámica que se ampliará a los 552 CAI de todo el País.
> La prestación del servicio de policía estará soportada en fortalecer y mejorar la atención de los motivos de policía, articulando las especialidades del servicio y las autoridades político-administrativas con el propósito de intervenir de manera diferencial los factores de riesgo y conductas que afectan la seguridad, tranquilidad, ambiente y salud pública[26].

Esta noticia permite empezar a comprender la forma en que este modelo que se ha considerado mixto actúa en virtud de la atención bajo la regulación, preocupada por la defensa de las comunidades y modernizada en relación con el tema de combatir el delito y mejorar las acciones que lleven a su control para salvaguardar la integridad de quienes habitan el territorio nacional.

4.4. MODELOS DE INTERVENCIÓN POLICIAL Y SUS IMPLICACIONES EN LOS DD. HH.

De acuerdo a lo analizado sobre los tres modelos de intervención policial y la unificación de estos criterios en un modelo mixto, lleva a considerar en este sentido que, para el caso colombiano, los alcances de las políticas que desarrolla la institución policial en el país, sumado a la transformación que viene realizando más el nuevo código de

---

26 POLICÍA NACIONAL DE COLOMBIA. Noticias: Un nuevo modelo del servicio orientado a las personas. Bogotá, sábado 22 de julio de 2023. Disponible en Internet: <https://www.policia.gov.co/noticia/nuevo-modelo-del-servicio-orientado-personas>.

policía (ahora Código Nacional de Seguridad y Convivencia Ciudadana) del año 2016, permiten mostrar una nueva cara de la institución, la cual se esfuerza por desarrollar un ejercicio muy complejo en atención a todos los niveles que requieren su presencia.

Un aspecto importante, en este sentido, también incluye el seguimiento y los procesos vigentes que se tienen sobre la calidad del servicio que esta institución presta y el seguimiento a las denuncias que sobre violaciones de derechos humanos se han generado, e incluso los abusos de poder que han podido darse en algunos momentos.

Tomando en referencia el modelo mixto, como se ha llamado, y que se aplica actualmente en el territorio colombiano, más las nuevas disposiciones, entre las que se encuentran el código de procedimiento policial, Ley 1801 de 2016, permiten referir e intuir los cambios que se están dando en esta institución, en la misma práctica de la actividad policial y en relación con la defensa de los derechos humanos en el territorio colombiano.

Si se quiere analizar cada modelo en virtud de los alcances, se puede llegar a inferir que el más estricto y cohesionado es el gubernamental, por cuanto el actuar se restringe a las disposiciones vigentes que los dirigen.

Por su parte, el modelo profesional es aquel que en la actualidad se viene discutiendo en cuanto la determinación de sus alcances, los logros esperados y las políticas que en materia de seguridad y defensa de las instituciones estatales debe cumplir.

En tercer lugar, el proyecto de modernización y relación con el delito se enfoca en la especialización que sobre el tema se ha dado en varios niveles en la institución y en las relaciones que sobre el tema ha generado con las comunidades para lograr su prevención y escuchar sobre las necesidades que requieren.

Finalmente, se considera que la adhesión de Colombia los diferentes pactos internacionales de derechos humanos ha modificado sus perspectivas en cuanto al enfoque de esta institución con relación al delito y a la persecución misma de este y la ha llevado a direccionar parte de sus recursos en pro del mejoramiento de las relaciones con la comunidad y de las perspectivas de estudio y profesionalización que requiere la labor policial, por lo cual se busca que la mentalidad social cambie en este sentido y haya un acercamiento y una aceptación, así como una mejor comunicación con la institución.

4.5. PROCEDIMIENTOS ESPECIALES DE LA POLICÍA

Teniendo en cuenta las afirmaciones que se han hecho en materia de derechos humanos, la necesidad de su protección y la manera como el país ha ratificado los diferentes tratados que ha suscrito desde su adhesión a la ONU, en su calidad de miembro fundador de dicha organización en 1945 en esta materia, se encuentra que la Policía Nacional de Colombia ha cambiado igualmente algunos de sus procedimientos y ha ajustado otros que le son nuevos, por las diferentes modalidades que se generan de delitos en el país.

El país a lo largo de los años ha reafirmado algunos de los tratados más importantes en derechos humanos, sin embargo, la sociedad ha cambiado con las décadas y de la misma forma ha ocurrido la visión del delito y la manera de cometerlo. En este sentido, el Código de Policía (ahora Código Nacional de Seguridad y Convivencia Ciudadana) se ha ajustado con estas nuevas particularidades y en la última versión, es decir, la Ley 1801 de 2016, algunos de los procedimientos que realiza la policía también se han ajustado para trabajar sobre la necesidad de prevenir el delito o de tratar de erradicarlo.

A continuación, se van a ver algunos de los procedimientos que se agregan en este documento y las características que sobresalen en este sentido o el procedimiento que se sigue. Para ello se debe recordar que, de acuerdo con la Constitución Política de Colombia, la policía, en el artículo 218 se define como:

> La Policía Nacional es un cuerpo armado permanente de naturaleza civil, a cargo de la Nación, cuyo fin primordial es el mantenimiento de las condiciones necesarias para el ejercicio de los

derechos y libertades públicas, y para asegurar que los habitantes de Colombia convivan en paz[27].

En primer lugar, para entender los procedimientos que sigue la institución se debe partir del concepto específico de intervención policial, que: "Se trata de una dimensión específica del trabajo policial centrada en las relaciones con la ciudadanía que pretende la mejora de la eficacia y la legitimidad de la institución y de las personas que trabajan en ella"[28].

Y, en este punto, relaciona la conducta contraria a la convivencia como aquella que altera la tranquilidad; ahora, desde el punto de vista de la policía, la falta en este sentido se relaciona con el hecho de "Incumplir, desacatar, desconocer e impedir la función o la orden de Policía"[29] y dicho mandato se establece en dirección al orden y la sana convivencia.

Cuando este tipo de sucesos se dan, la policía como ente regulador de conductas actúa y realiza procedimientos particulares De acuerdo con su misión, algunos de los más representativos tienen que ver con su carácter político y la defensa de lo público, otros están encaminados a actividades jurisprudenciales y sociales, atendiendo solicitudes legales y, finalmente, existen otros vinculados a la persecución del delito y a combatir las situaciones que afectan los derechos humanos de las personas en el territorio colombiano.

---

27 CONSTITUCIÓN POLÍTICA DE COLOMBIA. Artículo 218. Bogotá. 1991. Disponible en Internet: <https://pdba.georgetown.edu/Constitutions/Colombia/colombia91.pdf>.

28 REQUENA HIDALGO, Jesús. La intervención policial en los conflictos de convivencia. ¿Qué esperar? ¿Qué exigir? Reflexiones a propósito del caso de la participación de la policía en la "Mesa de civismo y seguridad" de Rubí. En: Scripta Nova. Revista Electrónica de Geografía y Ciencias Sociales. 2014. Vol 18. Disponible en Internet: <https://revistes.ub.edu/index.php/ScriptaNova/article/view/15021>

29 CONSTITUCIÓN POLÍTICA DE COLOMBIA. Artículo 35, numeral 2. Bogotá. 1991. Disponible en Internet: <https://pdba.georgetown.edu/Constitutions/Colombia/colombia91.pdf>.

A continuación, se hará una breve descripción cada uno de estos procedimientos y la manera en que la Policía Nacional de Colombia actúa encada caso. Para ello se clasificarán estos en tres líneas de acción, los de competencia estatal y política, los relacionados con acciones sociales y los vinculados con el tema del delito. Si bien esta clasificación es a priori, se consideró para este documento y de parte del autor hacer una tipología particular de estructura para tener un orden en la visualización de la información, pero en ningún caso se da prioridad a uno sobre el otro y estos aparecen igualmente mencionados en un orden particular en el nuevo código de procedimiento policial que se puede consultar en la Ley 1801 de 2016 y en otros documentos relacionados.

4.5.1. Competencia estatal y política

Los cuerpos de policía juegan un papel fundamental, para el desarrollo con normalidad de los procesos electorales y todos aquellos aspectos que garanticen el ejercicio democrático por parte de los ciudadanos, los dirigentes políticos. De otra parte, son los cuerpos de policía los encargados de garantizar la seguridad a todas las personas en el territorio nacional, lo cual redunda en la protección de sus derechos y deberes. En este grupo de procedimientos se encuentran los siguientes.

4.5.1.1. Eventos electorales

Para este procedimiento la Policía Nacional de Colombia, en el marco de la que se ha llamado plan democracia, activa una serie de mecanismos encaminados a la prevención de diferentes situaciones que se puedan presentar, encaminados a la prevención de diferentes situaciones en este sentido y que varían entre la elección de presidente de gobernadores y alcaldes y elecciones de senado, cámara y representantes de otras instituciones del Estado, además de consultas populares, las cuales se ejecutan bajo el voto popular.

En el marco de sus actuaciones, la Policía nacional de Colombia les apuesta a diferentes procesos entre los que se encuentra la vigilancia y la seguridad de los diferentes puestos de votación a lo largo y ancho del país, para que no se presenten suplantaciones, problemas de orden público, constreñimiento al elector o violaciones de los derechos humanos, tanto para quienes votan, como para quienes sirven de jurados o son candidatos.

Sin embargo, es posible que en este proceso se puedan visualizar otras posibles situaciones como las siguientes: perturbación del certamen democrático; fraude de distribución de cédulas; constreñimiento al sufragante; corrupción de sufragante; fraude al sufragante; tráfico de votos; ocultamiento, retención y posición ilícita de cédula; voto fraudulento; denegación de inscripción; alteración de resultados electorales; elección ilícita de candidatos; financiación de campañas; favorecimiento de voto fraudulento; violación de topes o límites de gastos; mora en la entrega de documentos relacionados en una votación y omisión de información del aportante.[30]

A lo anterior, se suma el hecho de que las transformaciones sociales han llevado a ver que en la actualidad existen diferentes tipos de sujetos en las comunidades, por esta razón se identifican situaciones que tiene que ver con el actuar policial al encontrar personas de género diverso o con orientación sexual e identidad de género diversa e incluso se aborda el tema de la realización de procedimientos a personas transgénero.

---

30 Este tipo de delitos se pueden encontrar directamente en la Ley 599 de 2000, en donde se hace relación y ejemplificación de dichas situaciones y las condenas que se pueden dar. De igual manera es posible ver esta información en el documento: POLICÍA NACIONAL DE COLOMBIA. Elecciones 2023. Plan democracia 2023. Bogotá, 2023. Disponible en Internet: <https://policia.edu.co/wp-content/uploads/2023/07/cartilla_p_d_2023.pdf>.

4.5.1.1. Protección a personajes

En relación con este tema de protección a personajes o personalidades, la Policía Nacional de Colombia ejecuta en general acciones encaminadas al desarrollo de planes de seguridad, los cuales ejecuta de acuerdo a unas políticas internas con cuerpos especializados de la institución, quienes buscan garantizar la seguridad y protección de las personas, cuya representación es importante y, en ese sentido, se enfocan en acciones de revisión, ajuste y materialización de los proyectos, así como de los planes de acción para prevenir, minimizar o neutralizar posibles hechos que puedan causar daño a la vida, integridad, libertad o seguridad de una persona[31].

4.5.1.3. Fuero especial (diplomáticos, fuerza pública, clero, congresistas, en Elecciones)

Tal cómo se encontró en el procedimiento relacionado con el tema de votaciones, se debe advertir que el fuero especial corresponde a aquella medida especial que tiene un ciudadano y, en ese sentido, se encuentra que frente al tema no hay ninguna prelación en atención, salvo lo relacionado sobre seguridad y planes de prevención que la Institución ejecuta, así como de la mitigación de una posible acción que violente la seguridad y la integridad de

---

31 Al respecto se puede consultar: POLICÍA NACIONAL DE COLOMBIA. Área de protección a personas e instalaciones. Bogotá, 2023. Disponible en Internet: <https://www.policia.gov.co/especializados/proteccion>. Sin embargo, para atender de manera más específica este tema, es posible abordar el documento: SALCEDO CAMARGO, Víctor Manuel. La seguridad de personajes ilustres en las fuerzas militares. Universidad Militar Nueva Granada. Facultad de Relaciones Internacionales, Estrategia y Seguridad. Especialización en Administración de la Seguridad, Bogotá, 2014. Disponible en Internet: <https://repository.unimilitar.edu.co/bitstream/handle/10654/12450/Salcedo%20-%2015-05-14.pdf?sequence=2&isAllowed=y>. En donde se pueden relacionar específicamente algunas acciones que la policía ejecuta dentro de este tipo de procesos.

esta persona que haya sido elegida por voto popular o por elección del Estado[32].

4.5.1.4. Concentraciones públicas

Al hacer referencia al tema, la Policía Nacional de Colombia se ciñe al Decreto 003 de 2021, en donde se aborda la temática de "reacción, uso y verificación de la fuerza legítima del Estado y la protección del derecho a la protesta pacífica ciudadana"[33]. En esta reglamentación se aborda la tutela como uno de los medios para amparar los derechos fundamentales que ha establecido el Estado y, de esta manera, se menciona que la violación de los mismos se considera un delito.

Por ello se estipulan los aspectos bajo los cuales el actuar de la institución policial se puede manifestar, donde debe primar la preservación de la integridad de las personas, actuando con integridad y garantizando el pleno ejercicio de los derechos fundamentales a quienes participan en este tipo de eventos.

A este tipo de procedimiento se agrega igualmente la necesidad de tener un diálogo constante con quienes los organizan a nivel público e interno, para establecer los protocolos de atención que se requieren y el acompañamiento necesario, con miras a evitar saboteos o alteraciones del orden público y a tener que tomar acciones directas que se pueden tornar violentas, dependiendo de la óptica de la cual se analice. Así mismo, luego de dicha concentración,

---

32 Ver pág. 7 de: POLICÍA NACIONAL DE COLOMBIA. Elecciones 2023. Plan democracia 2023. Bogotá, 2023. Disponible en Internet: <https://policia.edu.co/wp-content/uploads/2023/07/cartilla_p_d_2023.pdf>.

33 FUNCIÓN PÚBLICA. Decreto 003 de 2021. Bogotá, Colombia, 2021. Disponible en Internet: <https://www.funcionpublica.gov.co/eva/gestornormativo/norma.php?i=154406>. De igual manera se puede consultar en este tema lo referido en la Ley 1801 de 2016, en el capítulo VI Del Derecho a reunión y las reglamentaciones en este sentido y el capítulo IV Actividades que involucran aglomeraciones de público complejas.

la Policía nacional de Colombia realiza evaluaciones del proceso y evalúa las acciones ejecutadas o no en el desarrollo de la misma.

4.5.1.5. Marchas, paros y huelgas

Este procedimiento se relaciona con lo mencionado en el de marchas, paros y huelgas, donde se recurre a los elementos mencionados en el Decreto 003 de 2021 bajo el cual la policía genera acciones preventivas, concomitantes y posteriores a dicho evento, con el fin de evaluar el uso, reacción y verificación de la manera como actuaron en la misma y si fue necesario el uso de la fuerza legítima en un determinado caso[34].

Cabe agregar que independientemente del lugar donde se ejecute este tipo de reunión, marcha, paro o huelga la Policía Nacional de Colombia será llamada para hacer presencia o contrarrestar, en un determinado momento, las lesiones que sobre los bienes se puedan generar. En este sentido, el actuar de la Policía se ejecuta no solamente basado en la preservación de los derechos fundamentales de las personas, sino en la garantía que existe para protestar y manifestarse en un determinado momento y cuando se estén coaccionando los derechos fundamentales de una persona o de un grupo de estas.

A lo anterior se suma la prevención del abuso que la Policía debe mantener sobre las edificaciones que se pueda generar en el proceso y que, de acuerdo con el código de policía (ahora Código Nacional de Seguridad y Convivencia Ciudadana), Ley 1801 de

---

34 *Ibidem.*

2016, podrá ser considerado un delito y judicializado conforme a la jurisprudencia creada por el Estado[35].[36]

4.5.1.6. Desaparecidos y NN

En el caso de la desaparición de una persona la ley establece un protocolo relacionado con tres aspectos fundamentales: ¿qué hacer?, ¿dónde acudir?[37] Y tener en cuenta, en donde se especifican las acciones claras que se deben tomar en cada uno de los casos. Al respecto baste decir, de forma general, que la denuncia se debe hacer ante institución policial, sin que haya pasado una determinada cantidad de tiempo del hecho y para ello se tendrá en cuenta el proceso de denuncia con todos los aspectos importantes o relevantes sobre la persona desaparecida, para brindar a

---

35 Para mayor detalle del procedimiento y ejecución de las acciones de la policía, se puede consultar: POLICÍA NACIONAL DE COLOMBIA. Garantías a la manifestación pacífica y control de acciones violentas. Periodo 28 de abril a 4 de junio de 2021. Bogotá, 9 de junio de 2021. Disponible en Internet: <https://www.policia.gov.co/sites/default/files/informe_sector_defensa_-_garantias_a_la_manifestacion_pacifica_y_control_de_acciones_violentas_-_28_de_abril_a_4_de_junio_de_2021_20210609_vf.pdf>. De igual manera se puede consultar en este tema lo referido en la Ley 1801 de 2016, en el capítulo VI Del Derecho a reunión y las reglamentaciones en este sentido y el capítulo IV Actividades que involucran aglomeraciones de público complejas.

36 Tanto en este apartado como en el de concentraciones públicas se puede incluir el derecho que existe al consultar el documento: MANIFESTAR. Derecho a la manifestación pacífica. Disponible en Internet: <https://manifestar.org/manifiesta/derecho-a-la-manifestacion-pacifica/#:~:text=%C2%BFQu%C3%A9%20es%20una%20manifestaci%C3%B3n%20p%C3%BAblica%20pac%C3%ADfica%3F,personas%20o%20da%C3%B1o%20a%20propiedades>.

37 Al respecto se puede consultar el documento: MINISTERIO DE JUSTICIA. ¿Cómo notificar una desaparición y cómo lograr que se declare la muerte presunta de una persona? Bogotá, Colombia, 2018. Disponible en Internet: <https://www.minjusticia.gov.co/programas-co/LegalApp/Paginas/Como-notificar-una-desaparicion-y-como-lograr-que-se-declare-la-muerte-presunta-de-una-persona.aspx>.

quienes investiguen todos los detalles físicos o psicológicos y poder establecer estas líneas de trabajo sobre el caso.

En cualquiera de los casos la Policía Nacional de Colombia está encargada de realizar los procedimientos que consideren necesarios pero amparada bajo la ley y las jurisprudencias nacional e internacional o las averiguaciones pertinentes para hallar a la persona mayor o menor que se encuentra desaparecida.

4.5.2. Procedimientos relacionados con acciones sociales

La protección de los derechos de las personas , no solo tiene que ver con su integridad física, sino también con aspectos que permitan un desarrollo integral tanto individual como colectivo. En este grupo de procedimientos se encuentran los siguientes:

4.5.2.1. Invasión y desalojo

Este procedimiento se basa inicialmente en una situación previa, la cual tiene que ver con las invasiones. Al respecto se menciona en la silla vacía:

> Legalmente, al fenómeno de las invasiones se le conoce como "posesiones" de la tierra, que describe una relación informal con la propiedad del predio. El fenómeno de las posesiones tiene dos características fundamentales: hay una persona que empieza a relacionarse con un predio y esta quiere ser dueña y señora de la tierra que ocupó. Existen varios tipos de posesiones que van desde la regular –que parte de la buena fe de la persona y el título obtenido de manera legal– hasta la viciosa, que implica la posesión de un terreno a través de la violencia o la clandestinidad. Estas últimas se convirtieron en un fenómeno común con el conflicto armado en el país.

> El lío con las invasiones es que atentan contra el derecho a la propiedad privada, que está amparado por el Artículo 58 de la Constitución[38].

Dicho artículo hace referencia al uso de la propiedad privada y la necesidad que se da en el territorio de regularizar las acciones que atentan contra la misma, a casusa de las situaciones sociales que se acrecientan día a día en este tema del acceso a una vivienda digna como lo manifiesta el artículo 51 de la Constitución Política de Colombia.

Sobre el tema y en relación con la transgresión que se realiza y la apropiación por parte de las personas que no tienen derecho jurídico sobre dicho espacio la policía es el primer ente que actúa en este sentido para ejecutar la recuperación o desalojo de este y en virtud de las normas que ampara el Código Civil. Al respecto se resume el procedimiento en:

> (…) la misión de la Policía debe ser proteger, pero también restituir y reparar a los dueños del predio y aplicar las medidas correctivas necesarias en contra de los invasores.
> Sin embargo, el mismo Código dice que la Policía solo puede actuar en caso de posesión violenta si se instaura una queja –una querella– ante el inspector de Policía. Y esta querella solo pueden hacerla el titular del inmueble o sus representantes legales y las entidades de derecho público (como las Alcaldías o Gobernaciones).
> Según el Código Nacional de Seguridad y Convivencia Ciudadana los agentes tienen 48 horas para expulsar a quienes están tomando posesión del predio. Como afirmó el ministro de Defensa Velásquez, "cuando transcurren esas 48 horas los desalojos se dan con órdenes judiciales, dado que la Fuerza Pública solo puede actuar por la determinación de un juez".
> Después de las 48 horas iniciales, el procedimiento de desalojo de la Policía se da por fracasado. Desde esa marca temporal, los

38 RESTREPO, María José. Qué dice la ley y cómo debe actuarla policía ante la invasión de tierras. En: La silla vacía. Bogotá, septiembre 30 de 2022. Disponible en Internet: <https://www.lasillavacia.com/silla-nacional/que-dice-la-ley-y-como-debe-actuar-la-policia-ante-la-invasion-de-tierras/>.

> invasores se convierten en poseedores viciosos o irregulares y solo pueden ser expulsados del predio a través de una acción judicial[39].

4.5.2.2. Con menores: aprensión – con menores abandonados – maltratado – en establecimientos

Para este caso se establecen varias acciones con el fin de mediar en las situaciones que afecten la seguridad de los menores y de las situaciones que enfrentan por diferentes motivos. Basta decir que, desde el área de Infancia y Adolescencia, órgano especializado de la institución, se reciben todo tipo de denuncias que atenten contra la seguridad y la vida de los menores y se articula directamente con el Instituto Colombiano de Bienestar Familiar –ICBF–.

Al respecto se encuentra el Concepto 66 de 2016, bajo el cual dicho organismo hace referencia en detalle al proceso de acompañamiento y demás funciones que cobijan a los menores y la forma como debe intervenir y actuar la policía[40]. En relación con el tema de prevención se establece:

> El Área de Infancia y Adolescencia desarrolla sus actividades de prevención a través del Programa Abre tus ojos, el cual fue diseñado para que el Policía que se encuentra en el territorio nacional al momento de identificar algún factor originador de riesgo para los niños, niñas y adolescentes, lo active con el fin de evitar que este riesgo se materialice y se vean vulnerados los derechos de los infantes y adolescentes. Su objetivo es prevenir la materialización de las diversas causas de riesgo de vulneración a que se ven expuestos los niños, niñas y adolescentes, en cualquier entorno donde se

---

39 *Ibidem.*

40 Para mayor profundidad sobre el tema se puede consultar: INSTITUTO COLOMBIANO DE BIENESTAR FAMILIAR –ICBF–. Concepto 66 de 2016. Bogotá, junio 21 de 2016. Disponible en Internet: <https://www.icbf.gov.co/cargues/avance/docs/concepto_icbf_0000066_2016.htm>.

desenvuelven, garantizando la protección integral en el marco de las competencias y funciones establecidas por la Ley[41].

A lo anterior se agregan las diferentes actividades que realiza la institución a través del mismo programa *Abre tus ojos* en donde se articulan programas de prevención, abuso de drogas, violencia, entre otros con el fin de llegar a las comunidades y garantizar el bienestar de este tipo de población.

4.5.2.3. Disturbios carcelarios

Para este tipo de procedimiento, en particular, se tiene que la policía debe actuar siguiendo una serie de protocolos, los cuales se relacionan en detalle desde el Código Penitenciario y Carcelario (artículo 168) y que habla de los estados de emergencia penitencia y carcelaria[42]. Según la norma actual: Instructivo 009 de 2022 de la Policía Nacional – Dirección General, se tiene que el procedimiento específico que se sigue es:

MOTINES EN ESTABLECIMIENTOS CARCELARIOS O PENITENCIARIOS

Fundamento jurídico

- Es una falta grave disciplinaria para internos propiciar motines u oponer resistencia para someterse a las sanciones impuestas (artículo 121 numeral 19 Ley 65 de 1993). (C-184 de 1998).

41 POLICÍA NACIONAL DE COLOMBIA. Protección a la infancia y adolescencia. Bogotá, Disponible en Internet: <https://www.policia.gov.co/proteccion-infancia>.

42 SALA PENAL TRIBUNAL MEDELLÍN. Código Penitenciario y Carcelario. Medellín. Disponible en: <https://salapenaltribunalmedellin.com/images/legislacion/cdigo_penitenciario_y_carcelario.pdf>.

- La Policía Nacional, previo requerimiento del Director General del Instituto Nacional Penitenciario y Carcelario o en caso urgente, del Director del Establecimiento donde ocurran los hechos, podrá ingresar a las instalaciones y dependencias para prevenir o conjurar graves alteraciones de orden público. (Parágrafo 1 del artículo 31 de la Ley 65 de 1993).

Procedimiento

- La Policía Nacional tiene a cargo la vigilancia externa de los establecimientos carcelarios o penitenciarios cuando las circunstancias lo exijan. A criterio del comandante.
- La intervención policial al interior de los establecimientos de reclusión procederá a solicitud del Director General del Instituto Nacional Penitenciario y Carcelario o en caso urgente, del Director del Establecimiento donde ocurran los hechos, con unidades de la UNDMO, atendiendo los protocolos reglamentados para su funcionamiento.
- Cuando se requiera la intervención al exterior de los establecimientos carcelarios o penitenciarios, actuará la Fuerza Disponible, y ante el aumento de la agresividad se actuará con unidades de la UNDMO, atendiendo los protocolos reglamentados para su funcionamiento.

Cuando el nivel de agresividad sea alto, intervendrán de manera inmediata las unidades especializadas de la UNDMO, la cual aplicará los protocolos establecidos en la norma que la regula[43].

De esta manera, el actuar se observa la regulación y el procedimiento de la institución para poder actuar en este tipo de procedimientos.

---

43 ALCALDÍA MAYOR DE BOGOTÁ – SECRETARÍA JURÍDICA DISTRITAL DE LA ALCALDÍA MAYOR DE BOGOTÁ. Instructivo 009 de 2022 de la Policía Nacional – Dirección General. Bogotá, septiembre 23 de 2022. Disponible en Internet: <https://www.alcaldiabogota.gov.co/sisjur/normas/Norma1.jsp?i=128439>.

4.5.2.4. Remisión de retenidos

Tal como se consigna en el documento titulado *Instructivo General para Remisión de Internos* se considera el término remisión como:

> Es la técnica empleada por el personal del Cuerpo de Custodia y Vigilancia para conducir, desplazar, llevar o trasladar, un interno desde su lugar de detención a un sitio diferente, previa orden escrita emitida por la autoridad competente, bajo condiciones de seguridad y protección, con el fin de evitar una fuga, intento de fuga, una agresión hacia el interno o de éste así mismo, o hacia otras personas que pueden ser: funcionarios, otros internos o particulares[44].

De acuerdo con este concepto se encuentra que el movimiento de un recluso se sigue bajo un protocolo que está igualmente mediado por la instrucción judicial que lo ordena, luego de ello se deben gestionar una serie de permisos, así como establecer una adecuada información entre los diferentes niveles jerárquicos que así lo requieran para poder acción a esta orden. Durante la salida se requiere la corroboración de todos los aspectos del detenido, incluida la verificación dactiloscópica que es clave, más allá de la orden que se da por una institución judicial. Además, así como sale debe ingresar el detenido y siguiendo los mismos protocolos detallados y de verificación en este caso. Para una mayor claridad sobre el tema se puede consultar el cuadro que aparece en el documento en referencia y que detalla el paso a paso de dicho procedimiento, tal como se ha resumido[45].

---

44 INSTITUTO NACIONAL PENITENCIARIO Y CARCELARIO. Instructivo general para remisión de internos. Bogotá?, 6 de septiembre de 2007. Disponible en Internet: <https://www.camara.gov.co/sites/default/files/2017-07/ANEXO%201.%20PO-30-032-07-V01%20INSTRUCTIVO%20GENERAL%20PARA%20LA%20REMISION%20DE%20INTERNOS.pdf>.

45 *Ibidem*, pp. 4-7.

4.5.2.5. Accidentes de aeronaves

Para este procedimiento se parte de las disposiciones vigentes en este sentido y que tratan del tema, sobre el tema el Estado, a partir de del Decreto 997 de 2022 detalla el procedimiento que se debe seguir en este sentido y que no simplemente se remite al aseguramiento de la zona o la atención de los heridos si es el caso. Sino que se enfoca en el análisis de la situación, las grabaciones y demás elementos materiales probatorios, como testimonios y todo aquello que le sea de utilidad para poder ejecutar su procedimiento a cabalidad y dar así los informes correspondientes al respecto[46].

4.5.2.6. Calamidades y desastres

En este punto la Policía Nacional actúa en pro de la preservación de la vida de las personas y busca generar reparo en el actuar de la población con conciencia y siguiendo el protocolo que a nivel nacional se ha aprobado como política nacional de gestión del riesgo de desastres y se establece el Sistema Nacional de Gestión del Riesgo de Desastres o Ley 1523 de 2012.

De esta manera, no solo la institución policial, sino las personas saben qué hacer en este tipo de situaciones, la única diferencia es que en un caso particular es la autoridad policial quien puede en-

---

46 En este sentido se puede consultar el documento mencionado: MINISTERIO DE JUSTICIA Y DEL DERECHO. Decreto 997 de 2022. Bogotá, Colombia. En: Diario Oficial No. 52064 del 13 de junio de 2022. Disponible en Internet: <https://www.alcaldiabogota.gov.co/sisjur/normas/Norma1.jsp?dt=S&i=124583>. Aunque también se puede consultar el documento: UNIDAD ADMINISTRATIVA ESPECIAL DE AERONÁUTICA CIVIL. SECRETARÍA DE AUTORIDAD AERONÁUTICA. Grupo Estructura Normativa y Estándares Aeronáuticos. Reglamentos Aeronáuticos de Colombia. RAC 114. Investigación de Accidentes e Incidentes de Aviación, Bogotá, 2022. Disponible en Internet: <https://www.aerocivil.gov.co/normatividad/RAC/RAC%20%20114%20-%20Investigaci%C3%B3n%20%20de%20%20Accidentes%20e%20Incidentes%20de%20Aviaci%C3%B3n.pdf>.

trar a tomar acciones en una situación de calamidad o desastre y establecerá las acciones a seguir, de acuerdo con lo articulado con los demás organismos a nivel nacional[47].

4.5.2.7. Control de aeronaves

Para este tipo de procedimiento la policía cuenta con los instructivos de la Aeronáutica Civil, ya referidos en el apartado de accidentes de aeronaves y también el relacionado con el Decreto 997 de 2022[48]. De igual forma, se remite al documento: *Reglamentos Aeronáuticos de Colombia. RAC 160. Seguridad de la Aviación Civil* del año 2020, en donde se habla de los reglamentos y la aplicación de los procedimientos policiales en este sentido refiriendo lo siguiente:

> Sin perjuicio de las competencias establecidas en la Ley para la Policía Nacional, en sus diferentes especialidades, los administradores, gerentes aeroportuarios o gerentes de concesionario, coordinarán con dicha autoridad lo pertinente a la aplicación en el respectivo aeropuerto, de los procedimientos y controles a las personas, carga, equipaje y correo; propendiendo porque estos no afecten adversamente la dinámica propia de la aviación civil, garantizando el equilibrio entre tales controles de seguridad y los principios de la facilitación.

---

47 CONGRESO COLOMBIA. Ley 1523 de 2012. Colombia, 2012. Disponible en Internet: <https://www.funcionpublica.gov.co/eva/gestornormativo/norma.php?i=47141>.

48 Para mayor claridad se puede remitir a los documentos: MINISTERIO DE JUSTICIA Y DEL DERECHO. Decreto 997 de 2022. Bogotá, Colombia. En: Diario Oficial No. 52064 del 13 de junio de 2022. Disponible en Internet: <https://www.alcaldiabogota.gov.co/sisjur/normas/Norma1.jsp?dt=S&i=124583> y también el documento: UNIDAD ADMINISTRATIVA ESPECIAL DE AERONÁUTICA CIVIL. SECRETARÍA DE AUTORIDAD AERONÁUTICA. Grupo Estructura Normativa y Estándares Aeronáuticos. Reglamentos Aeronáuticos de Colombia. RAC 114. Investigación de Accidentes e Incidentes de Aviación, Bogotá, 2022. Disponible en Internet: <https://www.aerocivil.gov.co/normatividad/RAC/RAC%20%20114%20-%20Investigaci%C3%B3n%20%20de%20%20Accidentes%20e%20Incidentes%20de%20Aviaci%C3%B3n.pdf>.

(1) Se orientará el apoyo a la seguridad de la aviación civil, acorde con sus competencias y convenios interadministrativos u otros convenios que celebren con la UAEAC, el explotador de aeronaves, el concesionario, o el aeropuerto[49].

4.5.2.8. Protección del medio ambiente

La Institución policial, en coordinación con la comunidad, establece diferentes programas relacionados con la prevención y el control del medio ambiente, además de generar conciencia sobre lo que significa dicha protección. Todo este trabajo se direcciona desde una de sus nuevas dependencias: El grupo de protección ambiental.

En relación con el tema de prevención, la policía ejecuta actividades con la comunidad en general y, en un segundo nivel, con los niños y niñas, en los dos se aborda la importancia de prevenir el abuso del medio ambiente, aunque en el de niños y niñas hay una preocupación mayor por el desarrollo de grupos que atiendan en las instituciones educativas esta preocupación. En el tema de control se establecen las siguientes actividades principales:

1. Control al tráfico de la biodiversidad.
2. Control al maltrato animal.
3. Control a la contaminación visual.
4. Control a la contaminación atmosférica.

---

[49] UNIDAD ADMINISTRATIVA ESPECIAL DE AERONÁUTICA CIVIL. SECRETARÍA DE AUTORIDAD AERONÁUTICA. Grupo Estructura Normativa y Estándares Aeronáuticos. Reglamentos Aeronáuticos de Colombia. RAC 160. Seguridad de la Aviación Civil, Bogotá, 2020. Disponible en Internet: <https://www.aerocivil.gov.co/normatividad/RAC/RAC%20%20160%20-%20Seguridad%20de%20la%20Aviaci%C3%B3n%20Civil.pdf>.

5. Control a la contaminación de vertimientos en cuerpos hídricos.[50]

Aunque existen otros documentos relacionados en la institución que aportan valiosa información en este proceso como, por ejemplo, la normatividad ambiental de la Policía Nacional de Colombia[51], aunque todo lo anterior se basa en la Ley 1333 de 2009 mediante la cual se establece el procedimiento sancionatorio ambiental y se dictan otras disposiciones[52].

4.5.2.9. Procedimientos de prenderías

Este procedimiento en particular hace referencia a lo que en un momento dado se ha abordado y es la relación con el delito, por esta razón, se instruye al cuerpo policial a que en dichos establecimientos se debe encontrar la documentación al día y completa de los elementos que reposen en este tipo de lugares, porque es muy probable que sea solicitada. Esto compete a toda la mercancía que allí se encuentra y sobre la cual no se hace excepción. Dicha instrucción se encuentra en el artículo 115, del capítulo IV de la libertad de comercio y de industria del Decreto 1355 de 1970[53].

---

50 POLICÍA NACIONAL DE COLOMBIA. Protección ambiental por la Policía Nacional de Colombia. Bogotá, 2023? Disponible en Internet: <https://www.policia.gov.co/proteccion-ambiental>. De igual manera se puede consultar en este tema lo referido en la Ley 1801 de 2016, en el capítulo X Sobre la minería.

51 POLICÍA NACIONAL DE COLOMBIA. Política ambiental de la Policía Nacional. Disponible en Internet: <https://www.policia.gov.co/normatividad-politicas/ambiental>.

52 CONGRESO DE LA REPÚBLICA. Ley 1333 de 2009. Bogotá, Colombia. En: Diario Oficial 47.417 de julio 21 de 2009. Disponible en Internet: <https://www.funcionpublica.gov.co/eva/gestornormativo/norma.php?i=36879>.

53 PRESIDENCIA DE LA REPÚBLICA. Decreto 1355 de 1970. Bogotá, 1970. Disponible en Internet: <https://www.funcionpublica.gov.co/eva/gestornormativo/norma.php?i=6945>.

4.5.2.10. Control de vendedores ambulantes

Sobre este tema se establece una mirada particular por cuanto alrededor del mismo se establecen los derechos fundamentales que hablan del derecho al trabajo al cual tiene derecho todo colombiano; sin embargo, se debe aceptar los ajustes a que hace relación la autoridad en cuanto a las normas que establece el Código Nacional de Seguridad y Convivencia Ciudadana y sobre las cuales se menciona:

> los artículos 92 y 140 (parciales) establecen que las personas que ocupen el espacio público sin los requisitos legales o que vendan alimentos en los sitios no permitidos: podrán ser multados, los bienes que porten podrán ser destruidos y se podrá ordenar la suspensión temporal de la actividad económica. Lo que se traduce en medidas policivas de recuperación del espacio público que, de aplicarse sin condicionamientos, vulnerarían los derechos fundamentales de los vendedores informales[54].

4.5.2.11. Control de vagancia, mendicidad y prostitución

Para el caso de este procedimiento se encuentra que la relación de los tres tipos referidos es porque estos se encuentran en la vía pública ejerciendo actividades que no corresponden con el deambular de las personas o porque afectan la seguridad de estas. Pero las disposiciones actuales han cambiado con el paso de los años y en este momento el vago es ahora una persona sujeta de derechos que debe ser atendido por las problemáticas que pueda tener y que lo lleven a esta situación. Pero en la normativa actual la libertad de que goza este tipo de población se relaciona más con el entendido

---

54 RODRÍGUEZ GARAVITO, César; BARRAGAN, Maryluz; ALBARRACÍN, Mauricio. Intervención al código de policía en defensa de los vendedores informales. En: DeJusticia, octubre 26 de 2016. Disponible en Internet: <https://www.dejusticia.org/litigation/intervencion-al-codigo-de-policia-en-defensa-de-los-vendedores-informales/>.

de que este es un sujeto que tiene derechos y en este sentido el hecho de habitar la calle en libertad es uno de ellos.

Por su parte, la mendicidad y quien la ejerce se convierte en una situación particular que, en el caso del vago, busca quien le brinde ayuda con el fin de poder conseguir lo que quiere y que probablemente sea un beneficio económico con el cual pueda adquirir droga o un beneficio personal sin tener que buscar opciones laborales que lo alejen de las calles[55].

Corresponde en este sentido a la policía realizar controles de seguridad en las zonas donde habitan con el fin de evitar delitos y el consumo de drogas en la vía pública, además de ofrecer programas de atención en determinados momentos y de acuerdo con las instituciones que así lo demanden, en coordinación con instituciones especializadas.

Para el caso de la prostitución se establecen dos actividades, la primera corresponde a la prohibición que debe realizar la institución y el seguimiento a casos en donde pueda sacar a quien la ejerce, específicamente en la defensa de los derechos fundamentales de las personas, en especial, de los menores de edad[56].

Los aspectos generales se encuentran en el capítulo III artículo 42 Ley 1801 de 2015 Ejercicio de la prostitución, en donde se establecen no solo los aspectos generales, sino los requisitos de los establecimientos donde se ejerce y los comportamientos que se presentan en este sentido[57].

---

55 La discusión sobre estos dos temas se puede consultar en: TAMAYO ARBOLEDA, Fernando León. ORREGO FERNÁNDEZ, David. Enemigos urbanos: control del crimen y gobierno de los habitantes de la calle en Bogotá. Revista de Derecho, núm. 53, pp. 232-253, 2020. Fundación Universidad del Norte. Disponible en Internet: <https://www.redalyc.org/journal/851/85170148011/html/>.

56 Sobre este aspecto se puede consultar el artículo 38 de la Ley 1801 de 2016.

57 *Ibidem*, pp. 20-23. Capítulo III. Art 42 ley 1801 de 2015 Ejercicio de la prostitución.

4.5.2.12. Sectas

Esta se define como: "Doctrina particular, falsa religión, credo que modifica levemente o en ciertos aspectos una creencia general"[58]; sin embargo, ante los organismos internacionales como la ONU, el tema tiene un enfoque particular:

> La ONU escasamente ha valorado la problemática de las sectas. Es de interés señalar que ninguna resolución de la ONU se ha pronunciado estrictamente sobre organizaciones religiosas de distinto cariz de las religiones tradicionales, salvo la Declaración sobre la eliminación de todas las formas de intolerancia y discriminación fundadas en la religión o las convicciones, de 25 de noviembre de 1981 (resolución 36/1955), y el Informe Fattah de 1996 que señaló la inocuidad de los grupos totalitarios que han sido designados como sectas «destructivas». Esta falta de pronunciamiento por parte de la ONU es del todo normal. Únicamente la Resolución núm. 36/1955 citada parece dedicarse en parte al ámbito de las sectas y a su problemática, defendiendo la libertad de conciencia, de religión o de convicciones y la tolerancia[59].

En este sentido, el procedimiento policial se direcciona a regular estas organizaciones religiosas mediante la mirada a través de quejas y la policía se encargará de hacer vigilancia en este sentido[60].

---

58 MINISTERIO DE SEGURIDAD PÚBLICA. DIRECCIÓN DE RECURSOS HUMANOS. Manual de clases policiales. Costa Rica, 2013. Disponible en Internet: <https://www.seguridadpublica.go.cr/transparencia/rh/esc_perfil_puestos/manual_clases_policiales_II_etapa.pdf>:

59 BARDAVÍO ANTÓN, Carlos. Las sectas en derecho penal. Universidad de Sevilla, Facultad de Derecho, España, 2015-2016. Disponible en Internet: <https://idus.us.es/bitstream/handle/11441/54781/Tesis%20Las%20sectas%20en%20derecho%20penal%20Carlos%20Bardavio.pdf?sequence=1&isAllowed=y>.

60 Sobre el tema se puede consultar el documento: Disponible en: BARDAVÍO ANTÓN, Carlos. Las sectas en derecho penal. Universidad de Sevilla, Facultad de Derecho, España, 2015-2016. Disponible en Internet: <https://idus.us.es/bitstream/handle/11441/54781/Tesis%20Las%20sectas%20en%20derecho%20penal%20Carlos%20Bardavio.pdf?sequence=1&isAllowed=y>.

4.5.3. Procedimientos que combaten el delito

En lo relacionado con el control de aspectos delictivos, suele enfrentarse en miembro del cuerpo de policía a dicotomía en el desarrollo del procedimiento, sin embargo, ante esta situación, debe aplicar los preceptos del interés general, bienestar común, principio de legalidad, entre otros, de forma tal que evite la trasgresión de los derechos de las mayorías en pro de las minorías. En este grupo de procedimientos se encuentran los siguientes:

4.5.3.1. Tomas pacíficas

Aquí se debe partir de lo estipulado en los derechos fundamentales, en donde se aborda la protesta pacífica y el derecho a manifestarse públicamente. En ese sentido, la jurisprudencia ha sido clara y estipula, en primer lugar, la defensa de los derechos fundamentales sobre quienes se ejercen la toma, para luego llegar a mediar en el proceso y concluir con el desalojo del lugar que ha sido ocupado por los manifestantes o personas que lo fomenten. Sin embargo, este tipo de hechos en el país ha sido provocado a veces por el mismo Estado ante la infructuosa negativa de responder socialmente a algunas de las prerrogativas que hace la comunidad en algunos eventos particulares y con justa causa.

Siguiendo los protocolos establecidos como los mencionados en la Ley 1801 de 2016 y el Decreto 003 de 2021 titulado *Estatuto de reacción uso y verificación de la fuerza legítima del Estado y protección del derecho a la protesta pacífica ciudadana*, es posible que la policía establezca al respecto las acciones necesarias para llevar a feliz término este tipo de eventos[61].

---

[61] Fuera de los documentos citados, se puede tener como fuente el texto: FUNDACIÓN IDEAS PARA LA PAZ. ¿Cómo se rige la protesta pacífica en Colombia? Bogotá. Disponible en Internet: <https://multimedia.ideaspaz.org/media/website/FIP_potesta_social_mj.pdf>.

4.5.3.2. Toma de rehenes

En el caso de toma de rehenes, el procedimiento policial obliga para tener en cuenta la vida de quienes están secuestrados y para ello se sigue un protocolo que permita la negociación y posterior liberación de quienes están retenidos contra su voluntad. Así mismo, prima en este tipo de procedimiento la vida de quienes han realizado la toma. Cabe anotar que en este procedimiento se buscará siempre el mecanismo de la negociación a través de la comunicación con los negociadores, para llegar a buen término con este proceso. Sobre el tema se extracta el siguiente procedimiento, similar al que ejerce la policía en el país y que corresponde a:

> ¿Qué opciones tiene la policía frente a una toma de rehenes?
>
> Advierten así que, ante una toma de rehenes, la policía tiene diferentes opciones;
>
> 1) contener y negociar;
>
> 2) el uso de agentes químicos;
>
> 3) el uso de tiradores selectos y por último,
>
> 4) el uso de la fuerza mediante el asalto.
>
> Al plantear la negociación, resulta una constante, la velada (y no tanto) amenaza del uso de la fuerza. Crearon así, el primer equipo de negociadores de rehenes en el mundo. Ellos establecieron estos principios:
>
> - Contener el incidente.
>
> - Negociar.
>
> - Comprender la psique del captor.
>
> - Reconocer la necesidad de dejar pasar el tiempo.
>
> - No perder vidas.

Aún hoy en día, pasados 30 años, tales máximas siguen siendo de rigor. Ellos establecieron el denominado enfoque suave al problema en contraste con el enfoque duro, de exclusivo uso de la fuerza.

A lo largo de toda la década del 70, los incidentes se multiplicaron. Igualmente aumentaron la cantidad de grupos que contenían y resolvían las situaciones. La experiencia fue modificando las pocas normas establecidas. La investigación instaura nuevas reglas.

A la cabeza de toda negociación, se halla la imperiosa necesidad de salvar las vidas de los rehenes. El aumento de los incidentes llevó a la progresiva especialización de los operadores. Al comenzar los años 80, los equipos tácticos y los de negociación se hallaban sólidamente establecidos, tanto en los EE.UU como en diferentes países europeos (Reino Unido, Francia y Alemania). Ante una toma de rehenes, los amateurs habían sido dejados de lado[62].

4.5.3.3. Inutilización de pistas clandestinas

Desde el tema del delito y la forma como la policía lo combate, para evitar que este flagelo cobre mucho más fuerza en el territorio nacional, el narcotráfico es uno de los principales factores que debe ser controlado por la institución, en toda la extensión del territorio nacional y, por ello, ejerce algunas actividades de control direccionadas a controlar el comercio, transporte y distribución de estupefacientes; al respecto, el Código de Policía, (ahora Código Nacional de Seguridad y Convivencia Ciudadana) Ley 1801 de 2016, estipula tres procedimientos claves para atender este delito, donde se encuentran: inutilización de pistas clandestinas, destrucción de cultivos ilícitos y destrucción de laboratorios; para cada uno de ellos se seguirá un procedimiento específico, el cual se configurará en base a los lineamientos establecidos por el estado colombiano en este sentido[63].

---

62 ARIZAGA, Eduardo M. Manejo y resolución de crisis con rehenes. Disponible en Internet: <https://www.forodeseguridad.com/artic/discipl/disc_4030.htm>.

63 El documento que aborda la información importante sobre el tema es:

Para el caso de acción de la policía, este procedimiento requerirá la coordinación con la Dirección de Antinarcóticos para planificar y ejecutar operaciones alternas a la radicación anual tendientes a ubicar y destruir laboratorios semilleros pistas clandestinas caletas incautaciones y capturas entre otros. Seguido lo anterior, en el evento en que la unidad no cuente con las capacidades y las condiciones de orden público que ameriten dicho apoyo.

En virtud de esto la Policía Nacional se encargará de establecer los operativos que considere en las zonas de mayor influencia del narcotráfico con miras a ejecutar la destrucción e inutilización de este tipo de espacios que sirven para la distribución de los narcóticos de los grupos al margen de la ley. De igual manera, se reitera que el procedimiento estará vinculado sobre la defensa de los derechos fundamentales de las personas, primando el derecho a la vida y el derecho al adecuado proceso cuando se realizan capturas[64].

4.5.3.4. Destrucción de cultivos ilícitos

Este procedimiento se trabaja de la siguiente manera, de acuerdo con lo mencionado y ajustado por la normatividad vigente Ley 599 de 2000:

> 7. ERRADICACIÓN DE CULTIVOS ILÍCITOS
> Fundamento jurídico
> - Delito tipificado en el artículo 375 de la Ley 599 de 2000.
> - El procedimiento adelantado por el personal de policía judicial para la destrucción de plantaciones y sustancias incautadas se encuentra regulado en el artículo 77 de la Ley 30 de 1986[5].
> - Se trata de conductas que afectan el bien jurídico de la salud pública, el cual sanciona la conducta de cultivar, conservar o fi-

64 Uno de los procedimientos generales se encuentra en el documento producido por Costa Rica y referenciado así: ASAMBLEA LEGISLATIVA DE LA REPÚBLICA DE COSTA RICA – VOILA PACHECO, Zoila Rosa. Proyecto de Ley. Ley para inutilizar pistas de aterrizaje no autorizadas. Disponible en Internet: <https://d1qqtien6gys07.cloudfront.net/wp-content/uploads/2021/04/21621.pdf>

> nanciar, sin permiso de autoridad competente, plantaciones de marihuana o cualquier otra planta de las que pueda producirse cocaína, morfina, heroína, o cualquier otra droga que produzca dependencia, de acuerdo a las definiciones dadas en la Ley 30 de 1986.
> - El derecho al libre desarrollo de la personalidad, como cualquier otro derecho fundamental, no es absoluto, éste no puede ser invocado para desconocer los derechos de otros, ni los derechos colectivos, ni mucho menos para limitar la capacidad punitiva del Estado frente a comportamientos que pongan en peligro el orden social o económico, o el ejercicio de los demás derechos que se reconocen a todos los ciudadanos (C-689 de 2002).
> **Procedimiento**
> - En la erradicación de cultivos ilícitos, cuando sea objeto de ataques, con armas blancas o contundentes, en los términos de la Ley 2197 de 2022[6], se deberá intervenir bajo el protocolo dispuesto para la UNDMO, la cual aplicará lo establecido en la norma que la regula.
> - Si en el procedimiento de erradicación se atenta o pone en riesgo la vida o la integridad de las autoridades o personal que lleva a cabo la intervención, se deberá restablecer el orden, incluso por la fuerza[65].

Este procedimiento se complementa con lo mencionado en los documentos oficiales de la entidad, en donde se realizará coordinación con la dirección de antinarcóticos para planificar y ejecutar operaciones alternas a la erradicación anual, tendientes a ubicar y destruir laboratorios semilleros, pistas clandestinas, caletas, incautaciones y capturas, entre otros. Además de colaboraciones interinstitucionales, en el evento en que la unidad no cuente con las capacidades y las condiciones de orden público que ameriten dicho apoyo.

En virtud de esto la Policía Nacional se encargará de establecer los operativos que considere en las zonas de mayor influencia del narcotráfico, con miras a ejecutar la destrucción e inutilización de

---

65 ALCALDÍA MAYOR DE BOGOTÁ – SECRETARÍA JURÍDICA DISTRITAL DE LA ALCALDÍA MAYOR DE BOGOTÁ. Instructivo 009 de 2022 de la Policía Nacional – Dirección General. Bogotá, septiembre 23 de 2022. Disponible en: https://www.alcaldiabogota.gov.co/sisjur/normas/Norma1.jsp?i=128439.

este tipo de espacios, los cuales sirven para la distribución de los narcóticos de los grupos al margen de la ley. Asimismo, se reitera que el procedimiento se vincula con lo mencionado sobre la defensa de los derechos fundamentales de las personas, primando el derecho a la vida y al debido proceso cuando se realizan capturas.[66]

4.5.3.5. Destrucción de laboratorios

El tercer aspecto en referencia es la destrucción de laboratorios y aunque no se aborda directamente en la erradicación manual de cultivos ilícitos, lo cierto es que la Policía realiza operativos de forma coordinada con otras instituciones para planificar y ejecutar operaciones que lleven a la destrucción de este tipo de laboratorios, al igual que realizar la captura de sospechosos que se encuentren en este tipo de lugares[67].

Claro que la información es dable encontrarla en las disposiciones vigentes sobre narcotráfico y las leyes que sobre el tema se tienen en cuenta para combatir este flagelo y que además siguen vigentes en la actualidad como la Resolución 1065 del 2001, la Resolución 1054 del 2003, la Resolución 0013 de 2003, la Resolución 015 de 2005, la Resolución 0008 de 2007 y la Resolución 0001 de 2012. Dentro del procedimiento se incluye también la elaboración

---

66 Para mayor detalle de este aspecto se puede consultar: POLICÍA NACIONAL DE COLOMBIA DIRECCIÓN GENERAL–OFICINA DE PLANEACIÓN. Manual de antinarcóticos para la erradicación manual de cultivos ilícitos. Bogotá, 2010. Disponible en Internet: <http://www.mamacoca.org/docs_de_base/Cifras_cuadro_mamacoca/34.pdf>.

67 También se pueden incluir en este apartado lo relacionado con el trabajo investigativo que hace la policía en inteligencia para investigar a los grupos armados contrainsurgentes y aquí se agrega: PACHECO JIMÉNEZ, Juan Sebastián; ÁVILA GONZÁLEZ, Jorge Hendrik; VELASCO CARDOZO, Carlos Andrés. Política de la Policía Nacional para confrontar a los grupos armados ilegales con tendencia contrainsurgente en Colombia. Bogotá, 2019. Disponible en Internet: <https://revistalogos.policia.edu.co:8443/omp/index.php/editorial/catalog/download/2/2/10?inline=1>.

de reportes operativos que aborden el detalle de la operación, los cuales deben ser presentados con antelación y posterioridad, aportando el desarrollo y los logros obtenidos en este sentido[68].

4.5.3.6. Asalto a unidades policiales

Sobre este aspecto se relaciona todo lo vinculado a la jurisprudencia sobre actos de terrorismo[69], hurto, asalto, e intento de asesinato, entre otros delitos tipificados en el Código Penal colombiano o Ley 599 de 2000 y las circunstancias que rodean este tipo de delitos como la agravación o la atenuación punitivas. Esto mismo sucede cuando se ejecuta en servidor público (en este caso la policía), aquí el mencionado código establece agravantes y tipificaciones al respecto.

4.5.3.7. Homicidios miembros institución

Este procedimiento varía de si se ejecuta un ciudadano o en un policía (funcionario del Estado) y ello se encuentra referenciado en la Ley 2197 de 2022, por medio de la cual se dictan normas tendientes al fortalecimiento de la seguridad ciudadana y otras disposiciones. Además, se agrega en dicha jurisprudencia el tema de homicidio agravado u homicidio con fines terroristas, así como la violencia contra servidor público, en cuyo caso se determinan las penas que pueden acaecer en cualquiera de los casos, además de las circunstancias de agravación punitiva.[70]

---

68 *Ibidem.*

69 De acuerdo con la Ley 599 de 2000 se relacionan los artículos 144 a 146 en este tema.

70 El documento en referencia sobre el tema es: CONGRESO DE COLOMBIA. Ley 2197 de 2022. Bogotá, 2022. Disponible en Internet: <https://www.funcionpublica.gov.co/eva/gestornormativo/norma.php?i=176406>.

4.5.3.8. Secuestro miembros de la institución

Al respecto, la Ley 733 de 2002 y la Ley 40 de 1993 establecen las medidas tendientes a erradicar los delitos de secuestro, terrorismo y extorsión y otras disposiciones relacionadas con el tema. En este sentido, estas disposiciones no solo definen los tipos de secuestro, sino que tipifican las penas existentes en los casos de delincuencia, grupo extorsivo, entre otras particularidades. A lo anterior se suma el agravante de que se realiza sobre funcionario público y ejerce una función dentro del Estado[71].

4.5.3.9. Entrega voluntaria de subversivos

Para la realización de este procedimiento se deben seguir una serie de protocolos tendientes a garantizar la seguridad de quienes se encuentran en el lugar donde se realiza el encuentro, así como a proteger y salvaguardar a quienes están a su alrededor, la población civil.

De igual forma, garantizar la protección de los derechos fundamentales a todos, incluido quien se entrega. Cabe anotar que quien se desmoviliza, debe seguir unos protocolos vigilados de la mano por la institución policial, con miras a evitar situaciones que puedan llegar a generar un delito mayor o afectar la paz y la tranquilidad de los habitantes del sector en donde se realice el procedimiento en cuestión[72]. Todo lo anterior se justifica igual-

---

71 Las disposiciones en referencia son: CONGRESO DE COLOMBIA. Ley 2197 de 2022. Bogotá, 2022. Disponible en Internet: <https://www.funcionpublica.gov.co/eva/gestornormativo/norma.php?i=22772>. CONGRESO DE COLOMBIA. Ley 40 de 1993. Bogotá, 1993. Disponible en Internet: <https://www.funcionpublica.gov.co/eva/gestornormativo/norma.php?i=16061#0>.

72 Las disposiciones consultadas en este sentido son: CONGRESO DE COLOMBIA. Ley 104 de 1993. Bogotá, Colombia. 1993. Disponible en Internet: <https://www.funcionpublica.gov.co/eva/gestornormativo/norma.php?i=8743>. CONGRESO DE COLOMBIA. Ley 418 de 1997. Bogotá, Co-

mente con lo mencionado por la Fiscalía General de la Nación la cual, al abordar el tema de justicia transicional, refiere:

La Dirección de Justicia Transicional nació con la antigua Unidad Nacional de Fiscalías para la Justicia y la Paz creada mediante la Ley 975 de 2005, "por la cual se dictan disposiciones para la reincorporación de miembros de grupos armados organizados al margen de la ley, que contribuyan de manera efectiva a la consecución de la paz nacional y se dictan otras disposiciones para acuerdos humanitarios". Esta ley constituyó el marco legal mediante el cual el gobierno nacional y los principales grupos paramilitares y de autodefensa terminaron el proceso de negociación iniciado a finales del año 2002[73].

4.6. ACERCA DE LOS INSTRUMENTOS DE DD. HH.

En la actualidad, el Estado tiene una presencia mucho más sensible con respecto al tema de los derechos humanos. Esta situación no solo radica en la observación detallada que ha hecho de los derechos fundamentales, sino en la profundidad que ha hecho sobre los aspectos que de ellos se derivan, sobre todo a nivel internacional, en las asambleas de las Naciones Unidas, en donde se han estudiado en punto diferentes situaciones que afectan a las comunidades y que no solo con los primeros instrumentos es posible actuar para impedir estas situaciones o llamar la atención sore su violación.

---

lombia. 1997. Disponible en Internet: <https://www.funcionpublica.gov.co/eva/gestornormativo/norma.php?i=6372#131>. FISCALÍA GENERAL DE LA NACIÓN. Justicia transicional. Bogotá, diciembre 9 de 2014. Disponible en Internet: <https://www.fiscalia.gov.co/colombia/justicia-transicional-2/>.

73 FISCALÍA GENERAL DE LA NACIÓN. Justicia transicional. Bogotá, diciembre 9 de 2014. Disponible en Internet: <https://www.fiscalia.gov.co/colombia/justicia-transicional-2/>.

Esta transformación va más allá de adherirse a la Declaración Universal de los Derechos Humanos, la Convención sobre los Derechos del Niño o la adhesión al Estatuto de la Corte Internacional, consiste en que desde su interior nazca una verdadera simpatía por el tema y, en este sentido, se creen los instrumentos que los defiendan, fuera de los convenios o pactos internacionales y se permita además establecer lineamientos particulares que los defiendan o eviten los abusos en determinados casos mediante leyes, decretos, y todo tipo de regulaciones nacionales y locales, así como dentro de las mismas instituciones del Estado con sus propios reglamentos internos y disposiciones.

A ello se suman las fiscalizaciones que realiza la ONU con sus organismos para verificar el cumplimiento de lo pactado y evitar llamados de atención y sanciones, estas últimas a través de la Corte Interamericana de Derechos Humanos. Para mayor claridad en este punto baste recordar la tabla 28, del capítulo primero, en donde se mencionan este tipo de instrumentos internacionales y donde además se encuentra la fecha de ratificación por parte del país, luego de estudiar y analizar cada uno de estos convenios.

A ello se suma el listado de organismos de revisión y cumplimiento establecidos y que dieron fe del cumplimiento y establecimiento de estas disposiciones, y la jurisprudencia relacionada por el país para el amparo de estas situaciones en el territorio colombiano.

Con la ratificación por parte del país y el desarrollo de las normativas jurisprudenciales viene el tercer elemento, este corresponde a la aplicación de estas disposiciones en el territorio colombiano. Aquí se vinculan entonces los medios necesarios y los procedimientos a través de los cuales dará a conocer dicha normativa internacional y la forma en que se verá aplicada, es decir, desde cuándo será posible reclamarla o darle cobertura al derecho que se ampara en este sentido.

Uno de ellos es la difusión, la cual se hará a través de los medios estatales o públicos, en especial los de mayor difusión (como la televisión o la radio, y en la actualidad el internet), con miras a lograr que toda la población se entere y conozca del tema.

Como ya se dijo, los organismos del Estado también tendrán la responsabilidad de aplicar esta normatividad, no solo cuando se ejecute el proceso de difusión sino en las revisiones y ajustes de sus reglamentaciones internas, como, por ejemplo, lo que ha ocurrido con la Policía Nacional de Colombia y los ajustes que ha hecho al nuevo código de policía (Código Nacional de Seguridad y Convivencia Ciudadana), hoy Ley 1801 de 2016, en donde se avanza sobre el tema de defensa y protección de los derechos humanos y en la necesidad de ampararlos en los casos que estipula la ley y que en este momento se convierten de aplicación directa.

Con este proceso de transformación social del Estado, llegan nuevas adhesiones a nuevos aspectos que se encuentran en este tema de los derechos humanos, de ahí que no solo se hable de proteger la vida como derecho fundamental, sino respetar los derechos civiles y políticos de las personas; eliminar formas de discriminación contra los diferentes tipos de personas, en especial contra las mujeres; rechazar la tortura y tratos inhumanos; respetar los derechos de los trabajadores, incluidos quienes son migrantes, así como sus familias; entre muchos más, que sería extenso nombrar pero que en este momento se pueden mencionar de forma general.

Esta transformación de la institución viene acompañada de los nuevos preceptos que establece el gobierno nacional para mejorar la calidad del servicio policial, busca que la perspectiva de protección, garantía y respeto de los derechos humanos se haga cada vez más visible en las comunidades. Al respecto opina la Policía Nacional lo siguiente:

> En este sentido, el Gobierno y la Policía Nacional están comprometidos con los avances en el reconocimiento y desarrollo de los derechos humanos; esto en el marco de múltiples cambios sociales y la constante reivindicación de derechos ciudadanos que permanentemente presentan retos en esta materia. Es por esta razón que todos los esfuerzos se han direccionado a fortalecer la comunicación y el diálogo transparente con organizaciones de la sociedad civil y defensores de derechos humanos, emprendiendo además

> una ambiciosa transformación, a través de la mejora continua y la modernización se avance en la protección, garantía y respeto de los derechos humanos en el territorio nacional[74].

Además de este proceso de cambio, la Policía Nacional de Colombia ha establecido una nueva mirada sobre este tema y ha entendido las transformaciones que sufre la sociedad y la necesidad del reconocimiento internacional que también se requiere en este sentido y por ello ha centrado su mirada establecer relaciones más cercanas con las comunidades, generando de esta manera una transformación más direccionada hacia la protección.

Este cambio se aprecia de forma interna con los ajustes que la misma policía ha tenido en cuanto al modelo que utiliza ahora, incorporando estándares y reformas que modifican este modelo educativo de formación policial y le da un nuevo aliento, proyectando a la institución en una nueva línea de trabajo, sin desligar las funciones que ya tiene a su cargo y por las cuales se rige. Así las cosas y atendiendo esta prerrogativa se puede mencionar lo siguiente:

> A partir de una reestructuración interna que reconoce la importancia de elevar al más alto nivel institucional la gestión estratégica de los derechos humanos, mediante Decreto 113 del 25 de enero de 2022, el Ministerio de Defensa Nacional creó la Oficina Asesora Comisionado de Derechos Humanos para la Policía Nacional encargada de liderar la política de promoción, respeto, garantía y protección de los derechos humanos[75].

Dicho comisionado tendrá como funciones importantes: dinamizar los procesos de promociones y difusión de los derechos humanos; atender a las comunidades, líderes y defensores de derechos humanos y hacer seguimiento a las disposiciones de los sistemas in-

---

74 POLICÍA NACIONAL DE COLOMBIA. Derechos Humanos en el marco del servicio de policía. Bogotá, 2022. Disponible en Internet: <https://transformacion.policia.gov.co/wp-content/uploads/2023/03/Derechos-Humanos-Transformacion-policial-mas-humana.pdf>.

75 *Ibidem.*

ternacionales de protección de derechos humanos. También tendrá un espacio de observación, el cual se encargará de analizar los fenómenos sociales para dar respuesta a las diferentes problemáticas, tanto en las comunidades como desde el punto de vista de las entidades.

Por último, con el grupo de género, hará asesoramiento o implementación de líneas de acción sobre este enfoque, teniendo en cuenta la normatividad que rige en el momento y a través de la cual se espera llegar a la creación del Instituto de Investigación de Derechos Humanos y Conflictividad Social Antonio Nariño.[76]

Para que este tipo de normativas surta efecto se debe recordar por ejemplo que el Congreso de la República expidió la Ley 2179, del 30 de diciembre de 2021, a través de la cual instó a la Policía Nacional a fortalecer la profesionalización del servicio, con un enfoque particular en derechos humanos, permitiendo así que los nuevos programas que se diseñaron, ajustaron y mejoraron, llevaran a una adecuada preparación y mejoramiento de lo que se debía entender y atender dentro de la profesión policial, en especial con relación a la sociedad. De esta manera, los profesionales que se formaron en este sentido recibieron capacitación en el desarrollo de los derechos humanos a nivel teórico-práctico, buscando un desempeño laboral actitudinal procedimental y conceptual alto.[77]

En este proceso no solamente se creó el centro de estándares como iniciativa para determinar los lineamientos básicos que todo uniformado debe cumplir en su proceso de ingreso a la institución, sino que se desarrollan cursos relacionados con el tema de derechos humanos, el uso legítimo de la fuerza y los procedimientos policiales que ya se mencionaron arriba, entre muchos otros y cuyas características son la obligatoriedad y la certificación que quienes pertenecen a la institución deben tener.

---

[76] Información tomada y adaptada del documento en referencia: *Derechos Humanos en el marco del servicio de policía.*

[77] Información tomada y adaptada del documento en referencia.

A lo anterior se agrega la relación que la Policía Nacional de Colombia debe tener con el tema de seguridad y protección de las personas y que en el estatuto disciplinario policial fue modificado mediante la Ley 2196, del 18 de enero del 2022, para mejorar el marco normativo del servicio policial y establecer los fines esenciales que el Estado quiere que esta institución desarrolle y cumpla a nivel nacional para, a su vez, corresponder con los estándares internacionales y los instrumentos de derechos humanos ya referidos.

Finalmente, se puede decir que este compromiso desarrollado por la policía se hace evidente hacia las comunidades y hacia la sociedad en general y permite que no solamente los organismos de índole nacional, sino internacional, apoyen el compromiso del mejoramiento de esta nueva perspectiva y aporten a este proceso cuando observan que la institución realiza o ejecuta su trabajo de manera responsable.

4.7. ¿QUÉ SE ENTIENDE POR VIOLACIONES A LOS DD. HH.?

Inicialmente se puede decir que el concepto referido por el Estado sobre violaciones a los derechos humanos es el siguiente:

> Las violaciones a los Derechos Humanos se refieren a las acciones u omisiones del Estado y/o sus agentes, que atentan, desconocen y afectan negativamente los derechos contemplados en la Declaración Universal de los Derechos Humanos y los instrumentos regionales en Derechos Humanos[78].

---

78 SECRETARÍA DISTRITAL DE GOBIERNO – ALCALDÍA MAYOR DE BOGOTÁ. Concepto violación de derechos humanos. (s.f.) Disponible en Internet: <https://www.gobiernobogota.gov.co/transparencia/informacion-interes/glosario/violacion-derechos-humanos#:~:text=Las%20violaciones%20a%20los%20Derechos,instrumentos%20regionales%20en%20Derechos%20Humanos>.

De esta manera, es posible ver que lo entendido se vincula con los propósitos emanados de la carta de las Naciones Unidas, en donde se menciona la necesidad de mantener la paz y la seguridad internacional como elementos importantes de la organización social. En este sentido se afirma:

> La violencia y los conflictos socavan el desarrollo sostenible. Las violaciones de los derechos humanos son una causa primordial de los conflictos y la inseguridad, los que, a su vez, resultan invariablemente en nuevas violaciones de los derechos humanos. Es así que las acciones para proteger y promover los derechos humanos cuentan con poderes preventivos inherentes, mientras que los enfoques basados en los derechos en materia de paz y seguridad aportan esta potencia a los esfuerzos para lograr una paz sostenible. El marco normativo de los derechos humanos proporciona también una base sólida para abordar cuestiones muy preocupantes en los países, o entre ellos, las que, si no se atienden, pueden conducir a conflictos. El análisis y la información sobre los derechos humanos constituyen herramientas para la alerta temprana y la actuación temprana específica que aún no se han aprovechado plenamente[79].

Con el tratamiento que se ha hecho del tema de derechos humanos en el capítulo primero de este documento, se buscó establecer una serie de consideraciones generales que permitieran comprender lo que se entendía por dicho concepto, los alcances que tiene en Colombia y la manera como el país se ha adherido a diferentes protocolos y tratados que le han obligado a reconocerse en temas particulares de la defensa de estos derechos y la necesidad de generar estrategias de preservación a nivel estatal (en los niveles: nacional, departamental y municipal).

---

79 ORGANIZACIÓN DE LAS NACIONES UNIDAS (ONU). Prevenir las violaciones de los derechos humanos y fortalecer su protección, incluso en situaciones de conflicto e inseguridad. 2022. Disponible en Internet: <https://www.ohchr.org/es/about-us/what-we-do/our-roadmap/preventing-violations-and-strengthening-protection-human-rights-including-situations-conflict-and#:~:text=La%20violencia%20y%20los%20conflictos,violaciones%20de%20los%20derechos%20humanos>.

De igual forma, en este tipo de estrategias predomina el vínculo relacionado con los organismos creados por el Estado como la Fiscalía General de la Nación y la Policía Nacional de Colombia, instituciones encargadas de regular el tema en cuanto a investigación de abusos y de preservación del orden para que los derechos humanos no se violenten.

Ahora, al tener claridad sobre el término, es dable considerar que existen situaciones en las cuales se va en contra de las directrices de la ONU y demás instituciones internacionales porque en la medida en que ocurren, es decir, cuando se lleva a las personas a protestar, marchar, hacer plantones, etc., es posible que se generen abusos por parte de la autoridad (policía, ESMAD, ejército), pues estos organismos son los encargados de mantener el orden y evitar poner en peligro a la población, aunque a veces estos consideran que la mejor forma de regular los comportamientos de los protestantes es a través de las acciones de hecho, es decir, mediante la violencia física, el arresto y la judicialización de quienes hacen parte de estas movilizaciones.

La ONU también considera que al verse incumplida las normas internacionales y al no haber una adecuada protección de los derechos humanos en un estado las acciones que se ejecuten en este sentido no solamente violentan la paz y la armonía del territorio sino que impiden la consolidación de la paz y buscar un desarrollo adecuado en estos lugares.

En ese orden de ideas, lo correcto sería pensar en que las mejores situaciones son aquellas en las cuales media la comunicación como un punto de intercambio de opiniones y de manifestación de lo que vive la comunidad con las fuerzas del Estado; pero a veces es la misma comunidad quien considera que la protesta debe incluir acciones de hecho y por esta razón, ante la inminente violencia que se pueda generar en este tipo de movilizaciones, el Estado ordena la disolución y entonces estos organismos entran a reprimir a la comunidad para que dejen de hacerlo y regresen a sus casas.

Pero la verdad es otra, pues muchas veces las protestas se generan por un malestar particular, el cual tiene origen ante una situación considerada injusta, como reformas económicas, falta de oportunidades sociales y económicas, entre otras y la inoperancia del Estado para atender este tipo de quejas, hace que las personas planteen esta alternativa como medio de encontrar solución a sus inquietudes o como espacio para que estas sean eliminadas de la mesa.

Luego de los eventos del estallido social del año 2021 que ocurrieron en el país, en especial por la situación de la reforma económica planteada y que, ante las protestas, fue retirada días después, se llegó a una alteración del orden público, la cual fue controlada por el Estado a través de los agentes armados, quienes tomaron la decisión de tomar las armas y los diferentes medios que tuvieron a su alcance para regular las manifestaciones, dejando un número importante de muertos, heridos, capturados y judicializados en el país.

Esto, antes que detener o solucionar el problema generó una protesta aún mayor en ciudades como Cali, donde los disturbios provocaron no solo daños en la infraestructura de la ciudad sino en la calidad de los habitantes, porque los protestantes de apostaron en diferentes partes de la ciudad y evitaron que las fuerzas del Estado retomaran el control. A lo anterior se sumaron denuncias de desapariciones (en un número indeterminado) y abusos de todo tipo, tanto de la autoridad como de los manifestantes.

Ante esta problemática el país adoptó una nueva postura en este sentido y más allá de manifestar su adhesión a las directrices sobre protección de los derechos fundamentales y manifestar su negativa sobre las violaciones realizadas por las fuerzas del Estado, estableció como prerrogativa generar mesas de diálogo, en mesas de concertación, para generar avances sobre las situaciones que dieron origen a las situaciones, estudiar las problemáticas y realizar avances en este sentido.

Para esto, como se ha dicho, se establecieron directrices que fueron tomadas de las instituciones reguladoras de los derechos humanos a nivel internacional como la ONU, la corte interamericana de derechos humanos (CIDH), la OEA, entre otros organismos, quienes han estado vigilando el cumplimiento de las disposiciones estatales y han amparado los derechos fundamentales de las personas en diferentes situaciones anteriores, cuando se los ha violentado en su integridad física o mental, o sus dimensiones (social, política, cultural, religiosa, etcétera).

A nivel jurisprudencial, y dejando un poco el concepto y la relación de este con los hechos que son materia de estudio a nivel estatal, se destaca que es el mismo Estado es quien, a través de las tres ramas del poder público: ejecutivo, legislativo y judicial, será el encargado de hacer respetar y garantizar los derechos humanos porque es el estado quien justamente existe para garantizar y hacer énfasis en la salvaguarda de estos y es un derecho al cual todos los ciudadanos tienen una adhesión importante y por el cual se debe buscar su cumplimiento.

Sin embargo, en la actualidad las violaciones de derechos humanos en el país cobran un alto interés particular, no solo por la necesidad de desestabilizar la sociedad y generar miedo, sino porque además se busca generar impotencia en el Estado ante la falta de mecanismos que prevengan la realización de este tipo de situaciones.

En el caso policial y como se ha referenciado, hay diferentes estrategias que la institución debe utilizar para evitar llegar a violar los derechos de un ciudadano, razón por la cual sus acciones y protocolos deben estar siempre encaminados a cumplir las directrices, no solamente las emanadas de la organización de las Naciones Unidas sino las regulaciones que el país ha creado y fomentado desde los estrados judiciales y las altas cortes, así como desde la generación de documentos que auspicien la prevención del delito y de documentos que lo condenen en contra de las personas.

En este sentido, se recuerda que más allá de las acciones particulares, predominantes en la institución, no se deben dejar de lado las nuevas miradas sobre el tema y los enfoques sobre los procedimientos que ejecuta la policía sino ahondar en las nuevas estrategias al respecto, desde nuevas líneas y para mejorar la relación con la institución y generar alianzas que ayuden a eliminar el delito del territorio nacional.

Ahora, fuera de las violaciones que se han mencionado, por parte de la fuerza pública, se debe recordar que algunas de estas, aunque no generan violencia física, si llevan al repudio por abordar temas diversos como la segregación, el racismo y la discriminación, entre otras. Por este motivo se hace urgente un tratamiento que se incluya en las directrices de las instituciones estatales, siguiendo los parámetros internacionales como la ONU, desde la cual han salido algunos protocolos y donde el país ha generado para evitar abusos.

Conclusiones

Las diferentes acepciones sobre lo que se entiende por derechos humanos (internacional y nacional), se relacionan no solo con la Constitución Política de Colombia, de 1991, sino con otros pronunciamientos a nivel jurídico (leyes y decretos), jurisprudencia y de instituciones que hablan sobre el tema. El concepto de proporcionalidad obliga a la fuerza pública a equilibrar su accionar en relación con el nivel de actuación en sus procedimientos, siempre estableciendo una protección sobre la integridad y todos los derechos de a quién vincula a su accionar o de a quien señala como sospechoso.

Las principales instituciones internacionales que resguardan los derechos humanos son: La Comisión Interamericana de Derechos Humanos; La Corte Interamericana de Derechos Humanos y la Organización de las Naciones Unidas (ONU), las cuales tienen diferentes funciones y cobertura, pero buscan el mismo principio: la defensa y protección de los derechos humanos; a esto se agrega también el mejoramiento de las relaciones entre el Estado y los ciudadanos, atendiendo la salvaguarda de los derechos fundamentales, los cuales deben ser amparados por las diferentes instituciones y a los que tiene derecho todo ciudadano.

Cabe anotar que algunas de las normal como la Ley 1801 de 2016, se pregunta sobre la forma en que la policía debe mejorar su accionar para corregir la relación con la ciudadanía y determinar mejores acciones sobre los procedimientos que ejecuta, así como las sanciones que puede recibir la autoridad policial en el dado caso de omitir sus acciones o sobrepasar las funciones al respecto.

También se reconoce que la jurisprudencia, en materia de derechos humanos, tiene un papel fundamental en el desarrollo y fortalecimiento de los estándares y principios de las relaciones con la sociedad, por esta razón, las decisiones judiciales deben ser precedentes y sentar las bases para una adecuada interpretación y aplicación de la justicia, así como el hecho de que deben influir en la creación y modificación de leyes y políticas públicas que se integren a la tipología de los derechos y el amparo de los mismos.

Un segundo aspecto importante se relaciona con las bases de la política que sigue la institución en su relación con la unidad institucional que debe predominar, con el servicio de la entidad hacia la comunidad, con la transparencia de esta, con la gestión de su talento humano y cultural, con el buen uso de los recursos, con la necesidad de su educación e innovación y con el mejoramiento que se debe hacer en relación a la comunicación estratégica. Todo ello en busca de una mejor calidad del servidor público de la institución y en pro del mejoramiento de la calidad de su servicio y en la forma cómo actúa frente a la comunidad, en pro de la defensa de los derechos humanos.

Es de resaltar las obligaciones del Estado respecto a los instrumentos de derechos humanos, especificando que la garantía de estos se debe relacionar a través de la conjunción de los cuatro elementos principales y sobre los cuales se debe estudiar y analizar y que en este caso son: prevención de los hechos, investigación de las situaciones, sanción en relación con las leyes vigentes y reparación a las víctimas de acuerdo con los fallos obtenidos.

Se destaca la relación de los cuerpos de policía y el Estado, donde se relaciona el concepto de policía, sus obligaciones y la jurisprudencia que los organismos internacionales han relacionado sobre los alcances que esta debe tener y las disposiciones a nivel nacional que se han establecido para justificar el accionar de la institución y los límites que debe tener.

Al abordar la relación existente entre los modelos de intervención policial y sus implicaciones en derechos humanos, se hace relación de las disposiciones vigentes que hay en el Estado y cómo estas deben ser respetadas, desde la aceptación y con total garantía de la defensa de los derechos fundamentales de sus ciudadanos.

Para comprender mejor los diferentes modelos de intervención policial se abordan algunos de los procedimientos especiales que sigue la policía los cuales, de manera personal, fueron catalogados como de competencia estatal y política, de vista social y en relación con el combate del delito, para llegar finalmente a establecer relaciones con los instrumentos de derechos humanos y finalmente establecer como se vincula ello con el término de violación de los derechos humanos y sobre quiénes recae esta acción.

Dentro del texto se ha abordado también la necesidad de conservar el orden público como parte del ajuste de las normas internacionales que se han aceptado y que se debe regular en relación con la dimensión de la institución policial y de lo que debe acatar la sociedad.

En términos generales, la prevención de delito y sus alcances también se ha señalado como parte de lo que la institución policial menciona en su regulación interna y en aquella determinada por el Estado y que no se desliga de la establecida a nivel internacional y sobre la cual se amparan los derechos fundamentales de las personas.

El cuerpo de Policía de Colombia tiene como gran política transversal en todas sus actuaciones, la garantía, preservación, promoción y defensa de los DD. HH., y por lo tanto, todas las personas deben estar tranquilas, pese a que algunos miembros de la institución con su actuar pueden deslegitimar la importante labor desarrollada. De otra parte, recordemos que los hombre y mujeres que integran el cuerpo policial de Colombia, también son sujetos de derechos y deberes, aunque se les exija mayor diligencia en su actuar por el hecho de representar al Estado en todos los territorios.

Finalmente, se recalca que no todos los procedimientos efectuados por los cuerpos de policía, en su relación con las personas, vulneran, violan o trasgreden los DD. HH., pues tal como se pudo revisar existe la obligación de todos los habitantes y ciudadanos de un Estado de prestar colaboración para que los cuerpos de policía ejerzan sus actividades en pro del orden, la seguridad y la convivencia, aunque para algunos individuos se interprete esto como en contra de sus derechos y libertades, a lo cual hay que recordad esa obligación que todos tenemos y que se enmarca en la teoría de las cargas públicas.

Referencias

ACOSTA ROMERO, Miguel. Teoría general del derecho administrativo. España: Ed. Porrúa, 1981. P 35. Disponible en Internet: <https://archivos.juridicas.unam.mx/www/bjv/libros/3/1461/5.pdf>.

AFANADOR RUIZ, Rafael. Acciones de Policía en Cundinamarca. Tesis (Doctor en derecho). Bogotá D.C.: Universidad Externado de Colombia. Facultad de Derecho y Ciencias Sociales y Políticas,1943. p. 4-5.

COLOMBIA. ALCALDÍA MAYOR DE BOGOTÁ y SECRETARÍA JURÍDICA DISTRITAL. Sentencia C-253 de 2019. Bogotá D.C., 2019. Disponible en Internet: <https://www.alcaldiabogota.gov.co/sisjur/normas/Norma1.jsp?i=86009#_ednref84>.

ALCALDÍA MAYOR DE BOGOTÁ y SECRETARÍA JURÍDICA DISTRITAL DE LA ALCALDÍA MAYOR DE BOGOTÁ. Instructivo 009 de 2022 de la Policía Nacional–Dirección General. (23, septiembre, 2022) Bogotá. Disponible en Internet: <https://www.alcaldiabogota.gov.co/sisjur/normas/Norma1.jsp?i=128439>.

AMNISTÍA INTERNACIONAL. Los derechos humanos. Disponible en Internet: <https://www.es.amnesty.org/en-que-estamos/temas/derechos-humanos/>.

AMNISTÍA INTERNACIONAL. Los derechos humanos. Disponible en Internet: <https://www.es.amnesty.org/en-que-estamos/temas/derechos-humanos/>.

AMNISTÍA INTERNACIONAL. En que estamos. Disponible en Internet: <https://www.es.amnesty.org/en-que-estamos/paises/pais/show/colombia/>.

AMNISTÍA INTERNACIONAL. El uso de la fuerza, sin reglas no hay confianza. Disponible en Internet: <https://cdn5.dcbstatic.com/dcd/scormapi_v60/launcher_full.html?host=academy.amnesty.org&id_user=301837&id_reference=3069&scorm_version=1.2&id_resource=443&id_item=443&idscorm_organization=443&id_package=443&launch_type=fullscreen&id_course=158&player=hydra&autoplay_enabled=1&name=el-uso-de-la-fuerza-sin-reglas-no-hay-confianza&return_url=academy.amnesty.org&as_json=1&auth_code=e72605d81dabedd610f322dc2f825f6ecf2553fd&use_sw=1&context=lms&debug=1&rtl=false>.

ANDRADE CORAL, Elizabeth (Ed.) "Derechos Humanos" Una mirada desde el sistema de protección y reparación a las Víctimas del Conflicto Armado Colombiano. Bogotá: Escuela Superior de Guerra "General Rafael Reyes Prieto", 2020.

ARIZAGA, Eduardo M. Manejo y resolución de crisis con rehenes. Disponible en Internet: https://www.forodeseguridad.com/artic/discipl/disc_4030.htm.

ASAMBLEA LEGISLATIVA DE LA REPÚBLICA DE COSTA RICA y VOILA PACHECO, Zoila Rosa. Proyecto de Ley. Ley para inutilizar pistas de aterrizaje no autorizadas. Disponible en Internet: <https://d1qqtien6gys07.cloudfront.net/wp-content/uploads/2021/04/21621.pdf>.

BALTAZAR, Edgar. Apuntes sobre la relación Estado-Policía. En: Cuadernos Inter.c.a.mbio sobre Centroamérica y el Caribe. 2020. vol. 17, no. 1, pp. 1-30. Disponible en Internet: <https://www.redalyc.org/journal/4769/476960345011/html/>.

BARACALDO MÉNDEZ, María Stella. Policía para el Estado social de derecho en Colombia: de ciudadanos a policías. Maestría en Estudios Políticos. Bogotá: Pontificia Universidad Javeriana. Facultad de Ciencia Políticas y Relaciones Internacionales, 2015. Disponible en Internet: <https://repository.javeriana.edu.co/bitstream/handle/10554/50453/Tesis%20Stella%20Baracaldo%20Me%CC%81ndez%20.pdf?sequence=9&isAllowed=y>.

BARDAVÍO ANTÓN, Carlos. Las sectas en derecho penal. España: Universidad de Sevilla, Facultad de Derecho, 2015-2016. Disponible en Internet: <https://idus.us.es/bitstream/handle/11441/54781/Tesis%20Las%20sectas%20en%20derecho%20penal%20Carlos%20Bardavio.pdf?sequence=1&isAllowed=y>.

BECERRA, Dayana. Historia de la policía y del ejercicio del control social en Colombia. Prolegómenos. En: Derechos y Valores. 2010. vol. XIII, no. 26, pp. 143-162. Disponible en Internet: <https://www.redalyc.org/pdf/876/87617274009.pdf>.

BENLLOCH ROMERO, Alejandro. Modelos policiales comparados. España: Universidad Jaume. Grado en criminología y seguridad., 2018-2019. Disponible en Internet: <https://repositori.uji.es/xmlui/bitstream/handle/10234/183865/TFG_2019_Benlloch_Romero_Alejandro.pdf?sequence=1>.

BOBBIO, Norberto; MATEUCCI, Nicola y PASQUINO, Gianfranco. Diccionario de política. México: Siglo veintiuno editores, 1981. Disponible en

Internet: <https://www.terras.edu.ar/biblioteca/10/10ECP_Bobbio_Unidad_1.pdf>.

CAMACHO GUIZADO, Álvaro y LOZADA RICO, Harold (2017) Violencia política y fuerzas de seguridad en Colombia. En: Revista Internacional de Sociología. 2017. Año 55, no. 80.

CANO MENDOZA, María Rosa. Conceptos jurídicos fundamentales. Guanajuato – México. 2018. Disponible en Internet: <https://www.poderjudicial-gto.gob.mx/pdfs/ifsp_conceptosjuridicosfundamentales-1.pdf>.

COLOMBIA. Constitución Política de Colombia. Bogotá. 1991. Disponible en Internet: <https://pdba.georgetown.edu/Constitutions/Colombia/colombia91.pdf>.

ConceptosJuridicos.com. Delito. Derecho Penal. Disponible en Internet: <https://www.conceptosjuridicos.com/co/delito/>.

CONGRESO DE COLOMBIA. Ley 104 de 1993. Bogotá, 1993. Disponible en Internet: <https://www.funcionpublica.gov.co/eva/gestornormativo/norma.php?i=8743>.

CONGRESO DE COLOMBIA. Ley 40 de 1993. Bogotá, 1993. Disponible en Internet: <https://www.funcionpublica.gov.co/eva/gestornormativo/norma.php?i=16061#0>.

CONGRESO DE COLOMBIA. Ley 418 de 1997. Bogotá, Colombia. 1997. Disponible en Internet: <https://www.funcionpublica.gov.co/eva/gestornormativo/norma.php?i=6372#131>.

CONGRESO DE LA REPÚBLICA. Ley 1333 de 2009. Bogotá, Colombia. Disponible en Internet: <https://www.funcionpublica.gov.co/eva/gestornormativo/norma.php?i=36879>.

CONGRESO COLOMBIA. Ley 1523 de 2012. Colombia, 2012. Disponible en Internet: <https://www.funcionpublica.gov.co/eva/gestornormativo/norma.php?i=47141>.

CONGRESO DE COLOMBIA. Ley 2197 de 2022. Bogotá, 2022. Disponible en Internet: <https://www.funcionpublica.gov.co/eva/gestornormativo/norma.php?i=22772>.

CONSTITUCIÓN POLÍTICA DE COLOMBIA. Artículo 35, numeral 2. Bogotá. 1991. Disponible en Internet: <https://pdba.georgetown.edu/Constitutions/Colombia/colombia91.pdf>.

CONSTITUCIÓN POLÍTICA DE COLOMBIA. Artículo 218. Bogotá. 1991. Disponible en Internet: <https://pdba.georgetown.edu/Constitutions/Colombia/colombia91.pdf>.

CORTE CONSTITUCIONAL COLOMBIA. La Corte. Bogotá. 2023. Disponible en Internet: <https://www.corteconstitucional.gov.co/lacorte/>.

CORTE CONSTITUCIONAL DE COLOMBIA. Sentencia C-579 de 2013. Bogotá, 2019. Disponible en Internet: <https://www.corteconstitucional.gov.co/relatoria/2013/C-579-13.htm>.

CORTE INTERAMERICANA DE DERECHOS HUMANOS. Estatuto. 1980. Disponible en Internet: <https://www.corteidh.or.cr/estatuto.cfm>

CORTE INTERAMERICANA DE DERECHOS HUMANOS. ¿Qué es la Corte IDH? Disponible en Internet: <https://www.corteidh.or.cr/que_es_la_corte.cfm>.

CORTE INTERAMERICANA DE DERECHOS HUMANOS. Jurisprudencia de la Corte IDH. 2022. Disponible en Internet: <https://jurisprudencia.corteidh.or.cr/>.

CORTE INTERAMERICANA DE DERECHOS HUMANOS. Sentencias. 2022. Disponible en Internet: <https://www.corteidh.or.cr/casos_sentencias.cfm>.

CRISAFULLI, Lucas Pedro. ¿De qué hablamos cuando hablamos de policía? XXVII Congreso de la Asociación Latinoamericana de Sociología. VIII Jornadas de Sociología de la Universidad de Buenos Aires. Asociación Latinoamericana de Sociología, Buenos Aires, 2009. Disponible en Internet: <https://cdsa.aacademica.org/000-062/278.pdf>.

CUADERNO HISTÓRICO. 4ª. Edición. Órgano de la Academia de Historia de la Policía Nacional. Fundado en 1993. Autor del artículo, Teniente Coronel Hugo Alfonso Cepeda. Disponible en Internet: <https://www.policia.gov.co/sites/default/files/publicaciones-institucionales/cuaderno-historico-edicion-4.pdf>.

CUADERNO HISTÓRICO. 4ª. Edición. Órgano de la Academia de Historia de la Policía Nacional. Fundado en 1993. (enero de 2012) La policía enfrenta su primera prueba el motín bogotano de 1893. Disponible en Internet: <https://www.policia.gov.co/sites/default/files/publicaciones-institucionales/cuaderno-historico-edicion-18.pdf>.

CURSO HERO. Material de estudio y derechos humanos Disponible en Internet: <https://www.coursehero.com/file/199247419/MATERIAL-DE-ESTUDIO-Deontologia-y-ferechos-Humanospdf/>.

DEFENSORÍA DEL PUEBLO. Red de promotores de Derechos Humanos ¿Qué son los DD HH? Bogotá, 2008.

DEFENSORÍA DEL PUEBLO. Conceptos básicos en derechos humanos y obligaciones de los Estados. Bogotá, 2022. Disponible en Internet: <https://www.defensoria.gov.co/documents/20123/1647651/

glosario_PyD_V9_250722.pdf/5cc87729-560d-f530-6948-ba3644faed08?t=1660750985295>.

DICCIONARIO PANHISPÁNICO DEL ESPAÑOL JURÍDICO. Fuerza pública. España, 2023. Disponible en: https://dpej.rae.es/lema/fuerza-p%C3%BAblica

DURAND, Julio César. Sobre los conceptos de "policía", "poder de policía" y "actividad de policía" (PDF). Comentario al dictamen de la Procuración del Tesoro de la Nación del 13 de julio de 2004. En: Revista de Derecho Administrativo (REDA), no. 51, Disponible en Internet: <https://docplayer.es/19390114-Sobre-los-conceptos-de-policia-poder-de-policia-y-actividad-de-policia-1.html>.

FERRO SUÁREZ, Jorge La policía y el control social en Colombia: dilemas y desafíos a comienzos del siglo XXI. En: Revista de Derecho Penal y Criminología. 2015. vol. 3, no. 2.

FISCALÍA GENERAL DE LA NACIÓN. Justicia transicional. Bogotá, diciembre 9 de 2014. Disponible en Internet: <https://www.fiscalia.gov.co/colombia/justicia-transicional-2/>

FUNCIÓN PÚBLICA. Concepto Sala de Consulta C.E. 892 de 1996 Consejo de Estado–Sala de Consulta y Servicio Civil. Bogotá, 1996. Disponible en Internet: <https://www.funcionpublica.gov.co/eva/gestornormativo/norma.php?i=3829>.

FUNCIÓN PÚBLICA. Decreto 003 de 2021. Bogotá, Colombia, 2021. Disponible en Internet: <https://www.funcionpublica.gov.co/eva/gestornormativo/norma.php?i=154406>.

FUNDACIÓN IDEAS PARA LA PAZ. ¿Cómo se rige la protesta pacífica en Colombia? Bogotá. Disponible en Internet: <https://multimedia.ideaspaz.org/media/website/FIP_potesta_social_mj.pdf>.

GARCÍA, Andrea El único golpe del siglo. En: Revista Semana. 8 de abril de 2011. Disponible en Internet: <https://www.semana.com/especiales/articulo/junio-13-1953-brel unico golpc-dcl-siglo/65870-3/>.

GARCÍA FERNÁNDEZ, Fernando. Momentos de Historia de la Policía Nacional de Colombia. Blog elaborado por el comisario (Reserva Policial) Fernando García Fernández, 2016. Disponible en Internet: <https://historiapolicianacionaldecolombia.blogspot.com/2016/02/misiones-extranjeras-que-contribuyeron.html>.

GARCÍA FERNÁNDEZ, Fernando. Momentos de Historia de la Policía Nacional de Colombia. Blog elaborado por el comisario (Reserva Policial) Fernando García Fernández. 2023. Disponible en Internet: <https://historiapolicianacionaldecolombia.blogspot.com/2023/>.

GARCÍA GARCÍA, Emilio. Derechos humanos y calidad de vida. Dpto. de Psicología Básica. Procesos cognitivos. Universidad Complutense. Madrid. 1999. Disponible en Internet: <https://core.ac.uk/reader/19711950 o https://docta.ucm.es/entities/publication/893a8650-560d-4294-9782-ba-9a2a7f9cdd>.

HENAO, Jesús, *et al.* Historia de Colombia. Voluntad. Bogotá, 1967.

INSTITUTO COLOMBIANO DE BIENESTAR FAMILIAR – ICBF. Concepto 66 de 2016. Bogotá, junio 21 de 2016. Disponible en Internet: <https://www.icbf.gov.co/cargues/avance/docs/concepto_icbf_0000066_2016.htm>.

INSTITUTO NACIONAL PENITENCIARIO Y CARCELARIO. Instructivo general para remisión de internos. Bogotá?, 6 de septiembre de 2007. Disponible en Internet: <https://www.camara.gov.co/sites/default/files/2017-07/ANEXO%201.%20PO-30-032-07-V01%20INSTRUCTIVO%20GENERAL%20PARA%20LA%20REMISION%20DE%20INTERNOS.pdf>.

JIMÉNEZ VEGA, Rafael La Policía Nacional en el posconflicto. En: Revista Opera. 2017. no. 20. Disponible en Internet: https://www.redalyc.org/articulo.oa?id=67553886005.

LÓPEZ CÁRDENAS, Carlos Mauricio (Ed.) Reflexiones sobre el sistema interamericano de derechos humanos. Bogotá: Universidad del Rosario Editorial, 2020.

MANIFESTAR. Derecho a la manifestación pacífica. Disponible en Internet: <https://manifestar.org/manifiesta/derecho-a-la-manifestacion-pacifica/#:~:text=%C2%BFQu%C3%A9%20es%2una%20manifestaci%C3%B3n%20p%C3%BAblica%20pac%C3%ADfica%3F,personas%20o%20da%C3%B1o%20a%20propiedades>.

MEDINA ARIZA, Juanjo. Políticas y estrategias de prevención del delito y seguridad ciudadana. Madrid: Editorial Edisofer. España, 2011.

MINISTERIO DE DEFENSA NACIONAL. Cuál es la diferencia entre fuerzas militares y policía, 2023. Disponible en Internet: <https://www.armada.mil.co/eng/node/6890>.

MINISTERIO DE JUSTICIA DE COLOMBIA. Policía. Poder, función y actividad. (s.f.). Bogotá. Disponible en Internet: <https://www.minjusticia.gov.co/programas-co/conexion-justicia/Documents/Infografias/InfografiaInspectores/Policia%20poder,%20funcio%CC%81n%20y%20actividad.pdf>.

MINISTERIO DE JUSTICIA. Ley 1996 de 2019. Bogotá, 2019. Disponible en Internet: <https://www.minjusticia.gov.co/programas-co/conexion-

justicia/Documents/Infografias/InfografiaInspectores/Policia%20poder,%20funcio%CC%81n%20y%20actividad.pdf>.

MINISTERIO DE JUSTICIA. ¿Cómo notificar una desaparición y cómo lograr que se declare la muerte presunta de una persona?, 2018. Disponible en Internet: <https://www.minjusticia.gov.co/programas-co/LegalApp/Paginas/Como-notificar-una-desaparicion-y-como-lograr-que-se-declare-la-muerte-presunta-de-una-persona.aspx>.

MINISTERIO DE JUSTICIA Y DEL DERECHO. Decreto 997 de 2022. Disponible en Internet: <https://www.alcaldiabogota.gov.co/sisjur/normas/Norma1.jsp?dt=S&i=124583>.

MINISTERIO DE RELACIONES EXTERIORES DE COLOMBIA. Derechos Humanos y Derecho Internacional Humanitario. Disponible en Internet: <https://www.cancilleria.gov.co/international/politics/right>.

MINISTERIO DE SEGURIDAD PÚBLICA. DIRECCIÓN DE RECURSOS HUMANOS. Manual de clases policiales. Costa Rica, 2013. Disponible en Internet: <https://www.seguridadpublica.go.cr/transparencia/rh/esc_perfil_puestos/manual_clases_policiales_II_etapa.pdf>.

MINISTERIO DEL INTERIOR DE COLOMBIA–DIRECCIÓN DE DERECHOS HUMANOS. Bogotá, 2023. Disponible en Internet: <https://www.mininterior.gov.co/direccion-de-derechos-humanos/derechos-fundamentales/>.

MONTALVO ABIOL, Juan Carlos. Concepto de orden público en las democracias contemporáneas. En: RJUAM. 2010. No. 22, pp. 197-222. Disponible en Internet: <https://revistas.uam.es/revistajuridica/article/download/6009/6464/0>.

NACIONES UNIDAS (ONU) Oficina del Alto Comisionado. Declaración Universal de Derechos Humanos. Disponible en Internet: <https://www.ohchr.org/sites/default/files/UDHR/Documents/UDHR_Translations/spn.pdf<.

NACIONES UNIDAS (ONU). Derechos Humanos. Oficina del Alto Comisionado. Los principales documentos internacionales de derechos humanos y sus órganos de control. 2023. Disponible en Internet: <https://www.ohchr.org/es/core-international-human-rights-instruments-and-their-monitoring-bodies>.

NACIONES UNIDAS (ONU) Derechos humanos. Disponible en Internet: <https://www.un.org/es/global-issues/human-rights#:~:text=Entre%20los%20derechos%20humanos%20se,las%20personas%2C%20sin%20discriminaci%C3%B3n%20alguna>.

NACIONES UNIDAS (ONU) Convención sobre la Eliminación de todas las Formas de Discriminación contra la Mujer. Disponible en Internet: <https://www.un.org/womenwatch/daw/cedaw/text/sconvention.htm>.

NACIONES UNIDAS (ONU) Declaración Universal de Derechos Humanos. Disponible en Internet: <https://www.un.org/es/universal-declaration-human-rights/>.

NIETO, Alejandro. Algunas precisiones sobre el concepto de Policía. En: Revista de la Administración Pública. 1976. no. 81, p. 45.

OBSERVATORIO DEL PRINCIPIO 10 PARA AMÉRICA LATINA Y EL CARIBE. Protocolo para garantizar la protección de personas defensoras de Derechos Humanos (Resolución Ministerial No. 0159 de 2019). Disponible en Internet: <https://observatoriop10.cepal.org/es/instrumento/protocolo-garantizar-la-proteccion-personas-defensoras-derechos-humanos-resolucion>.

OFICINA DE LAS NACIONES UNIDAS CONTRA LA DROGA Y EL DELITO (UNODOC) Policía. Seguridad pública y prestación de servicios policiales. Manual de Instrucciones para la evaluación de la justicia penal. Naciones Unidas. Nueva York, 2010. Disponible en Internet: <https://www.unodc.org/documents/justice-and-prison-reform/crimeprevention/Public_Safety_and_Police_Service_Delivery_Spanish.pdf>.

ORGANIZACIÓN DE LAS NACIONES UNIDAS (ONU). Los principales Instrumentos internaciones de derechos humanos y sus órganos de control. Disponible en Internet: <https://www.ohchr.org/es/core-international-human-rights-instruments-and-their-monitoring-bodies>.

ORGANIZACIÓN DE LAS NACIONES UNIDAS (ONU). Prevenir las violaciones de los derechos humanos y fortalecer su protección, incluso en situaciones de conflicto e inseguridad. 2022. Disponible en Internet: <https://www.ohchr.org/es/about-us/what-we-do/our-roadmap/preventing-violations-and-strengthening-protection-human-rights-including-situations-conflict-and#:~:text=La%20violencia%20y%20los%20conflictos,violaciones%20de%20los%20derechos%20humanos>.

PACHECO JIMÉNEZ, Juan Sebastián; ÁVILA GONZÁLEZ, Jorge Hendrik; VELASCO CARDOZO, Carlos Andrés. Política de la Policía Nacional para confrontar a los grupos armados ilegales con tendencia contrainsurgente en Colombia. Bogotá, 2019. Disponible en Internet: <https://revistalogos.policia.edu.co:8443/omp/index.php/editorial/catalog/download/2/2/10?inline=1>.

PÉREZ CORONADO, Andrés. Policía para el desarrollo humano -PDH-: convivencia, seguridad ciudadana y tipologías en América Latina y el

Caribe. Epistemología y estrategia y estrategia de desarrollo humano en la policía a través de la seguridad ciudadana. Bogotá: grupo editorial Ibáñez, 2017.

PINEDA CASTILLO. Roberto. Doctrina del Derecho de policía en Colombia. Recopilación. Colección Transformación Cultural. Escuela de Cadetes de Policía General Santander. Panamericana Formas e Impresos S.A. Bogotá.

POLICÍA NACIONAL DE COLOMBIA. Protección a la infancia y adolescencia. Bogotá, Disponible en Internet: <https://www.policia.gov.co/proteccion-infancia>.

POLICÍA NACIONAL DE COLOMBIA. Lineamientos generales de política para la Policía Nacional de Colombia. Bogotá. Disponible en Internet: <https://pdba.georgetown.edu/Security/citizensecurity/Colombia/politicas/lineamientospolicia.pdf>.

POLICÍA NACIONAL DE COLOMBIA Doctrina policial. Disponible en Internet: <https://www.policia.gov.co/taxonomy/term/1783>.

POLICÍA NACIONAL DE COLOMBIA. Comisionado de Derechos Humanos para la Policía Nacional. Misión. Disponible en Internet: <https://www.policia.gov.co/unidad/comisionado-derechos-humanos>.

POLICÍA NACIONAL DE COLOMBIA DIRECCIÓN GENERAL-OFICINA DE PLANEACIÓN. Manual de antinarcóticos para la erradicación manual de cultivos ilícitos, 2010. Disponible en Internet: <http://www.mamacoca.org/docs_de_base/Cifras_cuadro_mamacoca/34.pdf>.

POLICÍA NACIONAL DE COLOMBIA Código Nacional de Policía. Ley 1801 (29 de julio de 2016). Bogotá, 2016. Disponible en Internet: <https://www.policia.gov.co/sites/default/files/ley-1801-codigo-nacional-policia-convivencia.pdf>.

POLICÍA NACIONAL DE COLOMBIA. ABC Código Nacional de Policía y Convivencia. Barranquilla, 2016. En: ABC No. 002 Actualidad Normativa- Secretaría General. Disponible en Internet: <https://www.barranquilla.gov.co/wp-content/uploads/2018/05/ABC_COD1996IGO_NACIONAL_DE_POLICIA.pdf>.

POLICÍA NACIONAL. Serie: Dinámicas del servicio de policía en el contexto de la violencia en Colombia 1948- 2017 –Tomo II "Policía, Narcotráfico y Crimen: Economías criminales y su implicación en la seguridad y convivencia ciudadana entre 1973 – 1991".

POLICÍA NACIONAL DE COLOMBIA. Políticas Institucionales. Bogotá, 2020. Disponible en Internet: <https://www.policia.gov.co/sites/default/files/politicas_institucionales.pdf>.

POLICÍA NACIONAL DE COLOMBIA. Garantías a la manifestación pacífica y control de acciones violentas. Periodo 28 de abril a 4 de junio de 2021. Bogotá, 9 de junio de 2021. Disponible en Internet: <https://www.policia.gov.co/sites/default/files/informe_sector_defensa_-_garantias_a_la_manifestacion_pacifica_y_control_de_acciones_violentas_-_28_de_abril_a_4_de_junio_de_2021_20210609_vf.pdf>.

POLICÍA NACIONAL DE COLOMBIA. Derechos Humanos en el marco del servicio de policía. Bogotá, 2022. Disponible en Internet: <https://transformacion.policia.gov.co/wp-content/uploads/2023/03/Derechos-Humanos-Transformacion-policial-mas-humana.pdf>.

POLICÍA NACIONAL DE COLOMBIA. Noticias: Un nuevo modelo del servicio orientado a las personas. Bogotá, sábado 22 de julio de 2023. Disponible en Internet: <https://www.policia.gov.co/noticia/nuevo-modelo-del-servicio-orientado-personas>.

POLICÍA NACIONAL DE COLOMBIA. Publicaciones. Bogotá, 2023. Disponible en Internet: <https://transformacion.policia.gov.co/publicaciones-de-transformacion-policial>.

POLICÍA NACIONAL DE COLOMBIA. Evolución histórica. Bogotá, 2023. Disponible en Internet: <https://www.policia.gov.co/historia#:~:text=de%20Historia%20Policial-,El%20Gobierno%20Nacional%20dicta%20el%20decreto%201000%20del%205%20de,la%20Polic%C3%ADa%20Nacional%20de%20Colombia>.

POLICÍA NACIONAL DE COLOMBIA. Organigrama de la Policía Nacional. Bogotá, 2023. Disponible en Internet: <https://www.policia.gov.co/organigrama>.

POLICÍA NACIONAL DE COLOMBIA. Área de protección a personas e instalaciones. Bogotá, 2023. Disponible en Internet: <https://www.policia.gov.co/especializados/proteccion>.

POLICÍA NACIONAL DE COLOMBIA. Elecciones 2023. Plan democracia 2023. Bogotá, 2023. Disponible en Internet: <https://policia.edu.co/wp-content/uploads/2023/07/cartilla_p_d_2023.pdf>.

POLICÍA NACIONAL DE COLOMBIA. Política ambiental de la Policía Nacional. Bogotá, 2023? Disponible en Internet: <https://www.policia.gov.co/normatividad-politicas/ambiental>

PRESIDENCIA DE LA REPÚBLICA. Decreto 1355 de 1970. Bogotá, 1970. Disponible en Internet: <https://www.funcionpublica.gov.co/eva/gestornormativo/norma.php?i=6945>.

POLICÍA NACIONAL DE COLOMBIA. Protección ambiental por la Policía Nacional de Colombia. Bogotá, 2023? Disponible en Internet: <https://www.policia.gov.co/proteccion-ambiental>.

REPÚBLICA DE COLOMBIA. DIARIO OFICIAL. Ley 1801 de 2016. En: Diario Oficial, Año CLII No. 49.949. Bogotá, 2016. Disponible en Internet: <https://sidn.ramajudicial.gov.co/SIDN/NORMATIVA/DIARIOS_OFICIALES/2016%20(49743%20a%2050103)/DO.%2049949%20de%202016.pdf>.

REQUENA HIDALGO, Jesús. La intervención policial en los conflictos de convivencia. ¿Qué esperar? ¿Qué exigir? Reflexiones a propósito del caso de la participación de la policía en la "Mesa de civismo y seguridad" de Rubí. En: Scripta Nova. Revista Electrónica de Geografía y Ciencias Sociales. 2012. Vol. 18 Disponible en Internet: <https://revistes.ub.edu/index.php/ScriptaNova/article/view/15021>.

RESTREPO, María José. Qué dice la ley y cómo debe actuarla policía ante la invasión de tierras. En: La silla vacía. Bogotá, septiembre 30 de 2022. Disponible en Internet: <https://www.lasillavacia.com/silla-nacional/que-dice-la-ley-y-como-debe-actuar-la-policia-ante-la-invasion-de-tierras/>.

RODRÍGUEZ GARAVITO, César; BARRAGAN, Maryluz y ALBARRACÍN, Mauricio. Intervención al código de policía en defensa de los vendedores informales. En: DeJusticia, octubre 26 de 2016. Disponible en Internet: <https://www.dejusticia.org/litigation/intervencion-al-codigo-de-policia-en-defensa-de-los-vendedores-informales/>.

SALA PENAL TRIBUNAL MEDELLÍN. Código Penitenciario y Carcelario. Medellín (s.f.) Disponible en Internet: <https://salapenaltribunalmedellin.com/images/legislacion/cdigo_penitenciario_y_carcelario.pdf>.

SALCEDO CAMARGO, Víctor Manuel. La seguridad de personajes ilustres en las fuerzas militares. Universidad Militar Nueva Granada. Facultad de Relaciones Internacionales, Estrategia y Seguridad. Especialización en Administración de la Seguridad, Bogotá, 2014. Disponible en Internet: <https://repository.unimilitar.edu.co/bitstream/handle/10654/12450/Salcedo%20-%2015-05-14.pdf?sequence=2&isAllowed=y>.

SECRETARÍA DISTRITAL DE GOBIERNO y ALCALDÍA MAYOR DE BOGOTÁ. Concepto violación de derechos humanos. Disponible en Internet: <https://www.gobiernobogota.gov.co/transparencia/informacion-interes/glosario/violacion-derechos-humanos#:~:text=Las%20violaciones%20a%20los%20Derechos,instrumentos%20regionales%20en%20Derechos%20Humanos>.

SENADO DE LA REPÚBLICA. Ley 62 de 1993. Disponible en Diario Oficial 40987 de agosto 12 de 1993. Bogotá, 1994. Disponible en Internet: <https://www.funcionpublica.gov.co/eva/gestornormativo/norma.php?i=6943>.

SIABATO ORTÍZ, Juan Felipe. Doctrina Policial. Un reto más para la consolidación del proceso de paz. Departamento de sociología. Universidad Nacional de Colombia. Bogotá, 2018. Disponible en Internet: <https://www.humanas.unal.edu.co/2017/unidades-academicas/departamentos/sociologia/application/files/9415/3615/5584/Julian_Felipe_Siabato_Ortiz.pdf>.

SISTEMA ÚNICO DE INFORMACIÓN NORMATIVA. Instrumentos internacionales de derechos humanos. (s.n.) 12-08-2023. Disponible en Internet: <https://www.suin-juriscol.gov.co/legislacion/universalderechos.html>.

TAMAYO ARBOLEDA, Fernando León y ORREGO FERNÁNDEZ, David. Enemigos urbanos: control del crimen y gobierno de los habitantes de la calle en Bogotá. En: Revista de Derecho. 2020. no. 53, pp. 232-253. Disponible en Internet: <https://www.redalyc.org/journal/851/85170148011/html/>.

UNIDAD ADMINISTRATIVA ESPECIAL DE AERONÁUTICA CIVIL. SECRETARÍA DE AUTORIDAD AERONÁUTICA. Grupo Estructura Normativa y Estándares Aeronáuticos. Reglamentos Aeronáuticos de Colombia. RAC 114. Investigación de Accidentes e Incidentes de Aviación, Bogotá, 2022. Disponible en Internet: <https://www.aerocivil.gov.co/normatividad/RAC/RAC%20%20114%20-%20Investigaci%C3%B3n%20%20de%20%20Accidentes%20e%20Incidentes%20de%20Aviaci%C3%B3n.pdf>.

UNIDAD ADMINISTRATIVA ESPECIAL DE AERONÁUTICA CIVIL. SECRETARÍA DE AUTORIDAD AERONÁUTICA. Grupo Estructura Normativa y Estándares Aeronáuticos. Reglamentos Aeronáuticos de Colombia. RAC 160. Seguridad de la Aviación Civil, Bogotá, 2020. Disponible en Internet: <https://www.aerocivil.gov.co/normatividad/RAC/RAC%20%20160%20-%20Seguridad%20de%20la%20Aviaci%C3%B3n%20Civil.pdf>.

VALENCIA VILLA, Alejandro (Compilador) Compilación de normas nacionales de derechos humanos. Oficina en Colombia del Alto Comisionado de las Naciones Unidas para los Derechos Humanos, 2003. Disponible en Internet: <https://biblioteca.cejamericas.org/bitstream/handle/2015/456/Compilacion_de_normas_nacionales_de_derechos_humans_Colombia.pdf?sequence=1&isAllowed=y>.

VALENCIA VILLA, Alejandro. "¿Qué son los derechos humanos?". Bogotá: Defensoría del Pueblo, 2014. Disponible en Internet: <https://defensoria.gov.co/derechos-humanos>.

VÁSQUEZ HINCAPIE, Daniel José y GIL GARCÍA, Luz Marina. Modelo constitucional de la fuerza pública en Colombia. En: Revista Prolegómenos-Derechos y Valores. Bogotá, 2017.

VILLANUEVA MARTÍNEZ, Orlando, *et al.* Biófilo Panclasta, el eterno prisionero: Aventuras y desventuras de un anarquista colombiano. Proyecto Cultural Alas de Xué. Bogotá, 1992.